逐狐東山

先秦兩漢出土文獻與古文字論集

侯乃峰 著

上海古籍出版社

本書部分篇章的撰寫曾得到以下基金項目的資助:

中國博士後科學基金項目（20110490677）
國家社會科學基金重點項目“簡帛詩學文獻釋讀與研究”（13AZD034）
國家社會科學基金一般項目“商周金文人名資料的整理與研究”（14BZS008）
國家社會科學基金後期資助項目“上博楚簡儒學文獻校理”（14FZS017）
國家社會科學基金一般項目“《論語》古注新解綜合研究及數據庫建設”（18BZS003）

目　　録

内　　篇

説楚簡"𠬝"字 …… 003
楚竹書《周易》釋"盈"之字申説 …… 012
《鮑叔牙與隰朋之諫》"人之性三"補説 …… 020
上博藏竹書《吴命》"先王姑姊大叺"考辨 …… 024
《周易·姤卦》"金柅"考辨 …… 035
《大學》"彼爲善之"解 …… 048
《上博(七)·鄭子家喪》"天後(厚)楚邦"小考 …… 051
《天子建州》禮學字詞疏證三則 …… 054
讀清華簡《説命》脞録 …… 064
據新出楚簡校讀《論語》一則 …… 072
楚簡文字"減體象形"現象舉隅——兼談楚簡"汩"字 …… 077
《赤鵠之集湯之屋》的"赤鵠"或當是"赤鳩" …… 084
讀上博楚竹書雜志 …… 088
談"腸"論"腹"兼釋甲骨文中用爲"孚"之字 …… 098
清華簡《程寤》篇句讀商兑一則 …… 107
新見魯叔四器與魯國早期手工業 …… 111
《山海經》勘誤一則 …… 122
也説清華簡《赤鳩之集湯之屋》篇的"洀" …… 125
戰國文字中的"皁" …… 131

外　篇

秦駰禱病玉版銘文集解 …… 143
竹書《周易》"芺"字補考 …… 157
上博(五)幾個固定詞語和句式補説 …… 166
鮑子鼎銘文補説 …… 176
齊國故城發現的石磬銘文釋説 …… 180
《老子》"如嬰兒之未孩"解 …… 186
由魯國厚氏諸器談金文"厚袐"之義 …… 194
清華簡《保訓》篇"命未有所次"解義 …… 203
古文字中的"助"字補説 …… 209
讀上博(九)脞録 …… 221
讀清華簡(伍)雜志 …… 226

雜　篇

讀《簡牘帛書通假字字典》瑣言 …… 241
一"孔"之見——小議于省吾先生對"螺孔"的理解 …… 246

附:作者已刊發稿件篇目 …… 249
後記 …… 255

内　篇

説楚簡"刅"字

望山楚簡有如下一字(下文以 A 代替):

A. 望山楚簡字形

A 字形見於望山簡一·五五:"祑一牂,句(后)土、司命各一 A,大水一環。"一·一二三:"☒罇各一 A。"一·一二五:"☒□罌禱北宗一環,罌禱逆一 A。社□亓古脍。"

其中 A 字,原釋疑爲从"羊""歺"聲之字,"歺"、"曷"古音相近,此字或即"羯"之異體。①

孔仲温先生以爲 A 字右部所从字形爲"每","古"與"每"在簡文中爲魚之合韻通轉,從而釋其爲"羖(羖)"字。②

劉信芳師據辭例比勘,亦以爲 A 應是"羖"之異體。包山簡所記祀神之牲有"羖"無"A",而望山簡有"A"無"羖"。如包山簡二〇二:"禦禱于宮地宔一羖。"二一四:"賽禱宮侯(后)土一羖。"二三七:"罌禱楚先老僮、祝融、媸酓各兩羖。"文例可對照。③

由於没有類似字形作比較,A 字構形使人頗費猜疑。雖然研究者依據辭

---

① 湖北省文物考古研究所:《江陵望山沙塚楚墓》,文物出版社,1996 年,第 264 頁。望山簡一·一二五"禱"後一字,原釋爲"逨",此從劉信芳師意見改釋。

② 孔仲温:《望山卜筮祭禱簡"瘖羖"二字考釋》,《第一届國際訓詁學研討會論文集》,(高雄)中山大學中文系,1997 年 4 月 19 日~20 日,第 819--831 頁。

③ 劉信芳:《望山楚簡校讀記》,《簡帛研究》第 3 輯,廣西教育出版社,1998 年,第 35 頁。

例比勘以爲是"羢"之異體，但構形上分析不足，難免讓人置疑。《上海博物館藏戰國楚竹書(三)·周易》中的一個類似字形，爲我們進一步分析A字構形提供了可能。此字形如下(下文以B代替)：

B. 楚竹書《周易》簡九

B字見於楚竹書《周易》第九簡，即《比》卦初六爻辭"又(有)孚B缶"。馬王堆漢墓帛書和今本均作"有孚盈缶"。原整理者濮茅左先生將B字釋作"海"，解釋說：

> "海"，《説文·水部》："海，天池也，以納百川者。""又(有)孚海缶"，以喻著信立誠，若海若缶，能納來者，皆與相親而無偏。[①]

廖名春先生也以爲是"海"字：

> 《玉篇·水部》："海，大也。""海"有大、富義，故能與"盈"義近互用。[②]

此字非"海"字甚明。從字形上説，楚系竹簡文字中"海"字右邊皆从"母(毋)"，目前尚未見例外，此字寫法與"海"顯然不類。再從《周易》經文全部文字所反映的内容上説，作卦爻辭者雖不可確定爲哪一時的哪一個人，但由"近取諸身，遠取諸物"的取象原則還是可以看出作者當時所處的生活條件，即《周易》經文中所取的卦象明顯是内陸生産生活所見到的事物，其中水之至大者爲"大川"，可以看作黄河的抽象。此時想是"海"之觀念尚不發達，故未能取"海"之象入易，所以《周易》經文中不見"海"字。

楚竹書《周易》公布後，大部分學者不取"海"字説，提出了多種看法。

---

① 馬承源主編：《上海博物館藏戰國楚竹書(三)》，上海古籍出版社，2003年，第149頁。

② 廖名春：《楚簡〈周易〉校釋記(一)》，簡帛研究網，2004年4月23日。

楊澤生先生：

字當从"水"从"步"。"步"和"曷"分别爲疑母月部字和匣母月部字，它們韻部相同，聲母相近，所以"涉"字有可能是"渴"的異體。"渴"字疑讀爲"竭"，"竭缶"當是説缶裏無水。①

何琳儀、程燕先生：

原篆與"海"不似，疑从"水"，"企"聲。《説文》："企，舉踵也，从人，止聲。去智切。"《集韻》："企，舉踵也，或作跂。章移切。"然則"企"可能有兩種讀音，此簡的"B"疑从《集韻》的讀音，聲紐屬舌音。今本"盈"聲紐亦屬舌音。因此，"B"與"盈"聲紐相同，韻部由支耕對轉。②

何琳儀、程燕、房振三先生：

認爲簡文該字右旁所从爲"步"則可從，……"步"上部分叉形上的一撇或左或右並無區别，因此簡文B確當隸作"涉"，从"水"，从"步"。《龍龕手鑒·水部》有"沵"字，是"汐"字異體，《字彙補·水部》以爲是"汐"字之訛，當與簡文無關。按，"涉"相當於字書之"洌"。"洌"，來紐月部；"泄"，心紐月部，二字叠韻。典籍从"列"與从"世"之字多相通假，……"泄"从"世"得聲，"世"，透紐；"盈"，喻紐四等(古歸定紐)，二字爲雙聲。"泄"訓"溢"，參《廣韻·釋言》："泄，泆(溢)也。""盈"亦訓"溢"，《周易·坎》："九五，坎不盈。"虞翻曰："盈，溢也。"綜上所述，簡文从"水"、"步"，"涉"與"盈"音義均通。故今本作"盈"。③

---

① 楊澤生：《竹書〈周易〉中的兩個異文》，簡帛研究網，2004年5月29日。

② 何琳儀、程燕：《滬簡〈周易〉選釋》，簡帛研究網，2004年5月16日。

③ 何琳儀、程燕、房振三：《滬簡〈周易〉選釋(修訂)》，《周易研究》2006年第1期，第3～6頁。又何琳儀《楚竹書〈周易〉校記(上)》(見《安大史學》第2輯，安徽大學出版社，2005年，第8～9頁)亦取後説。承何老師面告，後説從房振三師兄之説，他認爲優於原説，故采納了這種説法。又見房振三《楚竹書周易彩色符號研究·附録一》，安徽大學博士學位論文(指導教師：何琳儀教授)，2006年。

黄錫全先生：

> 此字右旁从“妟”，“嬰”字从之。此字應該隸定爲㲟。㲟字未見於字書，當爲“瀴”字省作。瀴與“盈”讀音相近。嬰，影母耕部。盈，喻母耕部。不僅叠韻，而且聲母同屬喉音。“瀴缶”當讀爲“罌缶”，指腹大口小的瓶。[①]

季旭昇先生引石鼓文以及秦漢簡帛文字對B的構形加以分析，以爲：

> “B”字就是“水滿”義的“盈”的本字，字从水从夃，“汈”當釋爲“水盈”之“盈”，與今本作“盈”同字。[②]

陳劍先生兼取何琳儀老師原説和季旭昇先生之説，以爲“夃”就是“企”字的變形，則“盈”當分析爲从“皿”从“夃（企）聲”，是從“器滿則盈”角度爲“盈”義造的字；“汈”當分析爲从“水”从“夃（企）聲”，則是從“水滿器則盈”角度爲“盈”義造的異體字，並從讀音上論證“企”可以作爲“盈”的聲符。[③]

筆者原來也曾根據何琳儀老師和季旭昇先生之説提出過一個很不成熟的想法，以爲B字右部可能是从“壬”（“呈”字所从的聲符，字形也象一個挺立的人形）聲。[④] 但若真如陳劍先生及拙説認爲的那樣，則先秦文字中就根本不存在“夃”字了。而從典籍流傳和文字發展演變來看，《説文》所收的“盈”、“夃”字應該是淵源有自的，不可能是後人向壁虚造，雖然“盈”字很可能只在周秦系文字中才存在。而且“企”、“壬”都應當是先秦文字中獨立存在的字，各有自己的發展演變軌迹。因此，這種直接將B字右部看作是聲符的思路恐不可通。

我們認爲以上説法中季旭昇先生對字形的分析論證是可信的。循此思路，則B字就是“汈”字，即楚竹書《周易》的“盈”字。“盈”字从“夃”，會器滿之

---

① 黄錫全：《讀上博〈戰國楚竹書(三)〉劄記數則》，簡帛研究網，2004年6月22日。

② 季旭昇：《上博三周易比卦“有孚盈缶”“盈”字考》，簡帛研究網，2005年8月15日。

③ 陳劍：《上博竹書〈周易〉異文選釋(六則)》，《出土簡帛文獻與古代學術國際研討會會議論文集》，臺灣政治大學，2005年12月；又見《文史》2006年第4輯(總第77輯)，第5～20頁。

④ 參拙稿《上博(五)幾個固定詞語和句式補説》，簡帛網，2006年3月20日。

意。大徐本“盈”字下注曰:“夃,古乎切。益多之義也。古者以買物多得爲夃。故从夃。”“汈”字从水,即會水多之意的“盈”字。

上述對B字形的分析意見中,楊澤生先生的看法值得注意。他將其視爲“汈”,疑爲“渴”的異體,讀爲“竭”。何琳儀、程燕、房振三先生新説亦以爲右旁爲“歺”字,可從。而望山楚簡中A字原釋即疑爲从“羊”、“歺”聲之字,疑爲“羯”字異體,這説明A、B二者在構形上有相似之處。但A、B右部所从字形和“歺”字形的區别還是很明顯的,B所从右部字形類似“女”字,原釋以爲“海”字以及黄錫全先生釋爲“旻”,大概就是從這一角度考慮的。“歺”與A字右部所从有别,具體字形例證可參看楊澤生先生之文所引以及《楚系簡帛文字編》、《楚文字編》“歺”部下各字形。[1]

我們若將A、B右部所从看作是同形,B字據季旭昇先生説釋爲“汈”,則A字即可釋爲“羖”。此字毫無疑問是从“羊”、“夃”聲之字。《説文》:“夃,秦以市買多得爲夃,从乛、从夊,益至也。从乃。《詩》曰:我夃酌彼金罍。”《説文》中所引的詩句,今本《毛詩·周南·卷耳》作“我姑酌彼金罍”。又《玉篇·夊部》:“夃,公覩、公乎二切。且也。《説文》曰:‘秦以市買多得爲夃。’《論語》曰:‘求善價而夃諸。’今作沽。”傳世典籍中“夃”和“姑”、“沽”互爲異文,又“夃”與“古”古音同在見紐魚部。如此一來,研究者依據辭例比勘以爲望山楚簡中的“羖”應是“羖”之異體無疑是正確的,在構形上也是有理可循的。

此外,《集韻》有“姘”字,《陽韻》:“姘,女鬼。一曰:殘也。”同書《漾韻》同“瘡”,“創也。或从歺”。字書中“姘”之義與簡文無涉,也是A不當釋“姘”的重要旁證。

《説文》無“羖”字,“羖”字見於《干禄字書·上聲》:“羖,同羖。”[2]《廣韻·姥韻》於“羖”下出“羖”字,注曰“俗”,則以“羖”爲“羖”之俗體。《説文》收有“羖”字:“羖,夏羊,牡曰羖。从羊,殳聲。”我們排比楚簡中辭例可以發現,“牂”常和“羖(羖)”相對爲文。比如包山楚簡二三七“舉禱犬一𦍩,侯(后)土、司命各一牂,舉禱大水一膚,二天子各一牂,侳山一羖;舉禱楚先老僮、祝融(融)、媸畬各

① 滕壬生:《楚系簡帛文字編》,湖北教育出版社,1995年,第336～339頁;李守奎:《楚文字編》,華東師範大學出版社,2003年,第252～254頁。

② 漢語大字典編輯委員會:《漢語大字典(縮印本)》,湖北辭書出版社、四川辭書出版社,1992年,第1303頁。

兩羖”、望山楚簡一・五五“祅一牂,句(后)土、司命各一羖,大水一環”,等等。

傳世典籍中“牂”和“羖(羖)”也常相對出現。《急就篇》:“牂羖羯羠挑羝羭。”顔師古注曰:“牂,吴羊之牝也。羝,牂羊之牡也。羭,夏羊之牝也。羖,夏羊之牡也。”《爾雅》郭璞注以白者爲吴羊,黑者爲夏羊。大徐本《説文》“牂,牡羊也”,“羖,夏羊,牡曰羖”。《爾雅・釋畜》有“牝牂”、“牝羖”兩條。《詩・小雅・苕之華》“牂羊墳首”句,毛傳:“牂羊,牝羊也。”所説“牂”、“羖”之牝牡不一。郝懿行《爾雅義疏》“牝牂”條下注曰:“《詩・苕之華》傳‘牂羊,牝羊也’。《説文》‘羒,牂羊’,‘牂,牡羊’,鄭注《内則》‘牂’亦云然,並字之誤也。……《詩》曰‘牂羊墳首’,墳即羒矣,言牝羊而牡首,故毛傳言‘無是道也’。”又“牝羖”條下注曰:“夏羊,黑色羊也。《説文》:‘夏羊,牡曰羖。’又云:‘夏羊,牡曰羭。’此牡字誤。段氏注改牡爲牝,云:‘羖必是牡,知羭必是牝。’其説是矣。……羖羊氣膻,其犗者謂之羯,則羖爲牡羊可知矣。《急就篇》云:‘牂羖羯羠挑羝羭。’顔師古注:‘羭,夏羊之牝也。羖,夏羊之牡也。’其設牝牡分明,不誤,宜據以訂正。”①《説文》段注據“羯,羊羖犗也(即閹割之羊)”斷定“羖”必是“牡”,郝氏據以辨“牂”、“羖”之牝牡甚詳,其説可信。此外,依據“右文説”也可以推斷“羖”之牝牡。今俗稱大公牛爲“牯牛”,則“牯牛”爲“牡牛”,“牯”、“羖”右文皆从“古”,可知“羖”也爲“牡”。《爾雅翼・釋獸》“羖”字條下即云:“羖,音又通於牯,故《本草》羖羊條注稱牯羊,牯乃牡之名,羖音同於牯而稱爲羊之牯。”

上述諸例皆可説明“牂”和“羖”是典籍中常相對出現的兩種羊名,是以牝牡作爲區别。郭璞注以毛色爲别,可以存參。這種文字使用情況和楚簡中所記祀神用牲以“牂”和“羖(羖)”的情況正相符合,也説明望山楚簡中 A 字釋爲“羖(羖、羖)”是可行的。

“羖”還出現於新蔡簡中,作如下形:

甲二:二九　　甲三:一七四　　乙一:二八

① (清)郝懿行:《爾雅義疏・釋畜》,中國書店,1982 年,第 11 頁。

這三個字形顯然與 A 同字。其中第一、三形與 B 之右半部尤爲相像，足以説明上述諸字所从皆當爲同一個字。三個字所在簡文分别是甲二・二九：“☐五宔(主)山各一～。”甲三・一七四：“☐～，道一冢☐☐。”乙一・二八：“……；就禱門、户屯一～；就禱行一犬。”“羖”字原釋爲“牂”，讀爲“牂”，①不可從。《楚系簡帛文字編》所收天星觀卜筮類簡文中有辭例“舉禱於二天子各兩牂兩羖”，②“牂”與“羖”同時出現，足可以證明“羖”不可釋讀爲“牂”。同時，新蔡簡文出現从“爿”作的“牂”字形，“豭”字形例多見，但不見“羖”字形，説明將三個字釋爲“羖(羖、羖)”指“牡羊”是可行的。簡文中“古”、“叚”字形同時出現，很有可能是以“牂”指“牝羊”，以“豭”專指“牡豕”，而“羖”則專指“牡羊”。

郭店楚簡《六德》第十六簡有兩個字如下(下文以 C、D 代替)：

C.《六德》簡十六

D.《六德》簡十六

C、D 所在十六、十七簡文作：“古(故)曰：句(苟)淒(濟)夫人之善也，勞其 CD 之力弗敢憚也，危其死弗敢愛也，謂之[臣]，以忠事人多。忠者，臣德也。”兩個字原未釋，③或讀爲“藏(臟)腑”，④不可信；或讀爲“股肱”，⑤是也。

現在由於認出望山簡的“羖(羖)”字，則 C 字形就可以隸定爲“𦚢”，分析爲从“爿”、“叚”聲。由上述“羖、羖、羖”各字同音，又《續一切經音義》以“股”、“羖”爲異文，《説文》“股”字下段注曰“股、羖字古音在五部(即魚部)，見於《詩》

① 河南省文物考古研究所編著：《新蔡葛陵楚墓》，大象出版社，2003 年，第 188、193、203 頁。

② 滕壬生：《楚系簡帛文字編》，第 337 頁。

③ 荆門市博物館編：《郭店楚墓竹簡》，文物出版社，1998 年，第 187 頁。郭店楚簡字形與望山楚簡字形有關，此承學兄袁金平告知，謹致謝忱。

④ 李零：《郭店楚簡校讀記》(增訂本)，北京大學出版社，2002 年，第 133 頁。又劉釗《郭店楚簡校釋》，福建人民出版社，2003 年，第 113 頁。其中 C 字，黄德寬、徐在國先生較早提出从“爿”聲，讀爲“葬”。參黄德寬、徐在國《郭店楚簡文字續考》，《江漢考古》1999 年第 2 期，第 76 頁。

⑤ 據趙平安先生《關於叚的形義來源》一文(簡帛網，2007 年 1 月 23 日)所述，是趙平安先生 2000 年初在清華簡帛研讀班上提出讀爲“股肱”的意見，廖名春先生《郭店楚簡〈六德〉篇校釋》一文(《清華簡帛研究》第 1 輯，清華思想文化研究所，2000 年，第 74 頁)率先予以引用。又見於廖名春先生《郭店簡〈六德〉校釋劄記》，見氏著《新出楚簡試論》第六章，臺灣古籍出版有限公司，2001 年。又見於簡帛研究網，2001 年 12 月 19 日。陳偉先生《郭店簡〈六德〉校讀》在字形分析上從黄德寬、徐在國先生之説，也讀二字爲“股肱”。參陳偉《郭店簡〈六德〉校讀》，《古文字研究》第 24 輯，中華書局，2002 年，第395 頁。

者如此”，則“𦚧”字毫無疑問可以讀爲“股”。此字左从“爿”作，或以爲从“爿”得聲，實則不然。黃侃先生《字正初編》收有“羝正　牨借　牴别”條，其中“牨”作爲“羝”的借字，亦从“爿”作，但仍以“氐”作爲聲符，構形與C類同。[1] D字構形頗爲詭異，右部所从字形之筆勢雖與甲骨文和金文中的“厷”字形相似，但與楚簡中“厷”字形有一定距離（如下）。此姑且存疑，暫隸定爲“忲”，依文義讀爲“肱”。[2]

甲骨文中的“厷”字形

金文中的“厷”字形[3]

上博（二）《民之父母》簡九“厷”

從字形上分析如此，辭例“股肱之力”驗之於典籍更是若合符節。如《左傳·僖公九年》記載晉國荀息與晉獻公的對話：“（荀息）稽首而對曰：‘臣竭其股肱之力，加之以忠貞。其濟，君之靈也；不濟，則以死繼之。’公曰：‘何謂忠貞？’對曰：‘公家之利，知無不爲，忠也；送往事居，耦俱無猜，貞也。’”又如《國語·齊語》：“有拳勇股肱之力。”《墨子·非命下》：“今也卿大夫之所以竭股肱之力，殫其思慮之知，内治官府，外斂關市、山林、澤梁之利，以實官府，而不敢怠倦者，何也？”《商君書·賞刑》：“夫固知愚、貴賤、勇怯、賢不肖皆盡其胸臆之知，竭其股肱之力，出死而爲上用也。”《三國志·蜀書·諸葛亮傳》：“臣敢竭股肱之力，效忠貞之節，繼之以死。”《晉書·王濬傳》：“欲竭股肱之力，加之以忠貞。”《三國志》和《晉書》中“股肱之力”也是爲臣之語，很可能根源於《左傳》。由此可見，古籍中討論爲臣之道常用“股肱之力”這種說法，與郭店楚簡所說的“臣德”正相符合。郭店簡文中的字釋爲“股肱之力”無論從字形上還是辭例上

① 黃侃：《字正初編》，武漢大學出版社，1983年，第47頁。

② D字形又見於信陽楚簡一·三九及上博（六）《用曰》簡4，相關文章可參考：吴良寶：《璽陶文字零釋（三則）》，《中國古文字研究》第1輯，吉林大學出版社，1999年，第151～152頁；陳劍：《甲骨金文舊釋“尤”之字及相關諸字新釋》，《北京大學中國古文獻研究中心集刊》第4輯，北京大學出版社，2004年，第74～94頁；陳文又見氏著：《甲骨金文考釋論集》，綫裝書局，2007年，第59～80頁；蘇建洲：《釋楚竹書幾個从“尤”的字形》，簡帛網，2008年1月1日；蘇文又見於復旦大學出土文獻與古文字研究中心網站，2008年1月1日。蘇建洲先生釋此字爲“忧”，讀爲“肱”，其説當可信。

③ 于省吾：《釋厷》，氏著：《甲骨文字釋林》，中華書局，1979年，第390～391頁；中國社會科學院考古研究所編：《甲骨文編》，中華書局，1965年，第700頁；容庚編著，張振林、馬國權摹補：《金文編》，中華書局，1985年，第1062頁。

講都是有根據的。

同時，郭店簡“𦙶（股）”字的釋讀反過來也證明望山簡和新蔡簡文中“𦐇（羖）”字的釋讀是可信的。

2006年4月初稿

2006年11月二稿

2008年7月修改

附記： 行文中承蒙導師劉信芳先生及何琳儀先生審閱指導；學兄袁金平也多有啟發指正，並提供孔仲温先生的大作；武漢大學簡帛網編輯先生也在審稿後惠賜陳劍先生大作；筆者在此謹致謝忱。

補記： 楚簡中的“鹽”字有寫成“滷”字形者［參趙平安《戰國文字中的鹽字及相關問題研究》，《考古》2004年第8期，第56～61頁。又，陳劍《上海博物館藏戰國楚竹書〈從政〉篇研究（三題）》，第三届國際簡帛研討會（Mount Holyoke College，U.S.A）論文，2004年4月23日～25日；此文又見於復旦大學出土文獻與古文字研究中心網站，2008年2月28日］，與標準的“从水，从盬（鹽）”的“鹽”字形相比較，可以分析爲“从水，盬（鹽）省聲”。因此，楚竹書《周易》中“汈”字分析成“从水，盈省聲”（即釋爲“溋”字）也許更合理。

2008年7月補

原首發於武漢大學簡帛網，2006年11月29日；又附録於《〈周易〉文字彙校集釋》，臺灣古籍出版有限公司，2009年3月。

楚竹書《周易》釋“盈”之字申説

《上海博物館藏戰國楚竹書(三)·周易》有如下一字:

此字見於楚竹書《周易》第九簡,即《比》卦初六爻辭“又(有)孚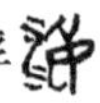缶”。今本和馬王堆漢墓帛書本對應之字均作“有孚盈缶”。原整理者濮茅左先生將其釋作“海”,並解釋説:

> “海”,《説文·水部》:“海,天池也,以納百川者。”“又(有)孚海缶”,以喻著信立誠,若海若缶,能納來者,皆與相親而無偏。[①]

此字非“海”字甚明。從字形上説,楚系竹簡文字中“海”字常見,右邊皆从“母(毋)”作,目前尚未見例外。此字寫法與“海”字形相比顯然不類,不僅没有“女”字形中間的兩點或一横,而且類似“女”字形的上部還有另外的筆畫。再從《周易》經文全部文字所反映的内容上説,作卦爻辭者雖不可確定爲哪一時的哪一個人,但由“近取諸身,遠取諸物”的取象原則還是可以看出作者當時所處的生活條件的,即《周易》經文中所取的卦象明顯是内陸生産生活所見到的事物,其中水之至大者爲“大川”,似可看作黄河的抽象。此時想是“海”之觀念尚不發達,故未能取“海”之象入易,所以《周易》經文中不見“海”字。

① 馬承源主編:《上海博物館藏戰國楚竹書(三)》,上海古籍出版社,2003年,第149頁。

對於原整理者的釋讀,有學者從之,但大多數學者不取"海"字説,並提出了諸多有價值的考釋意見。何琳儀、程燕先生以爲此字左从"水",右从"企",是一個从"水"、"企"聲的形聲字,由於支耕陰陽對轉(均屬舌音),故於今本作"盈"。① 楊澤生先生以爲字當从"水"从"步"。"步"和"曷"分别爲疑母月部字和匣母月部字,它們韻部相同,聲母相近,所以"涉"字有可能是"渴"的異體。"渴"字疑讀爲"竭","竭缶"當是説缶裏無水。② 黄錫全先生認爲此字右旁从"旻","嬰"字从之,字當爲"瀴"字省作,瀴與"盈"讀音相近。③ 季旭昇先生以爲此字就是"水滿"義的"盈"的本字,字从"水"從"夃"。"盈"字石鼓文作""(《戰國文字編》318 頁)、《睡簡・效》21 作""(《睡虎地秦簡文字編》72 頁)、《銀雀山》702 作"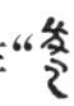"(《銀雀山漢簡文字編》178 頁)、《馬王堆・老甲》6 作""(《馬王堆簡帛文字編》199 頁)。睡虎地簡、銀雀山簡二形"皿"上所从,與楚簡"汈"字右旁所从極爲類似。從石鼓文來看,"夃"字似應从"人(繁化爲'千')"从"夊(與'止'同義)",會"人至"之義,引伸爲"至"。楚簡本"汈"字从"水"从"夃",會水至盈滿之義,故爲"水盈"之本字("盈"可視爲从皿、汈省聲;也可視爲从皿夃會意);"人"形繁化爲""、"夊(止)"形訛爲"女"形,爲楚系文字常見的現象。據此,楚簡本"汈"當釋爲"水盈"之"盈",與今本作"盈"同字。④ 何琳儀、程燕、房振三先生後又放棄何琳儀、程燕先生原來提出的説法,轉而認同楊澤生先生對字形的分析,以爲此字右旁所从爲"步","涉"相當於字書之"洌"。"洌",來紐月部;"泄",心紐月部,二字疊韻。"泄"从"世"得聲,"世",透紐;"盈",喻紐四等(古歸定紐),二字爲雙聲。"泄"訓"溢","盈"亦訓"溢"。簡文"涉"與"盈"音義均通,故今本作"盈"。⑤ 李零先生懷疑此字右部聲旁爲"姓"。⑥ 陳劍先生兼取何琳儀師原説和季旭昇先生之説,也釋此字爲"汈",但與季旭昇先生以此字爲會意字不同,他認爲此字爲形聲字,右部所从的"夃"就

① 何琳儀、程燕:《滬簡〈周易〉選釋》,簡帛研究網,2004 年 5 月 16 日。
② 楊澤生:《竹書〈周易〉中的兩個異文》,簡帛研究網,2004 年 5 月 29 日。
③ 黄錫全:《讀上博〈戰國楚竹書(三)〉劄記數則》,簡帛研究網,2004 年 6 月 22 日。
④ 季旭昇:《上博三周易比卦"有孚盈缶""盈"字考》,簡帛研究網,2005 年 8 月 15 日。
⑤ 何琳儀、程燕、房振三:《滬簡〈周易〉選釋(修訂)》,《周易研究》2006 年第 1 期,第 3～6 頁。
⑥ 李零:《讀上博楚簡〈周易〉》,《中國歷史文物》2006 年第 4 期,第 56 頁。

是“企”字的變形，則“盈”當分析爲从“皿”从“夃(企)聲”，是從“器滿則盈”角度爲“盈”義造的字；“汈”當分析爲从“水”从“夃(企)聲”，則是從“水滿器則盈”角度爲“盈”義造的異體字，並從讀音上論證了“企”可以作爲“盈”的聲符。①

學者們對此字的考釋意見分歧很大，説明已經見到的楚簡文字中可與之相比照的字很少。但相關的字形也不是完全没有的，詳見下文所述。我們認爲上述説法中，季旭昇先生對字形的辨析是正確的，並專門討論了楚簡中从“夃”之字。② 我們的主要觀點是，如果在季旭昇先生對字形分析的基礎之上，將楚竹書《周易》中的“”字右部認作是“夃”，則下列楚簡文字中包含與之相似字形的諸字都可以得到合理的解釋。

望山楚簡1・55　望山楚簡1・123　望山楚簡1・125　郭店楚簡《六德》16

新蔡楚簡甲二29　新蔡楚簡甲三174　新蔡楚簡乙一28

先説望山楚簡中的三個字形。三個字所在的簡文分别是1・55：“袂一牂，句(后)土、司命各一，大水一環。”1・123：“☐䡙各一。”1・125：“☐□䢵禱北宗一環，䢵禱逆(原釋“速”，此從劉信芳師意見改釋)一。社□亓(其)古胎。”三個字皆是作爲祭禱時所用的犧牲之名，顯然爲同一個字。原考釋者疑此三字是从“羊”、“歺”聲之字，“歺”、“曷”古音相近，此字或即“羯”之異體。③ 孔仲温先生以爲三字右部所从字形爲“每”，“古”與“每”在簡文中爲魚之合韻通轉，從而釋其爲“羖(羖)”字。④ 劉信芳師據辭例比勘，亦以爲其字應是“羖”之異體。包山楚簡所記祀神之牲有“羖”無“”，而望山楚簡有“”無“羖”。如包山202：“獂禱于宮地宔(主)一羖。”214：“賽禱宮侯(后)土一羖。”

① 陳劍：《上博竹書〈周易〉異文選釋(六則)》，《文史》2006年第4期，第5～20頁。

② 侯乃峰：《説楚簡“夃”字》，簡帛網，2006年11月29日。

③ 湖北省文物考古研究所：《江陵望山沙塚楚墓》，文物出版社，1996年，第264頁。

④ 孔仲温：《望山卜筮祭禱簡“𤸫羖”二字考釋》，《第一屆國際訓詁學研討會論文集》，(高雄)中山大學中文系，1997年4月19日～20日，第827頁。

237："舉禱楚先老僮、祝融、媸酓各兩⿰羊古。"文例可對照。[①] 同樣的，新蔡楚簡中的三個字所在簡文的辭例與望山楚簡一致，字形也相似，顯然也是同一個字。新蔡楚簡的原考釋者將它們隸定爲"㶣"，讀爲"牂"。[②] 這與望山楚簡原考釋者在字形上的看法相同，都以爲字是从"羊"从"歺"作。而上引楊澤生先生的意見也認爲楚竹書《周易》中的""字右部所从爲"歺"，這説明二者在形體上的確有相似之處。但仔細辨别，""字右部所从與楚簡中大量出現的"歺"字形區别還是很大的，上面提到的許多學者都注意到並專門討論過這一點，可以參看。如果我們在季旭昇先生對字形分析的基礎上將楚竹書《周易》中的""字右部認作是"夃"，並參考楊澤生先生的意見認爲"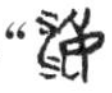"字右部與望山、新蔡楚簡中的上述六個字形右部所从爲同一個字的話，那麽望山、新蔡楚簡中的字就可以隸定成"⿰羊夃"。根據文字學的一般規律，此字應該是从"羊"、"夃"聲之字。《説文》："夃，秦以市買多得爲夃，从乛、从夊，益至也。从乃。《詩》曰：我夃酌彼金罍。"《説文》中所引的詩句，今傳本《詩·周南·卷耳》作"我姑酌彼金罍"。又《玉篇·夊部》："夃，公覩、公乎二切。且也。《説文》曰：秦以市買多得爲夃。《論語》曰：求善價而夃諸。今作沽。"[③]傳世典籍中"夃"與"姑"、"沽"互爲異文，又"夃"與"古"上古音同在見紐魚部，二者毫無疑問可以相互通假。如此一來，上述認爲望山楚簡中的字是"⿰羊古(羖)"之異體的意見無疑是正確的，在構形上也是有理可循的。傳世典籍中的"羖"、包山楚簡中出現的"⿰羊古"與望山、新蔡楚簡中出現的"⿰羊夃"應是同一個字的不同寫法，只不過置换了聲符而已。這種置换聲符的現象在文字學上很常見，如"麛"又作"麑"，"麞"又作"麠"，"鯨"又作"⿰魚畺"；等等。[④]《説文》有"羖"無"⿰羊古"。"⿰羊古"字見於《干禄字書·上聲》："⿰羊古，同羖。"《廣韻·姥韻》以"⿰羊古"爲"羖"之俗體。《説文》："羖，夏羊，牡曰羖。从羊，殳聲。"新蔡楚簡中不見"⿰羊古"字，益可説明將三個字釋爲"⿰羊夃(⿰羊古、羖)"指"牡羊"是有道理的。新蔡簡文中有"⿰豸古"字，"古"與"夃"字形同時出現，

① 劉信芳：《望山楚簡校讀記》，《簡帛研究》第3輯，廣西教育出版社，1998年，第35頁。
② 河南省文物考古研究所：《新蔡葛陵楚墓》，大象出版社，2003年，第188、193、203頁。
③ 高亨、董治安：《古字通假會典》，齊魯書社，1989年，第862、865頁。
④ 楊樹達：《積微居小學述林全編》，上海古籍出版社，2007年，第13、157頁。

當是以“牂”專指“牝羊”,以“豭”專指“牡豕”,而“羖”則專指“牡羊”。

再來看郭店楚簡《六德》第16號簡中的兩個字。二字所在的簡文作:“古(故)曰:句(苟)淒(濟)夫人之善也,勞其～～之力弗敢憚也,危其死弗敢愛也,謂之[臣],以忠事人多。忠者,臣德也。”兩個字原考釋者存原篆而未釋。[①] 其中第一個字右部所从顯然與望山、新蔡楚簡中的字右部所从爲同一個字形。有學者將此二字讀爲“藏(臟)腑”,[②]不可信;趙平安先生讀爲“股肱”,[③]是也。

現在既然認出望山楚簡的“羖(羖)”字,則其中的第一個字形就可以隸定爲“𦙶”,分析爲从“爿”、“𠬪”聲。由上述“羖、羖、羖”各字同音,又《續一切經音義》以“股”、“羖”爲異文,《説文》“股”字下段注曰“股、羖字古音在五部(即魚部),見於《詩》者如此”,則“𦙶”字毫無疑問可以讀爲“股”。第二字蘇建洲先生釋爲“忧”,讀爲“肱”,[④]其説當可信。而且,辭例“股肱之力”驗之於典籍更是若合符節。如《左傳·僖公九年》記載晉國荀息與晉獻公的對話:“(荀息)稽首而對曰:‘臣竭其股肱之力,加之以忠貞。其濟,君之靈也;不濟,則以死繼之。’公曰:‘何謂忠貞?’對曰:‘公家之利,知無不爲,忠也;送往事居,耦俱無猜,貞也。’”又如《國語·齊語》:“有拳勇股肱之力。”《墨子·非命下》:“今也卿大夫之所以竭股肱之力,殫其思慮之知,内治官府,外斂關市、山林、澤梁之利,以實官府,而不敢怠倦者,何也?”《商君書·賞刑》:“夫固知愚、貴賤、勇怯、賢不肖皆盡其胸臆之知,竭其股肱之力,出死而爲上用也。”《三國志·蜀書·諸葛亮傳》:“臣敢竭股肱之力,效忠貞之節,繼之以死。”《晋書·王浚傳》:“欲竭股肱之力,加之以忠貞。”《三國志》和《晋書》中“股肱之力”也是爲臣之語,很可能根源於《左傳》。可見古籍中討論爲臣之道常用“股肱之力”這種説法,與郭店楚簡《六德》簡文所論的“臣德”正相符合。同時,郭店楚簡“𦙶(股)”字的釋讀反過來也證明望山、新蔡楚簡中“羖”字的釋讀是可信的。

以上是我們對楚簡中諸从“𠬪”之字的一些看法。

---

① 荆門市博物館:《郭店楚墓竹簡》,文物出版社,1998年,第187頁。
② 李零:《郭店楚簡校讀記(增訂本)》,北京大學出版社,2002年,第133頁。
③ 趙平安:《關於𠬪的形義來源》,簡帛網,2007年1月23日。
④ 蘇建洲:《釋楚竹書幾個从“尤”的字形》,簡帛網,2008年1月1日。

趙平安先生在上述説法的基礎上，從西周金文和商代甲骨文中找到了“夃”的形義來源，認爲甲骨文中的、與金文師詢簋的，都應釋爲“夃”。所謂“夃”其實就是“股”的本字，是在側面人形的股所在的部位畫個圈，表示股是腿上的某一段。“股”本爲指事字，後來字形演變，表意意圖不明顯，便在旁邊加形符“月（肉）”，再後來就用形聲字來取代它。趙平安先生認爲“夃”字形是從甲骨文“股”字初文變化而來的説法是可信的。但宋華强先生以爲趙平安先生以从“殳”爲改換聲旁的説法不確。宋華强先生認爲“股”、“羖”都是見母魚部字，“殳”是禪母侯部字，聲韻皆有一定距離，“股”、“羖”所从“殳”旁應該都是由楚簡“夃”旁那種形體訛變而成的。[①] 宋華强先生此説可從。古文字中所从的“殳”字形確實有與上述“夃”字形相混的可能，下列諸从“殳”之字形可以爲證：

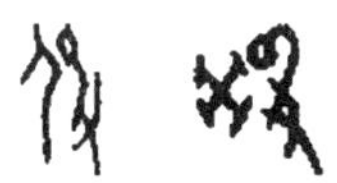

甲骨文“役”、“殺”[②]

金文“殳”、“段”、“段”[③]

上面幾個字形中，金文“段”所从的“殳”形上部寫得極像側面人形，與楚簡中的“夃”形尤有訛混的可能。宋華强先生將“股”、“羖”的聲符“殳”視作“夃”（古音在見母魚部）字形的訛變，就徹底解決了《説文》中“股”、“羖”的聲符“殳”古音在禪母侯部與“股”、“羖”古音在見母魚部不相符合的矛盾。

對於楚竹書《周易》中“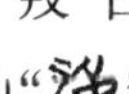”字形的分析，我們雖然同意季旭昇先生隸定爲“汸”的觀點，但與季旭昇先生分析爲从“水”从“夃”的會意字和陳劍先生分析爲从“水”从“夃（企）聲”的形聲字都不同，我們認爲此字應當分析爲“从水，盈省聲”，釋爲“溋”字。

楚簡文字中常見“省聲”現象。如《上海博物館藏戰國楚竹書（二）·從政

① 宋華强：《新蔡楚簡的初步研究》，北京大學中文系博士學位論文（指導教師：李家浩教授），2007年，第222頁。

② 中國社會科學院考古研究所編：《甲骨文編》，中華書局，1965年，第134頁。【編按：第一形釋“役”可疑。】

③ 容庚編著，張振林、馬國權摹補：《金文編》，中華書局，1985年，第206、207頁。

（甲篇）》第 8 簡“則失衆”的“”字，黄錫全先生釋爲“滷”，讀爲“鹵”。① 陳劍先生同意黄錫全先生對字形的分析，但認爲簡文“滷”字與字書中的“滷”字無關，兩字僅是同形字的關係，簡文“滷”字其實應是“鹽”字異體，讀爲“嚴”，並引《論語》兩次出現的“寬則得衆”（《陽貨》、《堯曰》）爲證，以爲其正跟簡文“嚴則失衆”之語相反相成。對於簡文“滷”字形與戰國文字中標準的“鹽”字形的關係，陳劍先生用戰國文字中多見“省略偏旁”的現象來解釋。② 在得見可以與此句對讀的《上海博物館藏戰國楚竹書（五）·季庚（康）子問於孔子》第 10 簡“（㢆）”字後，陳劍先生又在此文“補記”部分指出：將《從政》的“滷”字跟“㢆”字結合起來考慮，如它們釋讀爲“鹽（嚴）”符合事實，則“㢆”字似可分析爲从“宀”从“盬（鹽）”或“滷（鹽）”省聲。③ 陳劍先生對此字的釋讀意見是完全可信的。古文字中出現的其他“鹽”字形如下：

無鹽戈

包山楚簡 147

上博（二）《容成氏》3

上博（五）《鮑叔牙與隰朋之諫》5④

綜觀這些“鹽”字可知，古文字中上从“鹵”下从“皿”的“盬（鹽）”字是最爲常見的一種寫法，繁體或加“水”。⑤ 何琳儀老師以“盬”爲“鹽”之初文，疑“瀘”爲“鹽”之省文，並引《集韻》“盬，鹽或省”與《廣韻》“灩，同鹽”爲說。⑥ 而楚簡文字中以“滷”作“鹽”僅此一見。因此，《從政》中的“滷”字形應當分析爲“从水，盬（鹽）省聲”即釋爲“瀘（灩）”字爲確。

同樣道理，楚竹書《周易》簡 14 的“”字，今本作“盍”，帛本作“甲”。陳

① 黄錫全：《讀上博楚簡（二）劄記（壹）》，簡帛研究網，2003 年 2 月 25 日。

② 陳劍：《上海博物館藏戰國楚竹書〈從政〉篇研究（三題）》，第三届國際簡帛研討會論文，Mount Holyoke College，U.S.A，2004 年。

③ 陳劍：《上海博物館藏戰國楚竹書〈從政〉篇研究（三題）》，復旦大學出土文獻與古文字研究中心網，2008 年 2 月 28 日。

④ 季旭昇：《上博五芻議（上）》，簡帛網，2006 年 2 月 18 日。

⑤ 趙平安：《戰國文字中的鹽字及相關問題研究》，《考古》2004 年第 8 期，第 56～61 頁。

⑥ 何琳儀：《戰國古文字典》，中華書局，1998 年，第 1457 頁。

斯鵬先生釋爲“𣏾”,疑即“嗑”字異體,二字均从“去”(葉部字)得聲。[①] 何琳儀老師直接隸定爲“欱”,以爲與“甲”、“盇”韻母同屬葉部。[②] 古文字中象器皿上有蓋子的“去”字,即“蓋”字所从的“盇”字上部的“去”,與古音在魚部意爲離去的“去”其實是來源不同的兩個字。[③] 曾憲通先生以爲此類“去”字其實就是“盇”的初文,形聲字中古音不屬於“魚”部者,大多屬於“葉”部字,這些字都應當是从“盇”字的初文“去”得聲的。如果要勉强用“省聲”的辦法來分析的話,則寧可采用“盇省聲”更爲合理。[④] 由曾憲通先生此説,楚竹書《周易》簡 14“𣏾”字也當分析爲“从欠,盇省聲”,即釋爲“欱”字爲是。

準此兩例,楚竹書《周易》中的“汈”字分析爲“从水,盈省聲”釋爲“盈”字就順理成章了。而且,“汈”之於“盈”所从之“盈”與“滷”之於“瀘(瀘)”所从之“盧(鹽)”恰好構成平行對應的關係。同時,上舉這四個楚簡文字“省聲”之例都是省略聲符中的“皿”字形,益可説明這種現象在楚簡文字中絶非偶然,而是有其規律可循的。

【編按: 此文是《説楚簡“汈”字》一文的延伸拓展,故二者在内容上有些重複之處。】

原載《周易研究》2009 年第 1 期。

---

① 陳斯鵬:《楚簡〈周易〉初讀記》,孔子 2000 網,2004 年 4 月 25 日。

② 何琳儀:《楚竹書〈周易〉校記(上)》,《安大史學》第 2 輯,安徽大學出版社,2006 年,第 8～9 頁。

③ 裘錫圭:《談談古文字資料對古漢語研究的重要性》,《中國語文》1979 年第 6 期;又見《裘錫圭學術文集・語言文字與古文獻卷》,復旦大學出版社,2012 年,第 40～48 頁。

④ 曾憲通:《去盇考辨》,氏著:《古文字與出土文獻叢考》,中山大學出版社,2005 年,第 91～93 頁。

《鮑叔牙與隰朋之諫》“人之性三”補説

《上海博物館藏戰國楚竹書(五)·鮑叔牙與隰朋之諫》簡5：

公沽(胡)弗察人之生(性)三：食、色、。[①]

其中“”字，原考釋者隸定爲“𢝊”，將全句讀爲“三食色憂”。[②] 有學者從其讀。[③] 李天虹先生根據文意，疑此字上部爲“自”之訛，當釋爲“息”，將此句讀爲“人之性三：食、色、息”，以爲“息”訓爲“休息”。[④] 後來李天虹先生又重新思考這段文字，以爲“息”當指“子息”，“人之生三，食、色、息”可能是説，人之生有三：食、色和子嗣；或者人之性有三：食、色和繁衍後嗣。[⑤] 周波先生以爲此句當讀作“人之生(性)三，食、色、憂”，“憂”當是憂患義，“性”當是本性之義，指人天生所具有的秉性；並指出郭店簡《語叢一》簡110“食與色與疾”可以與此句對讀，認爲其中“疾”當與此處“憂”義近，並當爲“憂患”義。[⑥] 牛新房先生在字形上從李天虹先生之説釋爲“息”，引馮勝君先生之説，以爲从“自(鼻)”得聲的

---

① 釋文及句讀參照下引諸家之釋讀意見給出。“沽”讀爲“胡”，從劉信芳《上博藏五試解七則》，簡帛網，2006年3月1日。

② 馬承源主編：《上海博物館藏戰國楚竹書(五)》，上海古籍出版社，2005年，第187頁。

③ 陳劍：《談談〈上博(五)〉的竹簡分篇、拼合與編聯問題》，簡帛網，2006年2月19日；李學勤：《試釋楚簡〈鮑叔牙與隰朋之諫〉》，《文物》2006年第9期，第91頁。

④ 李天虹：《上博五〈競〉〈鮑〉篇校讀四則》，簡帛網，2006年2月19日。

⑤ 李天虹：《再談〈鮑叔牙與隰朋之諫〉中的“息”字》，簡帛網，2006年3月1日；李天虹：《〈鮑叔牙與隰朋之諫〉5—6號簡再讀》，《簡帛》第2輯，上海古籍出版社，2007年，第279～284頁。

⑥ 周波：《上博五札記(三則)》，簡帛網，2006年2月26日。

"息"可以讀爲"疾",又對比《語叢一》簡 110"食與色與疾",主張將"息"破讀爲"疾",並引《荀子·性惡篇》將"疾"視爲人的一種本性。[①] 黄人二先生與牛新房先生意見基本一致,也釋字爲"息",讀爲"疾"。[②] 林志鵬先生亦從李天虹先生之説釋"息",但認爲字或當破讀爲"愒",訓爲"休息",並認爲《語叢一》簡 110"食與色與疾"之"疾"似亦可讀爲"息"。[③]

對於""字,學者多從李天虹先生之説釋爲"息",是可信的。但對於"人之性三:食、色、息"中"息"字的解釋,論者僅能舉《孟子·告子上》"食、色,性也"爲説,而所舉傳世文獻尚不及"息"字用爲"人之性"之例,因此在字義解釋上衆説紛紜。

筆者偶然發現,"息"字作爲"人之性"的説法在傳世文獻中其實是存在的。《鶡冠子·道端》:"凡可無學而能者,唯息與食也。"其云"無學而能者",顯然是指人之本能、天性而言。北宋莊綽《雞肋編》云:"天下之事,有不學而能者,儒家則謂之天性,釋氏則以爲宿習,其事甚衆。"郭店楚簡《性自命出》簡 7:"牛生而倀,雁生而戟,其眚(性)☐。"白於藍先生讀"倀"爲"棖",讀"戟"爲"陳",以爲"牛生而倀(棖)"是説牛生來就會抵觸,"雁生而戟(陳)"是説雁生來就會排成陳列。[④] 結合《性自命出》簡 7 末尾兩字"其性"和簡 8 開頭兩字"而學"看來,白先生之説可從。"牛生而倀(棖),雁生而戟(陳)"是説牛生來就會抵觸,雁生來就會排成陳列,這些行爲是牛與雁的天性使然,是"無學而能者",即不用學習就具有的本能。將《鶡冠子·道端》篇"凡可無學而能者,唯息與食也"與此對讀可知,説者顯然是把"息"與"食"視爲人之"天性"看待的,這又恰好可以與《鮑叔牙與隰朋之諫》簡 5"人之性三:食、色、息"之"食"與"息"參照理解。

關於《鶡冠子·道端》篇題"道端"二字,陸深曰:"此篇説用人。"黄懷信先

① 牛新房:《讀上博(五)札記》,簡帛網,2006 年 9 月 17 日。

② 黄人二:《上博藏簡第五册競建内之和鮑叔牙與隰朋之諫試釋》,臺灣大學中文系"戰國學術研究計畫"系列演講,2006 年 10 月 18 日。此轉引自林志鵬《楚竹書〈鮑叔牙與隰朋之諫〉補釋》,簡帛網,2007 年 7 月 13 日。

③ 林志鵬:《楚竹書〈鮑叔牙與隰朋之諫〉補釋》,簡帛網,2007 年 7 月 13 日。

④ 白於藍:《簡牘帛書通假字字典》,福建人民出版社,2008 年,第 269、334 頁。

生按語以爲:“道,謂君道,君主治國之道。端,大端,根本。《禮記・禮器》:‘以居天下之大端。’注:‘端,本也。’此篇論君道之大端在於知人善任與效屬先王。”“凡可無學而能者,唯息與食也”一句,“古注”曰:“凡人不學而能者,息與食也。”黄懷信先生按語以爲:“無學而能,本能也。息,睡覺。食,吃飯。言息、食之外,皆當學習。”①我們知道,《鮑叔牙與隰朋之諫》中“人之性三:食、色、息”一句,正是鮑叔牙與隰朋勸諫齊桓公不要重用豎刁與易牙而發,恰好緊扣“用人”二字。可見《鮑叔牙與隰朋之諫》與《鶡冠子・道端》兩篇主旨實有相通之處,故所用文辭一致也就理所當然了。兩篇討論用人之道的文字引用相似的關於人之天性的文句,應該是想説明要做到知人善任,首先應當對人之天性有很好的瞭解把握。

我們所引的《鶡冠子・道端》“凡可無學而能者,唯息與食也”一句如果在流傳過程中没有文字訛誤的話,以此反觀出土的楚簡文獻,則一系列相關問題都可迎刃而解。首先,我們可以肯定李天虹先生將“”字釋爲“息”是正確無疑的。對“唯息與食也”句中“息”字的理解,黄懷信先生以爲是“睡覺”,即“休息”,與李天虹先生最初的理解是一致的。這種解釋放入原文,與“無學而能”、“人之性”相符,文義上也很通暢。然筆者以爲,其中“息”若從《説文》解爲“喘也”,即指“喘息”、“呼吸”、“氣息”,於文義亦無不可。人之所以具有生命,除了吃飯外,呼吸更是不可須臾離,而且喘息也是生來就會的本能,是“無學而能者”,猶如“牛生而倀(棖),雁生而戟(鰍)”一般。再者,“息”字本从“自(鼻)”作,“喘也”之訓顯然與其本義相關。如睡虎地秦簡《詰》篇三六背貳“一室人皆毋(無)氣以息”,此“息”字也用其本義。當然,細繹《鶡冠子・道端》文句之意,將“息”與“食”並列,似乎以解釋爲“休息”更恰當些。

以《鶡冠子・道端》“凡可無學而能者,唯息與食也”一句反觀楚簡,還可以證明郭店簡《語叢一》簡110“食與色與疾”的“疾”當以讀作“息”爲是。同時也可附帶證明,今本《緇衣》“毋以嬖御人疾莊后,毋以嬖御士疾莊士、大夫、卿士”的“疾”,郭店簡本相應之字作“(憩)”,上博簡本作“(書)”,學者多以爲二

① 黄懷信:《鶡冠子彙校集注》,中華書局,2004年,第90、112頁。

字从"䏔"得聲,有可能"䏔"是從"自"分化出來,古音"自"、"疾"同爲從紐質部字,故可讀爲今本之"疾"字的看法是可從的。[①] 郭店楚簡整理者釋"(憩)"爲"息"可從,字可據今本直接讀爲"疾";上博楚簡"(䛳)"字類此,也當讀爲"疾",同樣是音近相通的關係。

2008年3月27日初稿

補記:范常喜先生2006年9月18日於武漢大學簡帛網簡帛論壇發帖指出:馬王堆醫書《天下至道談》40—41:"人産(生)而所不學者二:一曰息,二曰食。非此二者,無非學與服。故貳生者,食也;孫(損)生者,色也;是以聖人合男女必有則也。"這段話與楚簡中的"食、色、息"有關。范先生此説甚是。筆者行文中未能徵引,實爲疏失。如此一來,類似的一句話,三見於出土文獻,兩見於傳世文獻,交相印證,對我們深入理解文意提供了很大幫助。馬王堆醫書中的"息"字,通常也解釋爲"呼吸",如《馬王堆醫書考注》注解這句話説:"息,呼吸。全句意思是説,人生下來有兩件事不必通過學習就會的,一是呼吸,二是飲食。"(見周一謀、蕭佐桃主編:《馬王堆醫書考注》,天津科學技術出版社,1988年,第431頁)這説明我們將楚簡中之"息"解釋爲"喘息、呼吸、氣息"也是有道理的。當然,若將馬王堆醫書中的"食"、"息"與後半句所提到的"食"與"色"相對應,即認爲"色"與"息"所指類同,也是可以講得通的,這就可以證明李天虹先生釋"息"爲"子嗣"或者"繁衍後嗣"是可信的。"息"字究竟當如何解釋才更符合文句之本意,仍可進一步研究。

2008年11月13日

原載《簡帛》第4輯,上海古籍出版社,2009年10月。

① 黄德寬、徐在國:《郭店楚簡文字考釋》,吉林大學古籍整理研究所編:《吉林大學古籍整理研究所建所十五周年紀念文集》,吉林大學出版社,1998年,第103頁;馮勝君:《論郭店簡〈唐虞之道〉、〈忠信之道〉、〈語叢〉一~三以及上博簡〈緇衣〉爲具有齊系文字特點的抄本》,北京大學博士後研究工作報告,2004年,第260、261頁;還可參上引李天虹先生《再談〈鮑叔牙與隰朋之諫〉中的"息"字》和牛新房先生《讀上博(五)札記》兩文所引述。

上博藏竹書《吴命》“先王姑姊大肥”考辨

《上海博物館藏戰國楚竹書(七)·吴命》篇現存九簡,殘斷嚴重,僅第九簡爲完簡,其餘皆有殘缺。《吴命》篇公布後,在原整理者曹錦炎先生所做釋文考釋的基礎上,又有其他學者就此篇簡文的文字釋讀及詞句理解發表了一些意見。但由於各簡之間基本無法連讀,對簡序重新編聯發表意見者相對少些。也正因爲如此,各自獨立的散斷簡文反過來又影響到對字句及文意的理解,甚至對全篇文體及性質的理解也一度出現分歧。

《吴命》第八簡由兩段殘簡綴合而成,其中下半段殘簡有如下一句簡文:

> 募(寡)君昏(問)左右:篙(孰)爲帀(師)徒,嵏(踐)履陞(陳)堅(地)?吕(以)陞(陳)邦非它也,先王姑姊大肥之邑☐[①]

此句簡文中我們所謂的“姑姊”二字,《吴命》篇原整理者曹錦炎先生釋作“姑每”,考釋以爲:

> “每”,讀爲“緐”,“緐”从“每”聲,故可相通。“姑每”讀爲“姑緐”,也就是吴王“諸樊”(“緐”、“樊”音同異寫)。按吴國兵器銘文,諸樊之名全稱作“姑發胥反”,“姑發”爲氏,“胥反”爲名。此處作“姑每”乃是省四字名爲二

---

① 曹錦炎:《吴命釋文考釋》,馬承源主編:《上海博物館藏戰國楚竹書(七)》,上海古籍出版社,2008年,第321頁。

字之故(參看拙文《吴王壽夢之子劍銘文考釋》)。“肥”,讀爲“熙”。《老子》“衆人熙熙”,馬王堆帛書本“熙”作“肥”。“熙”,光大。《書·舜典》:“咨四岳,有能奮庸熙帝之載。”孔傳:“奮,起。庸,功。載,事也。訪群臣有能起發其功,廣堯之事者。”亦訓爲興起,興盛。《書·堯典》:“允釐百工,庶績咸熙。”此句謂因爲陳邦之興起是與吴國先王諸樊有關,所以要關心(這是吴王之藉口)。①

原整理者對這句簡文的理解是難以令人信服的。從全部簡文來看,這句話可以確定是出於吴國使臣之口,是從吴王的角度説及吴國與陳國之間的淵源關係。從史實上講,吴國提及陳國與己方的關係,若是陳國之興確實與吴國先王諸樊有關,即便是藉口,也應當是有所依據的,然事情不見於記載。而且,這句話作爲春秋外交辭令,雖以委婉含蓄爲主要特點,然更講究措詞得體,有理有據,以使對方心悦誠服,無可辯駁。若將這句話釋讀爲“先王諸樊大熙之邑”,理解成“先王諸樊大興之邑”,却顯得語涉含糊,不僅給人指代不明之感,更有落人口實之嫌。因爲若是吴國先王諸樊對陳邦之興有過貢獻,肯定是具體的事件,作爲外交辭令而言,恐不至於如此輕描淡寫一筆帶過。再者,陳國作爲受到周天子正式册封的諸侯國,在當時的社會環境中説到其興起的原因可能首先應該歸結爲陳國先祖的功德以及歷代封君的努力經營等,而不應是别的邦國某個國君的扶持。吴國使臣若説陳國興起是其先王諸樊的功勞,即便陳國是吴國的附庸,也難辭貪天之功之譏,同時也含有輕蔑陳國之意。故而簡文語意恐不當如此理解。

下面我們結合傳世典籍文獻的相關記載,對簡文“先王姑姊大肥”一句從多個角度加以詳細考辨,希望能找到更符合情理的解釋。

一、“大肥”考辨

針對簡文涉及的具體語境,根據史料記載來考察“大肥”二字的釋讀,我們

① 曹錦炎:《吴命釋文考釋》,馬承源主編:《上海博物館藏戰國楚竹書(七)》,第 323 頁。

可以發現：典籍文獻中説到陳國受封建邦之初，往往會提及陳國始祖胡公配周武王長女大姬之事。《史記·陳杞世家》"至于周武王克殷紂，乃復求舜後，得嬀滿，封之於陳，以奉帝舜祀，是爲胡公"，司馬貞《索隱》云：

《左傳》曰："武王以元女太姬配虞胡公而封之陳，以備三恪。"①

《索隱》所引史料出自《左傳》襄公二十五年：

鄭子産獻捷于晋，戎服將事。晋人問陳之罪，對曰："昔虞閼父爲周陶正，以服事我先王。我先王賴其利器用也，與其神明之後也，庸以元女大姬配胡公，而封諸陳，以備三恪。則我周之自出，至于今是賴……敝邑大懼不競，而恥大姬……"②

又如《左傳》昭公三年：

叔向曰："齊其何如?"晏子曰："此季世也，吾弗知齊其爲陳氏矣。公棄其民，而歸於陳氏……箕伯、直柄、虞遂、伯戲，其相胡公、大姬，已在齊矣。"③

又如《國語·周語中》"定王使單襄公聘於宋"章：

陳，我大姬之後也。④

又如《國語·魯語下》"仲尼在陳"章：

---

① （漢）司馬遷：《史記·陳杞世家》，中華書局影印《四部備要》本，1998 年，第 539 頁。
② 《十三經注疏》，浙江古籍出版社，1998 年，第 1985 頁。
③ 《十三經注疏》，第 2031 頁。
④ 徐元誥撰，王樹民、沈長雲點校：《國語集解》，中華書局，2002 年，第 68～69 頁。

> 先王欲昭其令德之致遠也，以示後人，使永監焉，故銘其栝曰“肅慎氏之貢矢”，以分大姬，配虞胡公而封諸陳。①

《國語・魯語下》“仲尼在陳”章所記之事又見於《孔子家語・辨物》、《史記・孔子世家》以及《説苑・辨物》等，可見大姬配胡公而封陳之事流傳之廣。

將以上史料記載與簡文對比，很容易就可以看出：其中“大巸”應當讀爲“大姬”，就是指周武王的長女大姬。② 大姬作爲陳國之祖妣，出自姬周；而吴國是先周太王之子太伯奔荆蠻所立之國，與大姬同爲姬姓。故吴國使臣説及陳國是“大姬之邑”（大姬的封邑），緊承上句“以陳邦非它也”（陳國不是其他的邦國）而言，有套近乎的意味。上句提到吴王説的話“寡君問左右：孰爲師徒，踐履陳地”，是説吴國曾經毫不猶豫地出兵援助過陳國，可見吴國使臣外交辭令中總的語氣是向陳國表示友好之意。吴國使臣在解釋吴王爲什麽要毫不猶豫地出兵援助陳國時，提及作爲姬周集團一員的吴國與陳國的這層姻親關係，進一步拉近兩國之間的距離，這是很合乎情理的。從文字通假角度説，“巸”作爲一個雙聲符字，與“姬”含有共同的聲符，兩者可以相通也是毫無疑問的。

二、“先王”考辨

我們再來考察一下對簡文“先王”的理解。原整理者將簡文釋讀爲“先王諸樊”，則“先王”的意思是指“吴國的先王”，這種理解也是站不住脚的。

考諸《吴命》篇全部簡文，由第五簡“卑（俾）周先王佾”、第八簡“先王之

---

① 《國語集解》，第204頁。

② 《上博（七）》公布後，復旦大學出土文獻與古文字研究中心研究生讀書會（以下簡稱“復旦讀書會”）《〈上博七・吴命〉校讀》一文最早就《吴命》篇發表看法，其文參見復旦大學出土文獻與古文字研究中心網站（http://www.guwenzi.com/SrcShow.asp?Src_ID=577），2008年12月30日。在此文評論欄中，施謝捷先生最先指出：“大巸”應該讀“大姬”；近年西南某地出有“武夫人印”（現藏天津慶堂）、“少巸之印”（現藏鄭州鑒印山房），其中的“少巸”即“少姬”。這是很正確的看法。但施先生又傾向於認同原整理者將“大姬”前面兩個字釋讀爲“姑樊”的説法，這是我們不同意的，具體論證見下文。筆者緊隨施先生之後指出：簡文裏的“大姬”是專指周武王之長女，同時也是陳國先君之配。宋華强先生後來發表的《〈上博（七）・吴命〉“姑姊大姬”小考》一文（簡帛網 http://www.bsm.org.cn/show_article.php?id=930，2009年1月1日），對簡文“大姬”的看法與筆者意見一致。

福”、第九簡“楚人爲不道，不思丌(其)先君之臣事先王，灋(廢)丌(其)贚(重)獻，不共(供)承(承)王事。我先君盍(闔)[閭]……”[①]等文句，我們可以得出這樣的看法：簡文中的“先王”當指周之“先王”，而非吴之“先王”，吴王稱本國的先祖爲“先君”，而非“先王”。因爲第九簡中以吴王的口吻説楚人“不思丌(其)先君之臣事先王”，其中的“先王”自然當指周之“先王”而言，而絕不會是指吴之“先王”。楚國“先君”受封於周王室，故而可以説“臣事”周之“先王”，而絕無理解成“臣事”吴國“先王”之理。同時，上引《左傳》襄公二十五年鄭子産之語中，以“先王”指周武王，而稱鄭國之先祖爲“先君”；《國語・周語中》“定王使單襄公聘於宋”章，單襄公話語中的“先王”也是指周之“先王”；《國語・魯語下》“仲尼在陳”章，孔子話語中的“先王”也是指周武王；這些都可以證明我們的判斷是正確的。

除此之外，典籍文獻中相關的例證尚有很多。如《左傳》僖公二十六年記載齊孝公伐魯，魯僖公使展喜犒師，有如下一段對話：

> 齊侯曰：“室如縣罄，野無青草，何恃而不恐？”對曰：“恃先王之命……我敝邑用不敢保聚，曰：‘豈其嗣世九年而棄命廢職，其若先君何？君必不然。’恃此而不恐。”齊侯乃還。[②]

同樣的記載又見於《國語・魯語上》“齊孝公來伐”章，措詞稍有不同：

> 昔者，成王命我先君周公及齊先君大公曰：“女股肱周室，以夾輔先王……”今君來討敝邑之罪，其亦使聽從而釋之，必不泯其社稷，豈其貪壤地而棄先王之命？其何以鎮撫諸侯？恃此以不恐。[③]

又如《國語・齊語》“桓公自莒反於齊”章：

---

① 曹錦炎：《吴命釋文考釋》，馬承源主編：《上海博物館藏戰國楚竹書(七)》，第314、321、323頁。

② 《十三經注疏》，第1821頁。

③ 《國語集解》，第151～152頁。

> 桓公親逆之於郊，而與之坐，問焉，曰：“昔吾先君襄公……”管子對曰：“昔吾先王昭王、穆王，世法文、武……”①

内容基本相同的記載又見於《管子·小匡》篇，管仲答語的首句作“昔吾先王周昭王、穆王”，②多了個“周”字，更爲明確地表明了其話語中的“先王”所指。

上述先秦典籍所記載的話語中，魯國使者辭令裏的“先王”是指周之“先王”，而稱齊、魯兩國之先祖爲“先君”；齊桓公與管仲談話，桓公稱其先君襄公爲“吾先君”，因管仲是姬周王室宗親，爲姬姓之後，故稱周之先王爲“吾先王”。由此可見，春秋時期，諸侯國（尤其是姬姓封國）稱周王室先祖爲“先王”而稱本國先祖爲“先君”幾乎成爲通例。這些都爲我們將《吴命》簡文中“先王姑姊大姬之邑”的“先王”理解爲“周之先王”提供了極其有力的佐證。

當然，在先秦典籍記載中，春秋時期的諸侯國也是有稱呼本國先祖爲“先王”之例的，原整理者以及其他學者將《吴命》簡文中的“先王”理解爲“吴之先王”也並非毫無根據。如《國語·楚語下》“王孫圉聘於晋”章“若夫白珩，先王之玩也”，③其中的“先王”是指楚之“先王”；《國語·吴語》“吴王反自伐齊，乃誶申胥”章“昔吾先王體德聖明，達於上帝”，④其中的“先王”是指吴之“先王”闔閭；等等。又如，與《吴命》同時公布的《君人者何必安（然）哉》是楚王與其老臣范戊的對話，第六簡有“先王爲此”，第九簡有“先君靈王乾溪云爾”，⑤“先王”與“先君”同出，都是指楚國的先祖。所以，若根據這些文獻例證而將《吴命》簡文中的“先王”理解爲“吴之先王”似乎也有理可循。綜合分析這些材料，我們應該可以歸納出這樣的結論：春秋時期僭越稱王的楚、吴、越三國，當他們的話語中不涉及周王室的先祖時，稱呼本國的先祖既可以是“先君”也可以是“先王”；作爲姬姓的吴國，當話語中周王室與本國的先祖同出時，要稱本國的先祖

① 《國語集解》，第217～218頁。

② 《百子全書》，浙江古籍出版社，1998年，第389頁。

③ 《國語集解》，第527頁。

④ 《國語集解》，第544頁。

⑤ 濮茅左：《君人者何必安（然）哉（甲本、乙本）釋文考釋》，馬承源主編：《上海博物館藏戰國楚竹書（七）》，第203、206頁。

爲“先君”而稱周王室的先祖爲“先王”，以避免指代混淆；當時其他未僭越稱王的諸侯國，在任何語境中都只能稱呼本國的先祖爲“先君”。因此，《吴命》篇第九簡“先王”與“先君”同出，對於確定簡文中“先王”當是指周之“先王”這一看法極爲有力，甚至可以説是無可置疑的。

基於以上兩點理解，“先王姑姊大姬之邑”中的“大姬”既然是專指周武王的長女大姬，則“先王”用來指稱的“周之先王”，最有可能的就是周武王。因爲從情理上講，吴國使臣是想與陳國拉近關係而提及“大姬”，而姬周集團中與“大姬”關係最親近的“先王”自然非其父親周武王莫屬了。這一點從上引《左傳》襄公二十五年“庸以元女大姬配胡公”的“元女”二字提及周武王與大姬的父女關係也可略窺一斑。如此一來，“先王”一詞在文獻中本爲泛指通指之稱，在《吴命》篇此處簡文中，因爲有了與“大姬”的這層關係，就成了專指特指之稱——專指周武王了。準此，簡文中“姑姊”二字之意蘊亦大略可見：它很可能是一個表示“先王(周武王)”與“大姬”之間父女親緣關係的稱謂詞，而且意義當與“女兒”接近。

三、“姑姊”考辨

我們再從字形上考察一下“姑姊”二字的釋讀。這兩個字在原簡文中雖然稍有模糊，但與本篇簡文其他文字的形體一樣，書法甚爲規整謹嚴，並無影響辨認之處。

復旦讀書會將此二字釋爲“妯妾”，並分别於二字後面括弧内加問號表示不確定。[①] 魏宜輝先生認同原整理者釋作“姑緐”的意見。[②]

宋華强先生不同意上述兩種對字形的看法。在文字考釋上，他首先針對復旦讀書會將此二字隸定成“妯妾”的看法，引張新俊先生之説，[③]並參照上海博物館藏戰國楚竹書所見的“古”字形，指出第一字確是“姑”字無疑。至於第

① 復旦大學出土文獻與古文字研究中心研究生讀書會：《〈上博七・吴命〉校讀》。

② 魏宜輝：《論戰國楚系文字中“緐”字之省體》，復旦大學出土文獻與古文字研究中心網站 http://www.guwenzi.com/SrcShow.asp?Src_ID=592，2009 年 1 月 1 日。

③ 張新俊：《上博楚簡文字研究》，吉林大學博士學位論文(指導教師：吴振武教授)，2005 年 5 月，第 110 頁。

二字,他指出又見於上海博物館藏戰國楚竹書(七)《凡物流形》甲本十五號簡,原整理者也釋爲"每"。宋先生不同意原整理者對第二個字的隸定,認爲楚簡"每"字下部皆从"母",此从"女",恐非"每"字。而對於復旦讀書會隸定爲上部从"來"的看法,他也不同意,提出了將此二字釋爲"姑姊"的意見,並引古籍中相關的説法,以爲"姑姊妹"就是父親的姊妹行,"姑姊"就是大姑,"姑妹"就是小姑。[①]

我們認爲,將簡文中的這兩個字釋讀爲"姑姊",仍有未安之處。

首先,字形上未能做到完全吻合。宋華强先生將第一個字確定爲"姑",這是非常可信的意見。但他同時將第二個字釋爲"姊",將其上部字形視爲"𠂔"之省形,恐不可信。我們同意他對第二個字形體結構的分析,即將下部所从的"女"看作意符,將上部所从的字形看作聲符,但却不能認同他將上部所从的字形視爲"𠂔"之省形的看法。因爲我們綜合比較《吴命》篇簡文中所見的明確从"來"的諸字形,比如第一、四、八簡"逨"字的聲符"來"字形的寫法,實與此字上部毫無區别。因此,我們認爲復旦讀書會將第二個字隸定爲"娕"是可信的。"娕"即"㛘"字,應分析爲"从女,來聲"。

其次,若釋爲"姑姊",其所表示的輩份關係既不符合習慣性的表述,也難以讀通簡文。我們上面已經證明,簡文中吴國使臣從吴王立場上所説的"先王"當指"周之先王",吴國與陳國大姬的親緣關係是以周王室的譜系來論定的。若將簡文釋讀爲"先王姑姊大㚅",而"姑姊"指"父親之姊",則其中的"先王"就成了專指周康王了。因爲在周王室譜系中,周成王與大㚅平輩,可能是姊弟關係(誰更年長還不一定),只有周成王之子周康王的"姑姊"才能符合與大㚅的這層關係。雖然姬周王室歷代先祖都可以稱爲"先王",但是將簡文中的"先王"看作專指周康王這種理解是不符合習慣性表述的。《左傳》襄公二十五年"我先王……庸以元女大姬配胡公,而封諸陳",以及《國語·魯語下》"仲尼在陳"章"先王……以分大姬,配虞胡公而封諸陳",因爲大姬配胡公而封陳之事正在周武王時,所以這些文獻中在提及"大姬"的同時所提到的"先王"皆

① 宋華强:《〈上博(七)·吴命〉"姑姊大㚅"小考》,簡帛網,2009年1月1日。

指周武王。同樣，簡文裏的“先王”也應作如是理解，將這裏的“先王”理解爲周武王之外的其他任何一位“先王”恐怕都是説不通的。據史載，吴、陳兩國都是在周武王時受封，列爲諸侯的。吴國使臣提及大姬，非要拐彎抹角以與兩國受封都無直接關係的周康王作爲參照，這顯然説不通。

因此，上述釋讀爲“姑姊”的意見亦不可信。

我們認爲，這兩個字釋爲“姑婡”應當是没有問題的。至於原考釋者將第二字釋作“每”以及上引魏宜輝先生之文以爲字當是“緐”之省體的意見，其實只要仔細比較楚簡中所謂的“每”字形（或者説“緐”之省體）與此字在寫法上的差異，就可以發現二者的區别還是很明顯的：“緐”字不省之形體保留有“糸”旁，此時的“母”旁或可寫成“女”形。而所謂的“緐”之省體（或者説“每”字），省去了“糸”旁，則一律寫成从“母”形，而非此處簡文所作的“女”形。换句話説，楚簡中的“每”字形（或者説“緐”之省體），其所从的“母”作爲聲符（或者説是會意字的意符）是不可省的；而此處簡文中的“婡”字，下部所从的“女”當是作爲形聲字的形符而非聲符（亦非會意字的意符）存在的，因而可以省去。上引宋華强先生之文以爲楚簡“每”字下部皆从“母”，此从“女”，恐非“每”字，已經注意到了這個現象。其文中提到的《凡物流形》甲本十五號簡所見的“婡”字，宋先生也釋爲“姊”，讀爲“至”。① 從《凡物流形》篇的辭例來看，宋先生將簡文釋讀爲“坐而思之，至於千里”確實優於原整理者所釋讀的“坐而思之，謀於千里”。因爲若依據原整理者的意見將此字釋爲“每”讀爲“謀”，則“思”與“謀”同有“謀慮”之意，在簡文中有詞義犯複之嫌。而且，此字與楚簡中常見的上从“母（毋）”得聲、下从“心”作明確可以讀爲“謀”的字（《吴命》篇第九簡亦見此字形）形體結構迥然有别，所以將之釋爲“每”讀爲“謀”的意見實不可信。同時，楚簡中的“至”乃常見字，所以將之讀爲“至”恐亦不確。以上我們已經證明此字上部實从“來”作聲符，所以這裏也應該看作是一個从“來”得聲的字，在《凡物流形》篇此處簡文中或當讀爲“釐”，字又假借作“理”，意爲“治理、整飭”。唐

① 宋華强：《〈上博（七）·凡物流形〉劄記四則》，簡帛網 http://www.bsm.org.cn/show_article.php?id=938，2009年1月3日。

人韓愈《子産不毁鄉校頌》:"嗚乎! 四海所以不理,有君無臣,誰其嗣之?"[①]猶用"理"字。

至於"姑婡"所表示的意思,雖然不見於典籍文獻記載,但作爲一個指"先王(周武王)"與"大㚤"之間親緣關係的稱謂詞,可以肯定與"女兒"之類的意思相差不遠。衆所周知,我國許多地方的方言中都保留着大量古代漢語的語詞,而且有些語詞的讀法還反映了一定的古音現象,可以視爲古語之遺留。方言中有"姑來"一詞,意思是"姑娘",主要流行於西南官話區的貴州清鎮縣一帶。[②] "姑來"作爲一個雙音節詞語,第二個"來"字若是受到"姑"字類化而加上"女"字旁即成"姑婡",則與簡文是同一個詞。也許有人會認爲屬於西南官話區的貴州清鎮方言與楚簡用詞不具可比性,其實不然,方言用字一般是僅取其音的,本無定字。某個詞語在方言中具有某種意思,至少可以説明在漢語言發展的某個階段這個詞語曾經産生過這個意思。此外,方言中還有"姑娌"一詞,或者我們也可以將"姑婡"讀爲"姑娌"。"來"、"里"二字古音同爲之部來紐,古文字中常見通假,[③]所以"婡"可以讀爲"娌"也是毫無疑問的。"姑娌"作爲方言詞語主要流行於江西省修水縣,意思是"女孩、姑娘"。[④] 江西修水縣在春秋時期曾是吴國的管轄範圍,今修水方言中的"姑娌"一詞,或當是吴國使臣話語中以"姑婡"指"女兒"古語之孑遺。作爲方言語詞,"姑來(婡)"與"姑娌"應該是同一個詞,它們甚至與許多地區的方言中用來指"女兒"的"姑娘"一詞也有密切的關係。"來(婡)"與"娌"古音聲母皆屬來紐,"娘"字古音聲母屬泥紐,而其聲符"良"古音聲母亦屬來紐,古音來、泥二紐同屬舌頭音,極爲接近,且現代方言中也常見來紐、泥紐不分的現象。因此,"姑來(婡)"、"姑娌"與"姑娘"很可能是由一聲之轉而形成的不同方言語詞,原本具有相同的語源。"姑娘"在許多地區的方言中都含有"女兒"之意,放回到原簡文中語意甚爲順暢,且將兩個

---

① (唐)韓愈著,嚴昌校點:《韓愈集》卷一三,嶽麓書社,2000年,第167頁。

② 許寶華、宫田一郎主編:《漢語方言大詞典》,中華書局,1999年,第3753頁。

③ 高亨、董治安:《古字通假會典》,齊魯書社,1989年,第400頁;白於藍編著:《簡牘帛書通假字字典》,福建人民出版社,2008年,第8頁。

④ "姑娌"在江西修水方言中相當於"女孩",筆者目前尚未查到有方言詞典予以收録。可參考互聯網上竹鈴草(網名)所搜集整理的《修水的方言和一些習俗》一文裏"修水方言"部分"姑娌(女孩)"條,http://hi.baidu.com/zlc2008game/blog/item/8c4be33ecd28f53870cf6ce7.html。

字釋作“姑㛉”在字形上亦無不合之處。

綜上所考，我們認爲《吴命》篇中的“先王姑㛉大𡛢之邑”應當讀爲“先王姑㛉(娌)大姬之邑”，意即“先王(周武王)的女兒大姬的封邑”。吴國使臣上句話説“以陳邦非它也”(因爲陳國不是其他的邦國)，緊接着説明原因：(陳國是)先王(周武王)的女兒大姬的封邑。這樣釋讀，簡文前後語氣銜接極爲順暢自然，也可以從文義上反證此説之合理性。

附記：在修改過程中承蒙邵蓓先生惠示審閱意見，對行文之不足及謬誤多所是正，謹此致謝。

2009年8月

原載《中國史研究》2010年第3期。

《周易·姤卦》"金柅"考辨

《周易·姤卦》初六爻辭云：

> 繫于金柅，貞吉。有攸往，見凶。羸豕孚蹢躅。

其中的"金柅"，魏人王弼注云："金者，堅剛之物；柅者，制動之主。"其注語僅説明"柅"的功用是"制動"而没有明確説明"柅"究竟爲何物。唐人孔穎達《周易正義》中説：

> "柅者制動之主"者，柅之爲物，衆説不同。王肅之徒皆爲織績之器，婦人所用。惟馬云"柅者，在車之下，所以止輪令不動者也"。王注云"柅制動之主"，蓋與馬同。①

對"柅"究竟是指何物，孔穎達引述了兩位前人的説法：一、王肅等人以爲"柅"是"織績之器，婦人所用"；二、馬融認爲"柅"是"在車之下，所以止輪令不動"的器物。至於王弼的注語"柅者，制動之主"，因爲與馬融的説法在用詞上有相似之處，所以孔穎達用了一個"蓋"字，推測王弼注語的意思與馬融的説法相同。

唐人李鼎祚《周易集解》在此爻辭下引虞翻之説曰：

---

① 《十三經注疏》，浙江古籍出版社，1998年，第57頁。

柅，謂二也。巽爲繩，故"繫柅"。乾爲金，巽木入金，柅之象也。[①]

可見，虞翻的注文也没有明確説明這裏的"柅"究竟指何物。而清人李道平撰《周易集解纂疏》，其疏語中云"《説文》'鑈，絡絲趺也'，'趺'與'跗'同"，其意當是直接以此爻辭中的"柅"爲"絡絲趺"，與王肅等人認爲"柅"是"織績之器，婦人所用"的説法近似。

在討論"柅"字的意義之前，首先應當説明一點，《經典釋文》於"柅"字下列出了幾個異文："《説文》作'檷'，云：'絡絲趺也，讀若昵。'……王肅作'抳'，从手；子夏作'鑈'；蜀才作'尼'，止也。"[②]此字無論是作"柅"，還是作"檷"、"抳"、"鑈"、"尼"，皆爲同音通用的關係，不能根據字形判定其字義所指。

《周易正義》所引的馬融"在車之下，所以止輪令不動"的説法，被後人繼承並發揮成"止車木"，且一直影響到後代以至當今大型工具書的詞條編寫。如宋代編纂的《集韻・旨韻》"柅"字下即有"一曰：止車輪木"的解説。[③] 其他如《康熙字典・辰集中・木部》"柅"字下有"止車木"義項，[④]《辭源》"柅"字下有"塞於車輪下的制動木塊"義項，[⑤]《辭海》"柅"字下有"止車的木塊"義項，[⑥]《漢語大字典》"柅"字下有"塞於車輪下的制動木塊"義項，[⑦]所引的文獻例證都是《周易・姤卦》的馬融注語。

現當代的易學名家在注解《周易》經文涉及此爻辭的"金柅"時，對古人的兩種説法各有認同者。如尚秉和、高亨、李鏡池等先生，[⑧]基本認同王肅等人以"柅"爲"織績之器"的説法；劉大鈞、林忠軍、金景芳、吕紹綱、黄壽祺、張善文、廖名春等

① （清）李道平撰，潘雨廷點校：《周易集解纂疏》，中華書局，1994年，第403頁。

② （唐）陸德明：《經典釋文》，上海古籍出版社，1985年，第106頁。

③ （宋）丁度等撰：《集韻》，《小學名著六種》，中華書局，1998年，第75頁。

④ （清）張玉書、陳廷敬等編纂：《康熙字典》，漢語大辭典出版社，2002年，第464頁。

⑤ 商務印書館編輯部編：《辭源（修訂本）》，商務印書館，1979年，第1548～1549頁。

⑥ 辭海編輯委員會編：《辭海》，上海辭書出版社，2000年，第3666頁。

⑦ 漢語大字典編輯委員會編：《漢語大字典》，四川辭書出版社、湖北辭書出版社，1986～1990年，第1190頁。

⑧ 尚秉和：《周易尚氏學》，中華書局，1980年，第207頁；高亨：《周易古經今注（重訂本）》，中華書局，1984年，第285頁；李鏡池：《周易通義》，中華書局，1981年，第87頁。

先生，[1]基本認同馬融以“柅”爲“在車之下，所以止輪令不動”的器物的説法。

通過對以上文獻的考索可以發現：如果没有《周易正義》所引的馬融注語，“柅”指“止車木”的説法可能就根本無從談起了。到目前爲止，對“柅”究竟是指何物的問題，總體上可以歸併爲兩大類：若從王肅等人的説法，則是將“柅”歸入“織績之器”；若從馬融所説以“柅”爲“在車之下，所以止輪令不動”的器物，則是將“柅”歸入車馬器。織績器與車馬器，表面上看來似乎是兩種毫不相關的器物，其實從根本上説是可以調和的，具體論證見下。

在討論“金柅”究竟指何物這個問題之前，我們先來剖析一下馬融注語所説的“柅”是指“止車木”説法的可信度。由於从“尼”聲之字多含有“止”義，如《爾雅·釋詁》：“尼，止也。”“尼，定也。”郭璞注：“尼者，止也，止亦定。”[2]又如《廣雅·釋詁》：“抳，止也。”王念孫疏證以爲“抳”與見於上引《經典釋文》中的諸異文“並聲近而義同”。[3] 所以，馬融以“柅”是指“止車木”的説法，乍看上去是很有道理的。然而，將此説法放回到《周易》經文中再進行考察，就會發現這個説法其實是有問題的。

首先，古代用在車輪下阻止車輪轉動的木塊稱爲“軔”。在車子發動時，將其抽走，由此産生“發軔”一詞。“軔”字的這一義項在古代典籍中比比皆是。如《説文》：“軔，礙車也。”《玉篇·車部》：“軔，礙車輪木。”《漢書·揚雄傳上》“既發軔於平盈兮”顔師古注引服虔曰：“軔，止車之木。”[4]而在古人這些關於“軔”字的注解中，從來没有提到“軔”還有别名叫“柅”的，以這一點來驗證馬融的注語很讓人懷疑其説法來路不正。後來，清人朱駿聲曾提到：“又柅在車下，止輪之動者，所謂軔也。”[5]聞一多先生也認爲“柅即軔”。[6] 而他們除了轉引馬

① 劉大鈞：《周易概論》，齊魯書社，1988 年，第 291 頁；劉大鈞、林忠軍：《周易古經白話解》，山東友誼出版社，1989 年，第 84 頁；金景芳、吕紹綱：《周易全解》，吉林大學出版社，1989 年，第 314 頁；黄壽祺、張善文：《周易譯注(修訂本)》，上海古籍出版社，2001 年，第 364 頁；廖名春：《〈周易〉經傳十五講》，北京大學出版社，2004 年，第 125 頁。

② 周祖謨：《爾雅校箋》，雲南人民出版社，2004 年，第 15、22 頁。

③ （清）王念孫：《廣雅疏證》，江蘇古籍出版社，2000 年，第 93 頁。

④ 宗福邦、陳世鐃、蕭海波主編：《故訓匯纂》，商務印書館，2003 年，第 2243 頁。

⑤ （清）朱駿聲著，胡雙寶點校：《六十四卦經解》，國家圖書館出版社，2008 年，第 187 頁。

⑥ 聞一多：《周易義證類纂》，《聞一多全集·古典新義》，生活·讀書·新知三聯書店，1982 年，第 15 頁。

融的注語之外，没有提出任何其他的文獻佐證。因此，馬融以“柅”爲“止車木”的説法恐怕不可深信。

其次，即便我們承認“柅”是“止車木”，這隨之又會出現另一個問題：“止車木”並非可繫之物，此爻辭何以會説“繫于金柅”呢？作爲放在車輪下阻止車輪轉動的一塊木頭，隨時可以搬移抽走，是個連安放位置都不固定的東西，古人恐不會將繩索之類的繫在上面。此事想來與常理亦有悖，更不用説易理了。聞一多先生也注意到這點，説：“然柅所以止車，不當云繫。”爲調和此矛盾，他認爲“繫當讀爲擊”，並訓“擊”爲“礙”。① 從上海博物館藏戰國楚竹書《周易》的用字情況來看，聞先生的説法似乎是有道理的。如楚竹書本《隨》卦六二、六三、上六爻辭“係小子”、“係丈夫”、“係而敂之”，皆用“係”字，《遯》卦九三爻辭的“係遯”也用“係”字；而《姤》卦初六爻辭作“繫于金柅”，却用“繫”字，《蒙》卦上九爻辭作“毄蒙”，對應今本《周易》的“擊蒙”。② 不過，結合今本《周易》的全部卦爻辭來看，比如《無妄》卦六三爻辭的“或繫之牛”，此處的“繫”恐怕只能解釋爲“繫縛、拴繫”之義，聞先生讀“繫”爲“擊”並訓爲“礙”的説法恐有可商。再者，結合《周易》的爻辭取象來看，聞先生之説尤其難以令人信從。上面所引的《周易集解》引虞翻之説曰“巽爲繩，故‘繫柅’”，其實已經附帶説明了“繫”字之義。“巽爲繩直”見於《説卦》，即“巽”卦的卦象爲“繩”，“繩”之功用在於“繫”，所以卦爻辭中出現“繫”字，是取象於“巽”卦。根據《繫辭上》所説的“聖人設卦觀象繫辭焉而明吉凶”的原理，《周易》卦爻辭中出現“繫”字處，當有“巽”卦之象才是。此説驗之於《周易》卦爻辭與卦象，當屬可信。如《否》卦九五爻辭“其亡其亡，繫于苞桑”，六三、九四、九五爻互成“巽”卦；《隨》卦六二爻辭“繫小子”，《周易集解》引虞翻曰：“應在巽，巽爲繩，故稱‘繫’。”李道平疏云：“四互巽，初與四應，故‘應在巽’。巽爲繩直，故稱‘繫’。”《隨》卦六三爻辭“繫丈夫”，李道平疏云：“三與四爲巽，故‘上繫於四’。”《隨》卦上六爻辭“拘繫之，乃從維之”，《周易集解》引虞翻曰：“應在艮，艮手爲‘拘’。巽爲繩，兩‘繫’稱‘維’，故‘拘繫之，乃從維之’。”李道平疏云：“下應在艮，艮爲手，故爲‘拘’。又應巽，巽

① 聞一多：《周易義證類纂》，《聞一多全集·古典新義》，第15～16頁。
② 馬承源主編：《上海博物館藏戰國楚竹書(三)》，上海古籍出版社，2003年，第28、29、42、52、13頁。

爲繩,故爲'繫'。"[①]《無妄》卦六三爻辭"或繫之牛",六三、九四、九五爻互成"巽"卦;《遯》卦九三爻辭"繫遯",六二、九三、九四爻互成"巽"卦。可見,《周易》經文中的"繫"字皆因"巽"卦"爲繩直"而繫,無有例外。準此,《姤》卦初六爻辭的"繫于金柅",因初六、九二、九三互成"巽"卦,其卦象爲"繩",所以這裏的"繫"字恐怕也只能解釋爲"繫縛、拴繫"之義,而不能如聞先生所説讀爲"擊"訓爲"礙"的。

再者,從《周易》經文所見的卦象及其取象原則上説,如果把"柅"解釋成"止車木","金柅"這種器物恐怕不大可能存在。

《繫辭下》中説:

> 古者包犧氏之王天下也,仰則觀象於天,俯則觀法於地,觀鳥獸之文與地之宜,近取諸身,遠取諸物,於是始作八卦,以通神明之德,以類萬物之情。

换句話説,"近取諸身,遠取諸物"的取象原則表明,《周易》經文中所記載的卦象都是繫辭者觀察身邊的各種事物所得,是作者當時所處的社會生活條件的反映。由此種認識,如果把"柅"解釋成"止車木",我們再來看"金柅"(金屬製作的止車之物)這種器物,未免讓人感到怪異。因爲,"金"字在《周易》經文中用作定語來修飾表物品的名詞時,通常是指這種物品的質地是金屬,在商周時期應該就是指用青銅製作的。如《噬嗑》卦九四爻辭的"金矢"、《困》卦九四爻辭的"金車"、《鼎》卦六五爻辭的"金鉉"都應當如此理解,此處的"金柅"也不應例外。而"金矢"解釋爲"青銅製作的箭頭","金車"解釋爲"車身上有青銅製作的部件","金鉉"解釋爲"青銅製作的鼎耳弔環(或説是鼎上貫穿兩耳用來舉鼎的横杠)",都合情合理。在考古發掘中,青銅製作的箭頭、附有青銅部件的車器屢見不鮮,而鼎更是全身都是由青銅製作的。即便"鉉"字之義取或説,把"金鉉"解釋爲"青銅製作的用來舉鼎的横杠",舉鼎之杠求其堅固,用青銅製

---

① (清)李道平撰,潘雨廷點校:《周易集解纂疏》,第213、215頁。

作也在情理之中。而若將“柅”解釋成“止車木”，則“金柅”就是由青銅製作的止車之物，本來一塊木頭或石頭就可以勝任的工作却要用青銅製作的器物來擔當，此種事情實在不可理喻。要知道，商周時期的青銅是一種極其貴重的材料，在當時的物質生産條件下，恐怕没有人會這麼奢侈，用青銅來製作一個作用不大的止車之物。“金柅”(青銅製作的止車之物)既非常見之物，其取象入易的可能性就微乎其微了。由此可見，將“柅”解釋成“止車木”的説法在《周易》經文中甚爲不通。

以上我們列舉了馬融以“柅”爲“止車木”説法的三點可疑之處，但這並不意味着我們完全否定了“柅”爲車馬器的看法。實際上，我們對“柅”爲車馬器的説法還是認同的，條件就是這種車馬器要同時具備以下三個特徵：一、可以制動，能阻止車輛前進；二、可以被繩索繫縛；三、由青銅製造。

滿足以上三個條件的車馬器在以往的考古發掘中其實早已經出現，不過是因爲其功用在很長一段時期内没有被正確地認識，真正的名稱也被掩蓋，所以鮮爲人知罷了。在商周考古中，曾經發掘出一種類似弓形的青銅器，引起不少考古研究者的興趣，對其性質和用途提出了多種假設，在一段時期内争論不休而没有形成一致結論，所以考古文博學界在相當長一段時期内僅是按其形狀特點而稱之爲“弓形器”(如圖一所示)。

1980年，林澐先生發表了《青銅弓形器的若干問題》一文，指出青銅弓形器的用途“爲繫於腰帶正前方的掛繮鈎”，首發其覆，爲解決此類青銅“弓形器”的用途和命名問題奠定了良好的基礎。林先生指出：

> 在古代，無論是騎乘的馬還是駕車的馬，都是用繮來操縱的。馬在被騎駕的始馴時代，更時刻不能脱離繮的控制。因此，腰帶正前方的青銅弓形器，最有可能正是古代的騎馬者和駕車者用來絆掛馬繮而解放雙手的工具。其功用一則是雙手松繮之後可防繮繩甩蕩纏絆，並便於收回手中；一則是在雙手松繮時也不致對馬繮完全失去控制。[①]

① 林澐：《青銅弓形器的若干問題》，《吉林大學社會科學論叢(2)・歷史專集》，吉林大學社會科學學報編輯部，1980年；此轉引自《林澐學術文集》，中國大百科全書出版社，1998年，第257頁。

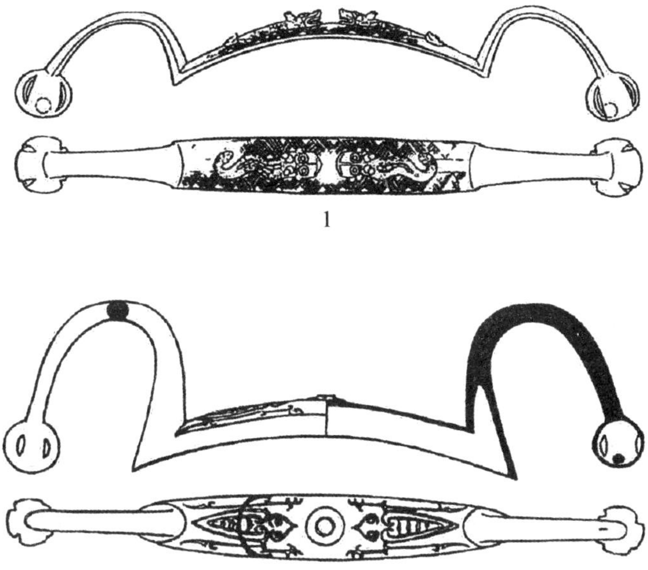

1

2

圖一　銅"弓形器"①

1. 安陽殷墟商代婦好墓出土　2. 甘肅靈臺白草坡西周墓出土

林澐先生對青銅"弓形器"功用的看法得到不少學者的肯定。不過，林澐先生説其爲"掛繮鈎"只是解決了它的功用問題，而没有解決其命名問題。因爲青銅"弓形器"作爲一種經常出土於車馬坑中的車馬器，根據考古年代分期可以發現其主要流行於商朝後期到西周早期這段相當長的時期内，②當時使用這些"弓形器"的古人肯定不是稱呼它們爲"掛繮鈎"的，而是應當有一個固定的專門名稱來指稱。

孫機先生在林澐先生説法的基礎上，通過對商周古車駕乘情況的分析以及考古發掘中"弓形器"出土時多位於人的腰部附近的現象，進一步驗證林澐先生説法的可信性。繼而，孫機先生通過對古代典籍文獻的考索，指出這種"弓形器"就是古代典籍中訓爲"弓反末"又可用來"解轡紛"的"弭"。不過，這種"弭"與裝在弓簫末梢上用以掛弦的"弭"是不同的兩種器物，因爲後一種"弭"與轡全然無

① 此圖采自孫機《商周的"弓形器"》，氏著：《中國古輿服論叢》，文物出版社，2001年，第72頁。

② 林澐：《青銅弓形器的若干問題》，《林澐學術文集》，第254～255頁。

涉。其所列舉的文獻證據如：《詩・小雅・采薇》"象弭魚服"，毛傳："象弭，弓反末也，所以解紒(結)也。"鄭箋："弭，弓反末彆者，以象骨爲之，以助御者解轡紒(結)，宜滑也。"《説文・弓部》："弭，弓無緣，可以解轡紛者。"《左傳・僖公二十三年》："若不獲命，其左執鞭、弭，右屬櫜、鞬，以與君周旋。"①

我們認爲，孫機先生將"弓形器"命名爲"弭"的意見是非常精當的。這樣，所謂的青銅"弓形器"，林澐先生首先正確地指出其功用，孫機先生繼而對其正確地命名，問題得到圓滿解決。

在此基礎上，我們還可以進一步推斷認爲：這種青銅製作的弓形"弭"正是《周易・姤卦》初六爻辭中所説的"金柅"。

首先，我們來討論一下"弭"與"柅"的通假問題。上文已經説明，在古代典籍中，"尼"聲之字與"爾"聲之字常常音近通用。同樣的，"耳"與"爾"、"弭"與"瓕"也爲古籍中常見的通假字。② 所以，"耳"聲之字與"尼"聲之字也是可以通用的。再從音理上説，古音"弭"屬明紐支部，"柅"屬泥紐脂部，聲爲鄰紐，韻爲通轉，二字的古音非常接近。因此，"弭"與"柅"可以通假是没有問題的。

既有此認識，我們還可以順便談談上海博物館藏戰國楚竹書《周易》中對應今本"金柅"的"柅"之字(字形如圖二所示)。

圖二　楚竹書《周易》對應今本"柅"之字

原整理者將此字直接隸定爲"柅"，③則是以"木"旁之右部本爲"尼"字，没有對此字字形作進一步分析。我們知道，商代甲骨文中的"尼"字"象一人騎在另一人的脊背上"之形，④而楚竹書《周易》中此字所从的所謂"尼"字右部顯然與人形不類，所以此字實有進一步分析的必要。在諸多意見中，季旭昇先生分

---

① 孫機：《商周的"弓形器"》，氏著《中國古輿服論叢》，第 71～81 頁。

② 高亨、董治安：《古字通假會典》，齊魯書社，1989 年，第 398 頁。

③ 馬承源主編：《上海博物館藏戰國楚竹書(三)》，第 52 頁。

④ 于省吾：《釋尼》，氏著《甲骨文字釋林》，中華書局，1979 年，第 303 頁。

析字形認爲此字右部是"耳"形,之所以字从"耳"作,是聲化的結果。[①] 若此説可信的話,那麽此字中間的"尸"字形就可以看作是"弓"字形的訛混。在戰國文字中,"弓"旁與"尸"旁訛混的現象是比較常見的。[②] 在比楚竹書年代還早的青銅器銘文中,某些字形中"弓"旁與"尸"旁的寫法已經幾無二致。[③] 據此,楚竹書《周易》中的字形就可以分析成"从木,弭聲",即此字本當釋爲"栮"字,因音近讀爲今本《周易》的"柅"字。

其次,我們來討論"弭"這種器物在古車上如何使用的問題。在討論這個問題之前,我們需要對古人如何駕馭馬車有一個初步瞭解。在《詩·秦風》中,不止一次提到"六轡在手",鄭玄箋:"四馬六轡。"也就是説,四匹馬拉的車要有六條轡繩握持在御者手裏。我們不妨以先秦常見的四匹馬拉的車爲例,看看御者所面臨的情況(如圖三所示)。

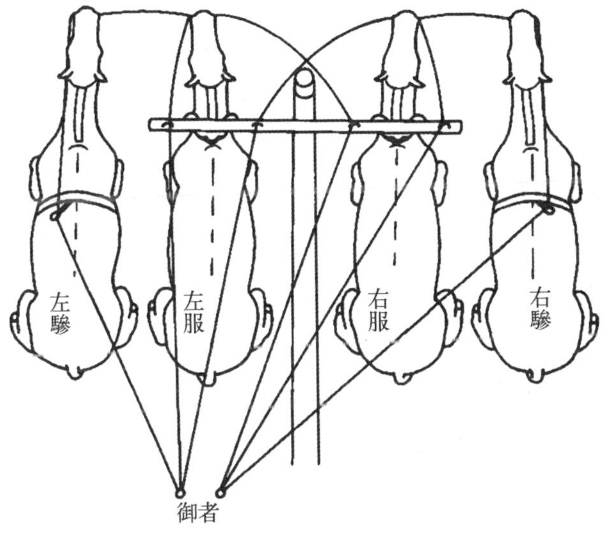

圖三　六轡及其繫結法[④]

① 季旭昇主編:《〈上海博物館藏戰國楚竹書(三)〉讀本》,萬卷樓圖書股份有限公司,2005年,第104頁。

② 方勇:《戰國楚文字中的偏旁形近混同現象釋例》,吉林大學碩士學位論文(指導教師:吴振武教授),2005年,第1~2頁。

③ 《金文編》,第602~603、848頁。

④ 此圖采自孫機《始皇陵2號銅車對車制研究的新啟示》,氏著:《中國古輿服論叢》,第16頁。

由圖示可見,御者手裏共握有六條轡繩,左手三條,右手三條。由轡繩之間的繫連關係可知,當想要向左轉彎時,御者只需向後扯拉左手的轡繩;當想要向右轉彎時,同樣只需向後扯拉右手的轡繩;當想要停止車輛時,御者只需左右兩手同時向後扯拉轡繩。因此,御者手裏握持的六條轡繩的功能就相當於現代機械車的"方向盤"和"刹車器",其重要性是不言而喻的。

在駕馭馬車時,轡繩的作用如此重要,古人難道僅僅就是由御者握持在手中而不做任何預防萬一的措施嗎?肯定不是。因爲若是在激烈搏殺的戰場上,御者萬一操作失誤使得轡繩脱手,就失去了對馬車的控制,將會帶來致命的後果。在此情況下,青銅"弓形器"即"弭"就派上了用場。上引的林澐和孫機先生之文都不約而同地想到了這點。林澐先生的論述已見上文所引。孫機先生分析說:

> 這種車投入戰鬥時,如由御者雙手執纏繩即轡,車上只餘一名乘員可以使用武器;倘此人傷亡,則該車與其御者將完全陷入被動挨打的境地。對此,當時似應有某種對應的措施。……而如果將"弓形器"縛在御者腰前,既可用那上面的兩條曲臂掛住轡繩,通過"弓形器"駕車;又可根據需要隨時將轡解下,重新用手操縱,所以比較適用。從它的造型、尺寸和牢固程度看,也完全適合這一用途;和考古發掘所揭露的情況也有相合之處。①

孫機先生以爲"用那上面的兩條曲臂掛住轡繩,通過'弓形器'駕車"的看法非常精當地説明了"弓形器"即"弭"的用途。不過,他認爲"可根據需要隨時將轡解下,重新用手操縱"的理解恐不確切。我們認爲,在駕車過程中,御者手裏的轡繩尾部始終是繫縛在腰間的"弭"之上的,②左手握持的三條轡繩尾部繫縛在左邊的曲臂上,右手握持的三條轡繩尾部繫縛在右邊的曲臂上。這樣設置,目的有二:一則防止轡繩脱手,轡繩脱手就完全失去了對車馬的控制;二則防止轡繩紛

① 孫機:《商周的"弓形器"》,氏著:《中國古輿服論叢》,第75頁。

② 也有可能"弭"是綁縛在車軾上的,因爲在考古發掘中出土的"弭"有的位於軾上,參林澐《青銅弓形器的若干問題》,《林澐學術文集》,第253頁;在某些考古中還發現有的弓形器弓腹裏面殘留有朽木的,可能是曾經綁縛在車軾上的痕迹,參郜向平《略論商周青銅弓形器的形制演變》,《華夏考古》2007年第1期,第95頁。

亂,轡繩紛亂就失去了對車馬方向的控制。因爲左右手握持的轡繩分别可以控制車馬前進的左右方向,若御者駕車時轡繩紛亂,導致本該向左轉彎時却扯拉了右邊的轡繩,同樣也是很嚴重的錯誤。這種理解應當就是《説文》所説的"弭,弓無緣,可以解轡紛者"的原意了。所謂的"解轡紛",並不是説轡繩糾結纏繞到一起之後才用"弭"來解開,而是説"弭"可以避免轡繩糾結纏繞到一起。同時,《説文》"弓無緣"的解説恰好和考古文博學界對"弭"最初的稱呼"弓形器"相映成趣。而且,古人將如此重要的器具用貴重的青銅製作也是毫不奇怪的。

既然轡繩繫縛在"弭"上,則將"弭"向後拉扯時,就可以停止車輛前進。因此,"弭"完全可以看作是車上的"制動"部件。——古代馬車的主要動力來源於馬匹,而當時馬車上並没有與現代機械車類似的"制動"裝置。所以,古人所説的"制動"只能是針對馬匹及控制馬匹的轡繩等而言。上面孫機先生所引的文獻《左傳·僖公二十三年》"左執鞭、弭",將"鞭"和"弭"相提並論,其中的"鞭"是使馬奔跑前進的器具,"弭"則正是使車馬停止的"制動"器具。《左傳》原文的文意亦當如此理解才更爲通順。而且,在考古發現中,"弓形器"經常和銅質的馬鞭柄同出,[①]更是"弓形器"就是《左傳》中的"弭"的絶佳證明。

這樣一來,《周易》經文中的"柅"就是古代典籍文獻中的"弭",也就是考古發現的青銅"弓形器"的看法就可以論定了。"弭"作爲車馬器,正好具備了《周易》經文中的"柅"所應當具備的三個特徵:既可以制動,又可以被繩索繫縛,而且還是由青銅製造的。

由此認識,我們回過頭再來分析以上所引的古人對《周易》經文中的"柅"字的注解,可以發現:王弼注語所説的"柅者,制動之主"是正確的,古車上的"弭"正有"制動"的作用;而馬融的説法是錯誤的,他誤將車上御者用以"制動"的器具"弭(柅)"認作是車下的"止車木(即軔)"。孔穎達《周易正義》推測王弼注語的意思與馬融的説法相同,其實兩人的説法是南轅北轍,相差甚遠。而現當代的易學名家在注解《周易》經文"金柅"時,有雖然認同馬融以"柅"爲車馬器的説法而不是對其原注文予以簡單轉引者,反而是正確的。如劉大鈞、林忠

① 林澐:《再論掛繮鈎》,《林澐學術文集》,中國大百科全書出版社,1998年,第307頁。

軍先生解釋"繫于金柅"時説:"牽引車閘,控制車輛行止。"[①]黄壽祺、張善文先生解釋"柅"即"刹車器"。[②] 這些都是正確的意見。

那麽,王肅等人以"柅"爲"織績之器"的説法就是完全錯誤的無稽之談嗎?答案是否定的。要説明這個問題,需要從考察"爾"字的本義入手。"爾"字的造字本義一直衆説紛紜,不過它是一個"獨體象形字"的看法應該是可以肯定的,[③]關鍵是其象何物之形的問題。林義光根據《説文》及古文字形,認爲"爾"字"實檷之古文,絡絲架也,象形,下象絲之糾繞",[④]其説當屬可信。清人朱駿聲也認爲:"'柅'當作'檷',絡絲籰,織績之具也,女所用。"[⑤]更明確地説,"爾"就是"檷"的象形初文,是用來纏繞絲、綫、繩的工具,其雛形應該就相當於現在放風箏用的收綫器,民間俗稱爲"綫軲轆"或"綫車子"。這種器具爲求堅固,關鍵部位用青銅製作也是有可能的,而且同樣也可以被絲、綫、繩等繫縛。《周易》經文的"柅"是個假借字,其本字應當就是"檷"字。因此,王肅等人以"柅"爲"織績之器"的説法也是有道理的。

我們既論定"柅"爲車馬器,又認爲"柅"是"織績之器"的説法也有道理,並非首鼠兩端,莫衷一是。而是因爲:古人在指稱物品名稱時,具有相似作用的物品,雖然可能使用領域和方法不同,但往往具有相同的名稱。例如:古代車轅前端的横木稱爲"衡",用於稱量物品重量的稱杆也叫"衡";關門所用的門閂稱爲"扃",車上用來固定武器和插旗的横木也叫"扃",而鼎上貫穿兩耳的横杠也叫"扃"。這些器物之所以用在不同的地方而名稱相同,是因爲他們具有基本的共通之處。同樣道理,"柅"無論是作爲車馬器還是作爲織績器,都是用來纏繞繩索或絲綫的。既然二者功用上存在共通之處,具有相同的名稱也就不足爲怪了。又,《繫辭下》曰:"是故易者,象也;象也者,像也。"即是説,《周易》卦爻辭中所取之象具有一定的模糊性,只要與卦象具有相似之形象的事物即

① 劉大鈞:《周易概論》,第 291 頁;劉大鈞、林忠軍:《周易古經白話解》,第 84 頁。

② 黄壽祺、張善文:《周易譯注(修訂本)》,第 364 頁。

③ 季旭昇:《説文新證(上册)》,藝文印書館,2002 年,第 245 頁。

④ 林義光:《文源》,劉慶柱、段志洪、馮時主編:《金文文獻集成》第十七册,綫裝書局,2005 年,第 26 頁。

⑤ (清)朱駿聲著,胡雙寶點校:《六十四卦經解》,第 186 頁。

可取之繫辭。因此，“繫于金柅”的“柅”，既可以認爲是取象於車馬器的“柅(弭)”，此時上面繫縛的是轡繩；也可以認爲是取象於織績器的“柅(檷)”，此時上面繫縛的是絲綫；二者都是符合《周易》經文之意及取象原則的。

以上就是我們對《周易·姤卦》初六爻辭“金柅”的考辨意見，主要觀點可以總結如下：馬融以“柅”爲“止車木”的説法是不可信的。“柅”雖然屬於車馬器，但並非“止車木”，而應當是古代典籍中訓爲“弓反末”又可用來“解轡紛”的“弭”，也就是現代商周考古中經常發現的青銅“弓形器”。王肅等人以“柅”爲“織績之器”的説法也是有道理的。因爲作爲織績器的“柅(檷)”與作爲車馬器的“柅(弭)”在語源上有共通之處，二者也都符合《周易》經文之意及取象原則。

最後附帶談談考古分期中弓形“弭”的流行時期與《周易》經文的産生時代之間的吻合現象。上面所引的文章中已經提到：商周考古中發現的青銅“弓形器”即“弭”的主要流行時期，根據考古年代分期是處於商朝後期到西周早期這段時期内。《繫辭下》中説：

> 《易》之興也，其當殷之末世，周之盛德邪？當文王與紂之事邪？

《繫辭》的作者認爲《周易》興盛是在殷末周初，其意應當可以理解爲《周易》卦爻辭的産生就在這個時期。而此時正好處於青銅“弓形器”即“弭”的主要流行時期。結合《周易》卦爻辭采“金柅(弭)”入象來考慮，這恐怕不是偶然的。這種時代吻合現象也許可以證明：《周易》卦爻辭的産生年代確實當如《繫辭》所言，是在殷末周初。西周中期以後，隨着古車馬結構的改進，車輿變得日趨複雜，各部分的構造更爲合理，“弭”的功能逐漸被其他部件所取代而退出了歷史舞臺，[①]導致後人對其形制茫然無知，也牽連到對《周易》經文的“金柅”産生誤解。

原載《周易研究》2010 年第 6 期。

---

① 也有人認爲青銅“弓形器”後來演化成其他形式的“掛繮鈎”在北方以及其他地區繼續存在，參林澐《再論掛繮鈎》，《林澐學術文集》，第 307～309 頁；林澐《青銅掛繮鈎補説》，《林澐學術文集(二)》，科學出版社，2008 年，第 125～127 頁。

《大學》"彼爲善之"解

《大學》原爲《禮記》裏的一篇，舊説爲孔子弟子曾參所作。北宋程顥、程頤兩兄弟極力推崇之，認爲此篇是"孔氏之遺書，而初學入德之門也"。南宋朱熹又爲之作《大學章句》，最終獨立出來，和《中庸》、《論語》、《孟子》並稱"四書"，成爲宋元以後學校官定的教科書和科舉考試的必讀書，作注解者代不乏人。

《大學》最後一段文字如下（依通常的斷句）：

> 長國家而務財用者，必自小人矣。彼爲善之，小人之使爲國家，菑害並至。雖有善者，亦無如之何矣。此謂國不以利爲利，以義爲利也。

此段文字是繼續發揮上一段的"此謂國不以利爲利，以義爲利也"一句話的。朱熹《大學章句》在注"彼爲善之"一句時認爲："此句上下，疑有闕文誤字。"[①]——换句話説，朱熹在注《大學》時没有搞懂這句話應該如何理解。

後有學者信從朱熹此説，並爲此句補充闕文。如宋人史繩祖所撰《學齋佔畢》卷一有"《中庸》、《大學》言'小人'各有闕文一字"條，云：

> 《大學》末章："彼爲善之，小人之使爲國家，菑害並至。雖有善者，亦無如之何矣。"朱文公《章句》云："'彼爲善之'此句，上下疑有闕文誤字。"（引者注：句讀與上文所引稍有不同。）今以文理推之，當是脱一"不"字，

① （宋）朱熹：《四書章句集注》，中華書局，1983年，第13頁。

> 蓋指言"爲不善之小人"也。何以知之?《大學》第六章:"小人閒居爲不善,無所不至,見君子而後厭然,揜其不善而著其善。"《大學》卒章"彼爲不善之小人",是蓋復第六章"小人爲不善"之辭,亦猶《中庸》"小人之反中庸也"亦以復上句"小人反中庸"之語耳。①

可以説,史氏從《大學》本篇中找到内證,證明《大學》卒章"小人"之前的文字是修飾"小人"的,並將之作一句讀,其説法是很有道理的。

清人俞樾在《群經平議·禮記》中列"彼爲善之"條提出新説:

> 注曰:"彼,君也。君將欲以仁義善其政。"樾謹按:鄭注以"彼"屬君言,其義殆不可通。或疑其有闕文矣。"彼"當以小人言。此句申説上文"必自小人"之義,言"長國家而務財用"所以必用小人者,以"務財用"之事,惟彼爲善之也。"善"與"能"同義。《荀子·勸學篇》"非能水也",楊注曰:"能,善也。""彼爲善之"猶云"彼爲能之"耳。②

今按,俞樾的説法雖較鄭玄注爲優,但細繹上下文,却顯得辭氣不接,恐非確解。史繩祖的説法較爲可信,且補充闕文後語氣連貫,但僅據前後文意就輕率地認爲古書有脱字,恐怕也找不到十分確鑿的證據。

我們認爲,"彼爲善之"一句並没有闕文,只需將之讀爲"彼僞善之",即可呼應上文。同時"彼僞善之"如史氏所説連下讀,即"彼僞善之小人之使爲國家,菑害並至"作一句讀,文意與史氏的理解是一致的。

《大學》一篇,前後文義扣合的極其緊密。如朱熹《大學章句》於首句"大學之道,在明明德,在親民,在止於至善"下注曰:"程子曰:'親,當作新。'"按之《大學》後文的如下一段:

> 湯之《盤銘》曰:"苟日新,日日新,又日新。"《康誥》曰:"作新民。"《詩》

① (宋)史繩祖:《學齋佔畢》,收入王雲五主編《叢書集成初編》,商務印書館,1939年,第19頁。
② (清)俞樾:《群經平議》,見《春在堂全書》第1册,鳳凰出版社,2010年,第365頁。

曰："周雖舊邦，其命惟新。"是故君子無所不用其極。

可知，程子認爲首句的"在親民"當讀爲"在新民"應當是可信的。

同樣道理，史氏所説的内證"小人閒居爲不善，無所不至，見君子而後厭然，揜其不善而著其善"這段話中，小人"揜其不善而著其善"即爲"僞善"的表現。故我們將"彼爲善之"讀爲"彼僞善之"，同樣也呼應史氏所説的文意。

從實際情況來講，説某人爲"小人"，只能從其具體行爲上加以分辨。《論語・子張》："子夏曰：'小人之過也必文。'"真正的小人不可能將"小人"二字刻寫在額頭上，讓別人一看即知，而是要時時刻刻表現其好的一面，讓別人認爲他良善並且任用他。"彼僞善之小人之使爲國家，菑害並至"作一句讀，則"彼僞善之"就是"小人"的修飾語，也符合上文"揜其不善而著其善"這句話對"小人"的描寫。

"爲"讀爲"僞"，經典常見，例不勝舉。如《論語・子罕》："子疾病，子路使門人爲臣。病閒，曰：'久矣哉！由之行詐也。無臣而爲有臣，吾誰欺？欺天乎？且予與其死於臣之手也，無寧死於二三子之手乎？且予縱不得大葬，予死於道路乎？'"其中"無臣而爲有臣"一句即當讀爲"無臣而僞有臣"。

附記：拙稿原發在網上，後投稿於《中華文史論叢》。在審稿期間，有學者指出《國文月刊》1944年第25期有陳德炎先生《大學"彼爲善之小人"句解》一文，已經提出"爲"字通"僞"之説。考慮到此説至今似無有采信者，且拙稿與陳文在論證思路上不同，在使用的證據上也有互補之處，故不廢拙稿，權當是對陳文的補充。

原載《中華文史論叢》2012年第1期。

《上博(七)·鄭子家喪》“天後(厚)楚邦”小考

《鄭子家喪》分甲、乙兩本,兩本的第二簡中的一句話,原整理者釋讀爲:

> 而後楚邦囟(思)爲者(諸)侯正。

並解釋句意説:“以後楚國需考慮對待諸侯親善。”①

復旦讀書會釋字從之,但將此句拆開並連上讀作“於含(今)而後,楚邦囟(思)爲者(諸)侯正”,解釋爲“從今往後楚國應該做諸侯的主宰”。② 隨後諸家對句讀讀法與文意解釋尚有討論,但對釋字咸無異詞。③

簡文中整理者釋爲“而”之字如下:

甲本　　乙本

若不考慮辭例的影響,此字儼然是“天”字。楚簡中“天”、“而”多有訛混,實爲常見現象。但我們仔細比較本篇甲、乙兩本出現的其他辭例明確之“而”

---

① 馬承源主編:《上海博物館藏戰國楚竹書(七)》,上海古籍出版社,2008年,第174頁。

② 復旦大學出土文獻與古文字研究中心研究生讀書會(簡稱“復旦讀書會”):《〈上博七·鄭子家喪〉校讀》,復旦大學出土文獻與古文字研究中心網站,2008年12月31日。

③ 如陳偉《〈鄭子家喪〉初讀》,簡帛網,2008年12月31日;凡國棟《〈上博七·鄭子家喪〉校讀劄記兩則》,簡帛網,2008年12月31日;郝士宏《讀〈鄭子家喪〉小記》,復旦大學出土文獻與古文字研究中心網站,2009年1月3日。

與“天”字如下：

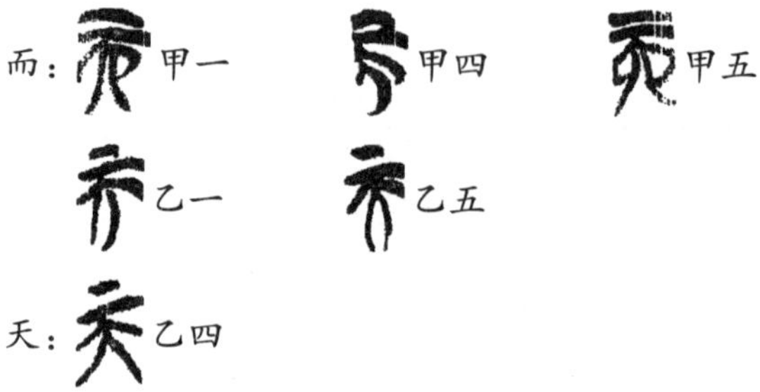

二者的區别還是較爲明顯的(“而”字下部筆畫的末尾有向内收斂的趨勢，“天”字下部筆畫的末尾有向外擴展的趨勢)。可以想見，若是抄寫者想寫成“而”字，似乎不應該兩個抄本(且兩個抄本當非同一抄手所爲)都寫作近似“天”字形的。

諸家之所以將此字認作“而”，恐怕主要原因還在於其後的“後”字，“而後”作爲一個詞較爲常見，而“天後楚邦”似乎不辭，所以此字好像只能是“而”之訛。其實不然，只要將“後”讀爲“厚”，則此句句意自然通暢無礙了。“後”與“厚”二字古音同爲侯部匣紐，典籍中通假例多見，[①]且楚簡中也有通假例。如《上海博物館藏戰國楚竹書(二)·容成氏》第 45 簡“詬樂於酉”，即讀爲“厚樂於酒”。[②] 準此，我們就可以將此簡文讀作“天後(厚)楚邦，囟(使)爲者(諸)侯正”，自爲一句，意思是説“上天厚待楚邦，使它成爲諸侯之長”(“正”字從上引郝士宏先生之解)，在簡文中既承上句“以邦之病以及於今”，又啟下句“今鄭子家殺其君，……”。我們如此讀法，在句意的理解上，則是以爲楚莊王説這句話時，已經是具備了“諸侯正(諸侯之長)”的地位，掌握了發動戰争的主動權，而不當理解爲他欲謀取“諸侯正(諸侯之長)”的地位。不然，他後面所説的爲“上帝鬼神”代言的話(指“如上帝鬼神以爲怒，吾將何以答”這句話)就成爲無稽之

① 關於“後”與“厚”之間的關係，可參宗福邦、陳世鐃、蕭海波主編《故訓匯纂》(商務印書館，2003 年)第 291 頁“厚”字下“厚，後也”、“厚，亦訓後”、“厚作後”、“厚，當爲後”以及第 747 頁“後”字下“後與厚同義”、“後，當爲厚”、“後、厚古通用”、“後作厚”諸條。

② 白於藍：《簡牘帛書通假字字典》，福建人民出版社，2008 年，第 79 頁。

談了。因爲楚邦若非"諸侯正(諸侯之長)",而是楚莊王此時欲謀取"諸侯正(諸侯之長)"的地位而尚未得到,那麼"上帝鬼神"爲何要責怒於楚邦呢?

以上所説,若有不妥,還請高明賜教。

2009年1月5日初稿

補記:先秦時期,古人行事常常藉"天"以爲説辭,例不勝舉。如《左傳·襄公二十五年》:"天誘其衷,啟敝邑之心。"《左傳·定公四年》:"天誘其衷,致罰於楚。"《國語·周語中》:"晋之克也,天有惡於楚也,故儆之以晋。而郤至佻天之功以爲己力,不亦難乎? 佻天不祥,乘人不義。不祥則天棄之,不義則民叛之。"《國語·晋語五》:"宋人弑昭公,趙宣子請師於靈公以伐宋,公曰:'非晋國之急也。'對曰:'大者天地,其次君臣,所以爲明訓也。今宋人弑其君,是反天地而逆民則也,天必誅焉。晋爲盟主,而不循天罰,將懼及焉。'公許之。"《國語·晋語六》:"吾庸知天之不授晋且以勸楚乎? 君與二三臣其戒之!"《國語·吴語》:"今大夫國子興其衆庶,以犯獵吴國之師徒;天若不知有罪,則何以使下國勝?"《國語·越語下》:"昔者上天降禍於吴,得罪於會稽。""昔者上天降禍於越,委制於吴,而吴不受。今將反此義以報此禍,吾王敢無聽天之命,而聽君王之命乎?"《吴越春秋·闔閭内傳第四》:"謂天報其禍,加罰於楚。"又如《上海博物館藏戰國楚竹書(四)·昭王與龔之脽》第9簡:"天加禍於楚邦。"皆可與"天厚楚邦"這句簡文對讀。其中,《國語·晋語五》的"晋爲盟主,而不循天罰,將懼及焉"一句,又可與楚莊王説"(天)使爲諸侯正"、"如上帝鬼神以爲怒,吾將何以答?"這些話的心理情境相比照。

2011年6月25日訂補

附記:初稿的寫作承蒙程少軒兄提供幫助,謹致謝意。

原載中國古文字研究會、復旦大學出土文獻與古文字研究中心編《古文字研究》第29輯,中華書局,2012年10月。

《天子建州》禮學字詞疏證三則

《上海博物館藏戰國楚竹書》第六册有《天子建州》篇，是有關先秦禮儀制度的文獻，爲研究先秦禮學提供了寶貴的材料。由於有甲、乙兩個寫本相互對讀，且甲本較爲完整，這爲簡序編聯和文字釋讀提供了很大便利。經過原考釋者曹錦炎先生及諸位學者的研究，現在全篇文字基本可以讀通。不過，由於其中關於禮制的記載多不見於傳世文獻，甚至有與傳統説法大相徑庭者，所以在具體文意上仍存在不少見仁見智之處。爲便於討論，我們依據甲、乙兩個寫本的圖版，同時吸收學者們已有的研究成果並參以自己的看法寫出通行釋文如下：

凡天子建之以州，邦君建之以都，大夫建之以里，士建之以室。凡天子七世，邦君五【1】世，大夫三世，士二世。士象大夫之立（位），身不免；大夫象邦君之立（位），身不免；邦君象天子之【2】立（位），身不免。禮者，義（儀）之兄也。禮之於宗廟也，不精爲精，不美爲美。義（儀）反之，精爲不【3】精，美爲不美。古（故）亡（無）禮大廢，亡（無）義（儀）大孽。刑，乇用青（情），邦喪；乇用勿（物），邦喪；必中青（情）以羅於【4】勿（物），幾（僟）殺而邦正。文陰而武陽，信文得事（士），信武得田。文德治，武德伐，文生武殺。日月得其【5】甫（輔），相之以玉斗，仇讎殘亡。洛尹行身和二：一喜一怒。天子坐以巨（矩），食以義（儀），立以懸，行以【6】興（繩），視侯量，寡（顧）還身。者（諸）侯食同狀，視百正，寡（顧）還肩，與卿大夫同恥（止）尾（度）。士視，目恒，寡（顧）還【7】面，不可以不聞。恥（止）尾（度），民之義

(儀)也。凡天子歆氣,邦君食濁,大夫承薦,士受餘。天子四辟【8】延(筵)席,邦君三辟,大夫二辟,士一辟。事鬼則行敬,懷民則以德,斷刑則以哀。朝不語内,貢【9】不語戰,才(在)道不語匿,凥正(政)不語樂,尊且(俎)不折(制)事,聚衆不語怨,男女不語鹿(離),朋友不【10】語分,臨食不語亞(惡)。臨兆不言亂,不言侵,不言滅,不言犮(敗),不言耑(短),古(故)龜又(有)五忌。臨城不【11】言毁,觀邦不言喪。古(故)見傷(禓)而爲之祈,見窔而爲之内(入)。時言而世行,因德而爲之折(制),是胃(謂)【12】中不韋(違)。所不教於師者三:强行、忠謀、信言,此所不教於師也。【13】①

下面我們擬在學者們已有的研究成果基礎上,對其中幾個涉及先秦禮學的疑難字詞予以進一步討論。

一、義(儀)反之

簡 3、4:禮者,義(儀)之兄也。禮之於宗廟也,不精爲精,不美爲美。義(儀)反之,精爲不精,美爲不美。

傳世文獻中"禮"與"儀"往往並列而言,簡文"反之"二字却明顯是將二者放在對立面上,這的確很少見。原考釋者以仁義之"義"來解釋簡文的"義"字,不符合古人常常將"禮"與"儀"相對爲文的通例,恐怕不可信。

裘錫圭先生以爲:

> 上引簡文"義"字皆應讀爲"儀"。"義"者"宜"也,禮應以義爲根據,不得言禮爲仁義之義之兄。儀出於禮,故可言"禮者,義之兄也"。禮、儀二者,禮爲根本,儀爲形式,故有"不精爲精,不美爲美"及"精爲不精,美爲不美"之不同。禮重玄酒大羹,即以不精爲精,不美爲美。儀者斤斤計較於形式,故與禮反。②

① 馬承源主編:《上海博物館藏戰國楚竹書(六)》,上海古籍出版社,2007 年,第 307～338 頁。以下原考釋者的意見皆見此書,不具注。此釋文參考了其他諸多學者的研究成果,擬另文解説,此從略。釋文中涉及的古文字字形不作嚴格隸定,徑用通行文字,所標的各簡序號依據甲本。

② 裘錫圭:《〈天子建州〉(甲本)小劄》,簡帛網,2007 年 7 月 16 日。

裘先生此説甚是,我們可以爲此説補充兩條書證。

《左傳》昭公五年:

> 公如晋,自郊勞至于贈賄,無失禮。晋侯謂女叔齊曰:“魯侯不亦善於禮乎?”對曰:“魯侯焉知禮?”公曰:“何爲? 自郊勞至于贈賄,禮無違者,何故不知?”對曰:“是儀也,不可謂禮。禮所以守其國,行其政令,無失其民者也。今……,而屑屑焉習儀以亟。言善於禮,不亦遠乎?”

《左傳》昭公二十五年:

> 子大叔見趙簡子,簡子問揖讓周旋之禮焉。對曰:“是儀也,非禮也。”簡子曰:“敢問何謂禮?”對曰:“……”簡子曰:“甚哉,禮之大也!”

《左傳》中將“禮”與“儀”對立爲言,一褒一貶,恰可作簡文所謂“義(儀)反之”的注脚。由此也可證明,先秦時期將“禮”與“儀”看作對立面的説法自有淵源,並非《天子建州》篇所獨有的。

二、恥(止)厇(度)

簡7、8:者(諸)侯食同狀,視百正,寡(顧)還肩,與卿大夫同恥(止)厇(度)。士視,目恒,寡(顧)還面,不可以不聞。恥(止)厇(度),民之義(儀)也。

這句話由於理解有分歧,在斷句上也存在多種意見。其中“恥厇”二字,原考釋者以爲:

> “恥”,《説文》謂“辱也”,引申爲感到恥辱的事。“厇”,古文“宅”字,見魏三體石經(《説文》古文構形从广)。“宅”,通“度”。《書·堯典》:“宅西曰昧谷。”《周禮·天官·縫人》鄭玄注引作“度西”。《説文》:“度,法則也。”引申爲尺度、標準,《禮記·王制》:“用器不中度,不粥(鬻)於市。”“同恥度”,恥辱之標準尺度相同。此謂視卿、大夫與百正標準相同。

原考釋者將“不可以不聞恥厇(度)”作一句讀,以爲意思是“必須知道恥辱之標準尺度”。此説解“恥”爲“辱”,就字爲訓,恐不可取。

楊華先生以爲:

> 《管子·形勢解》:“儀者,萬物之程式也。法度者,萬民之儀表也;禮義者,尊卑之儀表也。故動有儀則令行,無儀則令不行。故曰:進退無儀則政令不行。”其中的“法度者,萬民之儀表也”,與簡文本句完全相同。《禁藏》亦有類似説法:“法者,天下之儀也。”意思是,貴族統治者的行爲儀表,均爲萬民所法,不可不慎。①

楊先生的解釋無疑是可信的,只是没有明確指出“恥度”的讀法及含義來源。我們認爲“恥”當讀爲“止”。“恥”古音透紐之部,“止”古音章紐之部,二字韻部相同,聲紐同爲舌音,相通假是不存在障礙的。如从“止”得聲的“祉”,古音即讀透紐之部。又如“恥”本从“耳”得聲,“耻”爲“恥”之後起異體字,其中的“止”顯然也是作爲聲符而存在。典籍也有“止”、“恥”二字相通之例。如《國語·晋語八》:“文子曰:耻爲後世之見之也。”宋庠本“耻”作“止”。②

簡文“止度”之“止”,可以與《詩·鄘風·相鼠》中的“止”字互相參證:

> 相鼠有皮,人而無儀。人而無儀,不死何爲?
> 相鼠有齒,人而無止。人而無止,不死何俟?
> 相鼠有體,人而無禮。人而無禮,胡不遄死?

從語法結構上分析,詩中“止”與“儀”、“禮”處於同樣位置,詞性及意義也必然相同或相近。“人而無止”,毛傳:“止,所止息也。”鄭箋:“止,容止。《孝經》曰:容止可觀。無止,《韓詩》:止,節。無禮節也。”馬瑞辰《毛詩傳箋通釋》

① 楊華:《〈天子建州〉禮疏》,《2007中國簡帛學國際論壇會議論文集》,臺灣大學中國文學系,2007年11月。下引楊先生意見皆出此文,不具注。

② 高亨、董治安:《古字通假會典》,齊魯書社,1989年,第403頁。

於"人而無止"下加按語云：

> 《釋文》引《韓詩》:"止，節也。無禮節也。"箋本之，以爲容止，止即容也。《周禮·天官·掌次》注:"次，自修止之處。"修止即修容也。亦通言容止，容止即禮也。《小雅》"國雖靡止"，箋:"止，禮也。"《大雅》"淑慎爾止"，箋:"止，容止也。"《廣雅·釋言》:"止，禮也。"《荀子·不苟》篇"見由則恭而止"，《大略》篇"盈其欲而不愆其止"，楊倞注並以止爲禮。①

"止"訓爲"容止"、"禮節"，傳世文獻屢見不鮮，儼然常訓。我們推測"止"字之所以可以訓爲"禮"，與原始儒家思想關於"禮"的觀念有很大關係。王先謙《詩三家義集疏》於"人而無止"下云:"凡有所自處自禁，皆謂之止。""自處自禁"即含"有禮度"之義。王先謙《荀子集解》於"見由則恭而止"下云:"止，謂不放縱也。或曰：止，禮也（引注：此訓當本楊倞注）。言恭而有禮也。""不放縱"同樣涵"有禮度"之義。又如《孔子家語·五刑解》:"凡夫之爲姦邪竊盜靡法妄行者，生於不足，不足生於無度，無度則小者偷盜，大者侈靡，各不知節。是以上有制度，則民知所止，民知所止則不犯。故雖有姦邪賊盜靡法妄行之獄，而無陷刑之民。"簡文"止度，民之儀也"亦可與此段文字的"民知所止"相互發明。這樣，以"止"字此訓來解釋簡文的"止度"，則"止度"即"禮度"、"容止節度"。

"禮度"一詞猶言"禮儀法度"，典籍習見。如《大戴禮記·盛德》:

> 刑罰之所從生有源，不務塞其源，而務刑殺之，是爲民設陷以賊之也。刑罰之源，生於嗜欲好惡不節。故明堂，天法也；禮度，德法也；所以御民之嗜欲好惡，以慎天法，以成德法也。刑法者，所以威不行德法者也。

與此相似的一段文字又見於《孔子家語·五刑解》:

---

① （清）馬瑞辰:《毛詩傳箋通釋》，中華書局，1989年，第188頁。

> 此五者，刑罰之所以生，各有源焉。不豫塞其源，而輒繩之以刑，是謂爲民設穽而陷之。刑罰之源，生於嗜欲不節。夫禮度者，所以禦民之嗜欲而明好惡。順天之道，禮度既陳，五教畢修，而民猶或未化，尚必明其法典以申固之。

這兩段文字所表達的思想具有内在的一致性，在“禮度”與“刑罰”的關係上，都主張修“禮度”以使“民知所止”從而豫塞“刑罰之源”。這種思想是儒家的一貫主張，也與《天子建州》簡文中所説“亡（無）禮大廢”等内容是一脈相承的，歸根結底是在强調“禮”的重要作用。

附帶提及，《論語・爲政》“子曰：道之以政，齊之以刑，民免而無恥；道之以德，齊之以禮，有恥且格”章中兩個“恥”字似乎也應當依上説讀爲“止”，訓爲“止度”、“節度”。此章文字的解釋歷來衆説紛紜。清人劉寶楠《論語正義》於“有恥且格”下引漢代《祝睦碑》異文“有恥且恪”爲説，《爾雅・釋詁》“恪，敬也”，又《漢書・貨殖傳》“於是在民上者，道之以德，齊之以禮，故民有恥而且敬”，以爲此句是“言民知所尊敬而莫敢不從令也”。劉氏此説於理甚洽。“莫敢不從令也”自然與上引《孔子家語・五刑解》中的“是以上有制度，則民知所止，民知所止則不犯”之義相因。“格”既讀爲“恪”訓爲“敬”，則“恥”讀爲“止”訓爲與“禮”有關係的“止度”、“節度”，適足以發明《論語》此章二“恥”字之義。又如《逸周書・周祝解》：“教之以禮民不争，被之以刑民始聽。”孔晁注：“有禮則讓，故不争。”“民不争”即“民知所止”，當即《論語・爲政》中的“有恥（止）”之義。

又《論語・子路》：“子貢問曰：‘何如斯可謂之士矣？’子曰：‘行己有恥，使於四方不辱君命，可謂士矣。’”其中“行己有恥”之“恥”似亦當同上解，指“行身處事有容止、合禮度”。“有恥”與《相鼠》篇“無止”之義相反相成。

三、所不教於師者三

簡13：所不教於師者三：强行、忠謀、信言，此所不教於師也。

其中“師”字，原整理者以爲指“老師”，將文句理解爲：“勉力而行，爲人謀而忠誠，言而有信，此三者非老師所教，乃是需要自己去實踐。”

我們首先對此句中“所不教於師者三”所指的具體内容“强行、忠謀、信言”進行一些分析。

其中“强行”一詞，還見於《上海博物館藏戰國楚竹書(二)·從政(乙篇)》第五簡：“君子强行，以待名之至也。”原考釋者以爲：“强”，楚簡中或讀爲“剛”，今宜讀“强”。“强行”當指“力行”而言。[①]

顔世鉉先生引《老子》“强行”與《從政》篇簡文作比勘：

> 《老子》第三十三章：“强行者有志。”王弼注：“勤能行之，其志必獲，故曰强行者有志矣。”蔣錫昌《老子校詁》：“四十一章，‘上士聞道，勤而行之’；是‘有志’乃勤勉行道之意。”簡文“强行”，是勤勉行道之意，亦即《從政甲》簡一二所説“敦行不倦，持善不厭”之意。[②]

劉釗先生認爲《天子建州》篇中“强行”即“剛行”，也就是“行剛”，指行爲果斷剛正。[③] 此説將“强行”之“强”解釋爲“剛强”之意，與其他學者解釋爲“勤勉、勉力”之意不同。

以上對“强行”一詞的兩種看法各有理據。我們不妨根據顔世鉉先生所引，將“强行”一詞代入具體的語言環境進行考察。《老子》第三十三章作：“知人者智，自知者明；勝人者有力，自勝者强；知足者富，强行者有志；不失其所者久，死而不亡者壽。”我們知道，《老子》尚柔，若把這裏的“强行”解釋爲“行爲果斷剛正”，顯然違背道家立説的主旨，在事理上也很難解釋“行爲果斷剛正”與“有志”存在何種關係。因此，顔世鉉先生將《從政》篇中“强行”據《老子》王弼注解釋爲“勤勉行道”是很有道理的。《從政》篇與《天子建州》篇同爲先秦儒家文獻，所説“强行”一詞含義也應一致。所以，《天子建州》原考釋者把“强行”解釋爲“勉力而行”恐不可輕易否定。

---

① 馬承源主編：《上海博物館藏戰國楚竹書(二)》，上海古籍出版社，2002年，第237頁。

② 顔世鉉：《上博楚竹書(一)、(二)讀記》，《臺大中文學報》2003年第18期，第24頁。

③ 劉釗：《讀〈上博六〉詞語劄記三則》，《2007中國簡帛學國際論壇會議論文集》，臺灣大學中國文學系，2007年11月。

“忠謀、信言”,原考釋者引《論語·學而》篇的“曾子曰:‘吾日三省吾身:爲人謀而不忠乎?與朋友交而不信乎?傳不習乎’”以及“與朋友交,言而有信”作爲參證。

綜合分析“所不教於師者三”的内容就會發現:如果按照原考釋者的看法將簡文理解爲“此三者非老師所教”,顯然與儒家思想相悖,在事理上也難以講通。最爲明顯的如《論語·述而》:“子以四教:文、行、忠、信。”——孔子教學的四項内容,完全包括了“强行、忠謀、信言”。又如《論語·衛靈公》:“子張問行。子曰:‘言忠信,行篤敬,雖蠻貊之邦行矣。言不忠信,行不篤敬,雖州里行乎哉?立則見其參於前也,在輿則見其倚於衡也,夫然後行。’子張書諸紳。”孔子教導子張“言忠信”,也是老師教導學生之語。那麽,簡文出於何種考慮認爲“此三者非老師所教”呢?可見,原考釋者的這種解釋顯然是講不通的。

對此,已經有學者從另外角度提出質疑。如上引楊華先生之文以爲:

> 《論語·學而》載曾子之言:“吾日三省吾身:爲人謀而不忠乎?與朋友交而不信乎?傳不習乎?”曾子之三省,其二(“忠謀”、“信言”)已見於本簡,惟“傳習”一項與簡文所記的“强行”不同。但“强行”又確是曾子的信念,見於《大戴禮記·曾子立事》:“君子攻其惡,求其過,强其所不能。”所以,頗疑簡文此句就是曾子所言,《論語》中的“傳習”當有所誤,因爲以邏輯言之,“强行”不必受教於師,而“傳習”非受教於師不可。

其實,不僅是“傳習”非受教於師不可,據上引的文獻來看,“强行、忠謀、信言”又何嘗不是老師所教授的呢?原考釋者雖然加了“乃是需要自己去實踐”進一步申説,仍然不免有迂曲之嫌。這提醒我們,簡文所説“所不教於師者三”理解爲“此三者非老師所教”可能是有問題的,值得進一步探討。

雖然在古文字中“教”與“學”兩個字有通用之例,但在楚簡中二字的區别還是較爲明顯的,因爲“教”字所从的聲符“爻”始終存在。《天子建州》簡文中此字从“爻”作,自然是釋“教”爲妥。如果説簡文原意是想表達“此三者非老師所教”,顯然寫作“所不學於師者三”在文意上更爲順暢。根據以上這些現象,我們認爲簡文“所不教於師者三”中的“教”當是“施教”,而非“受教”。如果“教”解釋爲“施教”,則“師”作爲施教的對象,就不可能理解成“老師”。我們知道,“師”字在文獻中常訓爲“軍隊”,而“老師”之意反倒是相對後起的。如《説文》:“師,二千五百人爲師。”又如《周易·師》卦,全部卦爻辭所説皆爲軍旅之事。因此,簡文“所不教於師者三”一句很有可能是説“此三者不可以施教於軍隊”。原始儒家雖然知道兵凶戰危,極力反對不義之戰,但軍隊對於國家來説不可空設的道理還是很清楚的,教民以戰的思想也很常見。如《論語·顔淵》中孔子所説:“足食,足兵,民信之矣。”又如《論語·子路》中:“子曰:‘善人教民七年,亦可以即戎矣。’”“子曰:‘以不教民戰,是謂棄之。’”這些文獻都可以反映出儒家對軍事戰争的重視。

《禮記·坊記》中説:“禮者,因人之情而爲之節文。”作爲先秦禮制重要内容之一的軍禮,是爲適應戰争需要而制定的。戰争具有特殊性,這就决定軍禮在實際施行中必然具有許多特殊之處。

《司馬法》作爲我國先秦時期的重要兵書,現僅存五篇。據《史記·司馬穰苴列傳》記載,此書是戰國時期“齊威王使大夫追論古者司馬兵法”而成。《漢書·藝文志》的禮類文獻著録有“《軍禮司馬法》百五十五篇”,明確將《司馬法》歸入“六藝略”中的“禮”類。而由現在殘存的這五篇《司馬法》來看,其内容也確實是記載先秦軍禮的。在現存的《司馬法》第二篇《天子之義》中記載:

> 古之教民,……古者,國容不入軍,軍容不入國,故德義不相踰。……
>
> 古者,國容不入軍,軍容不入國。軍容入國,則民德廢;國容入軍,則民德弱。故在國言文而語温,在朝恭以遜;修己以待人,不召不至,不問不言,難進易退;在軍抗而立,在行遂而果;介者不拜,兵車不式,城上不趨,危事不齒。故禮與法,表裏也;文與武,左右也。

《司馬法》所説的“國容不入軍,軍容不入國”,正是强調軍禮的特殊性。先秦時期教民而戰,所教的内容顯然是就兵攻戰的技藝,即所謂“軍容”,而不是教導他們“强行、忠謀、信言”這些所謂的“國容”。因爲在戰争面前,只有强調士卒服從指揮，協調一致，才有可能取得戰争勝利。如果片面强調士卒個人“强行、忠謀、信言”的德行，那麽軍隊裹每個士卒各行其是而不服從指揮，結果必然是一盤散沙，這顯然是違背軍隊治理原則的。

由此，我們認爲簡文“所不教於師者三：强行、忠謀、信言，此所不教於師也”中的“師”應該解釋成“軍隊”，這句話在《天子建州》篇裹應該是强調軍禮中教導士兵的特殊性。在先秦時期，平常的禮儀活動中都非常重視教導民衆“强行、忠謀、信言”的德行，但這些教導唯獨不適用於軍隊。這種理解恰好與《司馬法》中對於軍禮的規定相一致。

原載《古籍研究》(總第 57～58 卷)，安徽大學出版社，2013 年 1 月。

讀清華簡《説命》脞録

一、《説命上》

簡4—6：天廼命説伐佚仲。佚仲是生子，生二戊（牡）豕。佚仲卜曰："我其殺之"，"我其【4】已，勿殺"。勿殺是吉。佚仲違卜，乃殺一豕。説于䡅（圍）伐佚仲，一豕乃䚁（旋）保以逝，廼踐，邑【5】人皆從，一豕陊（隨）仲之自行，是爲赤（赦）敦（俘）之戎。①

原整理者將此段簡文釋讀爲："説于圍伐失仲，一豕乃䚁（旋）保以逝，廼踐，邑人皆從，一豕陊（隨）仲之自行，是爲赤（赦）敦（俘）之戎。"將"䚁"讀爲"旋"，以爲與"還"字通用，將"一豕乃旋保以逝"理解爲"失仲之子不戰而退守"；將"從"訓爲"服"；將"一豕隨仲之自行"理解爲"失仲逃走而其子隨之"；將"戎"解釋爲"指兵事"。

今按：原整理者對此段簡文的解釋恐不可通。筆者以爲，簡文中的"䚁"當讀爲"穿"。"䚁"字當是从"睿"得聲，《説文》以"睿"爲"古文叡"。睿（叡），古音在定母月部；穿，古音在透母元部；二字聲母同屬舌音，韻部陽入對轉，古音極爲接近。《上海博物館藏戰國楚竹書（三）·周易》第54簡對應今本"渙"卦名之字作"𣪗"，孟蓬生先生以爲此字是一個雙聲符字，睿、爰皆聲；同時指出"睿聲字……，則常與元部之字發生關係"；②其説當可信。或有古音學家直接

① 李學勤主編：《清華大學藏戰國竹簡（叁）》下册，中西書局，2012年，第122、124頁。下文所引原整理者意見皆出此書，不具注。其中"失仲"讀爲"佚仲"，參子居《清華簡〈説命〉上篇解析》，清華大學簡帛研究網，2013年1月6日。

② 孟蓬生：《上博竹書〈周易〉的兩個雙聲符字》，簡帛研究網，2005年3月31日。

將“睿(叡)”歸入元部者,[①]如其説可信,則“睿(叡)”與“穿”同屬元部,古音更爲接近。

簡文中的“陞”當讀爲“脱”。《清華簡(貳)·繫年》篇有如下簡文:

第十一章第59簡:宋人是故殺申伯無畏,䑽(奪)其玉帛。

第二十一章第116簡:王命莫敖陽爲率師侵晋,墜(奪)宜陽。

第十五章第76簡:連尹襄老與之争,敓(奪)之少盐。

前兩個从“它”聲之字,或指出當釋爲“拕”讀爲“奪”。[②] “它”聲之字既然可以讀爲“奪”,則在本篇簡文中,“陞”字讀爲“脱”從音韻角度來説自然也是没有問題的。“脱”在此處簡文中當解釋爲“脱離”。

綜上所述,我們認爲簡文後半部分當釋讀作:

説于䆒(郼? 韋?)伐佚仲,一豕乃觀(穿)保(堡)以逝,廼踐。邑【5】人皆從一豕,陞(脱)仲之自行,是爲赤敔(孚)之戎。[③]

此段簡文後半部分大意當是説:

傅説受命征伐佚仲,佚仲所生下的没被殺掉的“一豕”穿透城堡逃逝了。“一豕”既然穿透城堡逃逝,則佚仲及其邑人自然也就隨之而逃逝了。——簡文上文言“天廼命説伐佚仲”,則傅説征伐佚仲,所率領的自然是假大命而行事的商王朝大軍,天威所至,佚仲及其邑人若不逃走,恐怕免不了被殺戮的命運。——既然守城者都逃走了,傅説的征伐也就不戰而勝,輕而易舉地攻進了

① 曾運乾:《音韻學講義》,中華書局,1996年,第412頁。

② 小狐:《讀〈繫年〉臆札》,復旦大學出土文獻與古文字研究中心網站,2012年1月3日。

③ 其中,“一豕”屬上讀,“赤孚之戎”爲“戎狄之名”,已有學者論及。參黄傑《讀清華簡(叁)〈説命〉筆記》,武漢大學簡帛網,2013年1月9日。“䆒”字,已有學者看作地名,或釋此地爲“湯之本國”之“郼”,參子居《清華簡〈説命〉上篇解析》,清華大學簡帛研究網,2013年1月6日;單育辰先生讀爲“韋”,以爲即豕韋氏所在之“韋”,參武漢大學“簡帛網”—“簡帛論壇”—“簡帛研讀”—“清華簡三《説命》初讀”帖下發言。從下文情節發展來看,亦以看作地名爲是。因爲如果説傅説征伐佚仲是“圍伐”,即包圍攻打佚仲,則“一豕”即便能穿透城堡,恐亦無法脱身的。

城堡,故簡文云“廼踐”。

從城堡中逃脱出來的邑人,他們之所以能夠得以活命,全都依仗“一豕”穿透城堡。也許是感念其恩德,故“邑人皆從一豕”(邑人全部都跟從“一豕”),而“脱仲之自行”(脱離佚仲而去),這些脱離佚仲跟從“一豕”而去的人後來就演化成爲“赤孚之戎”。

如此理解,揆諸簡文上下文意,還可以推斷出如下意思:

(1) 之所以編排“一豕乃穿堡以逝”這種傳説,大概與豬的習性喜歡以嘴四處拱地有關係。

(2) 事情的發展結果,也反過來驗證了佚仲占卜“勿殺是吉”的預言。占卜之後,“佚仲違卜,乃殺一豕”。其實,簡文所謂的“違卜”,從實際情況來看,只是部分違反,因爲佚仲同時還留下“一豕”未殺。大概他也想驗證一下究竟如何“是吉”的吧?而最終的結果是,由於有了“一豕”的“穿堡以逝”,佚仲及其邑人賴以活命,而且其後代還發展壯大成爲“赤孚之戎”,正好驗證了占卜“勿殺是吉”的預言。古人以多子多孫、後代壯大昌盛爲“吉”。如《尚書·洪範》所言:“身其康彊,子孫其逢,吉。”

(3) 簡文“是爲赤孚之戎”其實是想説,“赤孚之戎”就是“一豕”的後代。上文之所以强調佚仲生子“生二牡豕”,原因是很明顯的,因爲只有“牡豕”才具備繁衍後代的能力。先秦時期多將戎狄蠻夷視作犬豕之後,典籍記載中或以爲犬戎族的祖先是二白犬,故簡文編排“一豕”是“赤孚之戎”的始祖這種傳説亦在情理之中。

(4) 既知“赤孚之戎”爲戎族之名,且爲“一豕”的後代,則“赤孚”二字的含義亦可推知。筆者以爲,“赤孚之戎”很可能應讀爲“赤脬之戎”。脬,指卵脬,也即陰囊。赤脬,即紅色的卵脬。其實“赤脬之戎”的名稱還是來自“豕”的特徵。“赤脬之戎”既爲“一豕”之後,“豕”有此顯著特徵,故其後代的戎族亦用“赤脬之戎”稱之。

其實,如果對比典籍中關於“犬戎”來源的記載,這段話就相對容易理解了。

《史記·匈奴列傳》:“其後百有餘歲,周西伯昌伐畎夷氏。”《索隱》云:

> 韋昭云:"《春秋》以爲犬戎。"按:畎音犬。大顔云"即昆夷也"。《山海經》云"黄帝生苗龍,苗龍生融吾,融吾生弄明,弄明生白犬。白犬有二牡,是爲犬戎"。《説文》云"赤狄本犬種,字從犬"。又《山海經》云"有人面獸身,名曰犬夷"。賈逵云"犬夷,戎之别種也"。

《山海經·大荒北經》云:

> 大荒之中,有山名曰融父山,順水入焉。有人名曰犬戎。黄帝生苗龍,苗龍生融吾,融吾生弄明,弄明生白犬,白犬有牝牡,是爲犬戎,肉食。有赤獸,馬狀無首,名曰戎宣王尸。

二書相對應的文字,一作"白犬有二牡",一作"白犬有牝牡"。至顔師古注《漢書·匈奴傳》,則變成"白犬有二牝牡"。三者相較,再結合清華簡"生二戊(牡)豕"的記載,自當以作"二牡"爲是。【編按:此處的理解有問題,請參閲喻遂生先生《甲骨文的"二牝牡"和東巴經的"四脚手"》(《中國文字學報》第7輯,商務印書館,2017年)一文。】

清華簡説"赤俘之戎"的來源,編排其始祖是刀口下逃生的"一豕",與傳世典籍記載"犬戎"是"白犬有二牡"的後代極爲類似,是謂先秦戎夷等民族爲犬豕之後裔。

簡6—7:説【6】來,自從事于殷,王用(庸),命説爲公。【7】

原整理者將此段簡文釋讀爲:"説來,自從事于殷,王用命説爲公。"

楊蒙生先生將簡文斷句爲"説來,自從事于殷,王用,命説爲公",將句意解釋爲"傅説來侍奉殷王,爲其所用,任命爲公"。①

今按:楊蒙生先生的斷句當可從。但他將"王用"解釋爲"爲其所用"顯然與簡文上下文意不合,因上文有"天廼命説伐佚仲",則傅説已經是爲殷商所用

① 楊蒙生:《清華簡〈説命上〉校補》,清華大學出土文獻研究與保護中心網站,2013年1月7日。

之人了，此處自然無煩再説“爲其所用”。我們懷疑“王用”當讀爲“王庸”，“庸”爲“酬勞、嘉美”之義。《左傳・僖公二十四年》：“庸勳、親親、暱近、尊賢，德之大者也。”又，《左傳・昭公三十二年》：“先王庸之。”杜預注：“庸，功也。”“庸”字之義並同簡文。因傅説有征伐佚仲之功，故殷王武丁嘉勞之，並且任命傅説爲公。

二、《説命中》

簡 5：若圛水，汝作舟。

其中的“圛”字，原整理者以爲中間的“馬”當爲“鳥”之譌，將其讀爲“津”。孫合肥先生改釋爲“滿”，[①]當屬可信。在清華簡第三册中共出現三個這樣的字形，其他兩處皆用爲“滿”字，似乎不大可能獨獨此處這個字是誤寫的。但孫文中就字爲訓，認爲此處的“滿”當與前面的“旱”相對應，應表水之“盈溢”之義，恐有誤解文意處。——此“滿”字似不可能與“旱”字存在什麽對應關係，簡文當是一句話一層意思。

今按：“滿”或當讀爲“漫”，訓爲“蹚過、渡越”。傳本“若濟巨川，用汝作舟楫”與“若漫水，汝作舟”對應，其中“漫”可對應“濟”，都含有“渡越”之義。

簡 7：若詆不視，用傷，吉不吉。

其中“詆”字，原整理者讀爲“抵”，引《説文》訓爲“擠也”，以爲意即以手推拒。

今按：“詆”似當讀爲“跐”，訓爲“蹋”、“踐履”。簡文與傳本“若跣弗視地，厥足用傷”意思接近，即説如果走路不看脚底下，則容易受傷。

三、《説命下》

簡 3—4：如飛雀[3]罔畏觀(離)，不惟鷹隼(隼)，廼弗虞民，厥其禍亦羅于罾(罟)罦(罬)。”

① 孫合肥：《讀〈清華大學藏戰國竹簡(叁)〉札記》，簡帛網，2013 年 1 月 9 日。

其中的“罯(罟)”字,是黄傑先生所釋,[①]據原簡字形看當可信。黄先生對“罯(罟)罘”兩字如何解釋闕疑。

今按:尋繹上下文義,加之此二字上部皆从“网”作,則其爲網名應無可置疑。原整理者指出此二字是指“捕鳥的網”,是可信的。

經查檢可知,第一字“罟”字見於《篇海類編·器用類·网部》,義爲“鳥網”,與簡文文義正相符合。第二字,據其音讀,我們懷疑當讀爲《説文·网部》的“罙”字。《説文》“罙”字下原訓作“周行也”,段注改爲“网也”,並云:“今尋上下文皆网名,《篇》、《韻》皆云‘罙,罟也’,更正。蓋罙亦网名,其用主自上冒下。”是古書中以“罟”釋“罙”,“罟”爲網,則“罙”亦網之屬,可施於鳥類,與簡文亦相符合。

又按,《説文》中的“罙”字,尋音以定字,似當與“畢”字有同源關係(二字皆屬唇音,韻部對轉)。“畢”是用於捕捉禽獸的長柄網,與段注所謂的“罙”字“其用主自上冒下”很是接近。

簡文大意當是説:由於有了“弗虞民”等不好的行爲,出禍敗之事就如同鳥雀被“罟罙”之類的羅網所捕捉一般。

附:清華簡(叁)《説命》通行釋文

【説明】:此釋文吸收了諸多學者的討論意見,除了上述已引者外,其餘皆見於武漢大學“簡帛網”以及其他幾個學術網站,爲避免繁瑣,不具注;暫時無法論定者加“?”表示。因此釋文録入是在清華簡最初公布之時,故後來有些學者發表的意見未能吸收,謹此説明。

一、説命(上)

惟殷王賜説于天,庸爲佚仲吏人。王命厥百工向(像),以貨徇求説于邑人。惟弜(射? 弼?)人[1]得説于傅巖,厥卑(俾? 裨?)緇(憑?)弓紳(引?)弹(關?)辟矢。説方築城,縢(騰)降(踰?)用力。厥説之狀,鵑(腕?)[2]肩(肩)如惟(椎)。

---

① 黄傑:《讀清華簡(叁)〈説命〉筆記》,簡帛網,2013年1月9日。

王廼訊説曰："帝殹(抑)尔以畀余，殹(抑)非?"説廼曰："惟帝以余畀尔，尔左執朕袂，尔右【3】稽首。"王曰："亶然。"

天廼命説伐佚仲。佚仲是(氏?)生子，生二戊(牡)豕。佚仲卜曰："我其殺之?""我其【4】已(已? 祀?)，勿殺?"勿殺是吉。佚仲違卜，乃殺一豕。

説于䢅(鄣? 韋?)伐佚仲，一豕乃觀(穿)保(堡)以逝，廼踐。邑【5】人皆從一豕，陞(脱)仲之自行，是爲赤敦(孚)之戎。其惟説邑，在北海之州，是惟員(圜)土。説【6】來，自從事于殷，王用(庸)，命説爲公。【7】

傅説之命【7背】

二、説命(中)

説來自傅巖，在殷。武丁朝于門，入在宗。王訋(原? 旬?)比厥夢，曰："汝來惟帝命?"説【1】曰："允若時。"武丁曰：

"來格汝説，聽戒朕言，漸(慎)之于乃心。若金，用惟汝作礪。古【7】我先王滅夏，燮强(?)，捷(?)蠢(蠢)邦，惟庶相之力乘(勝)，用孚自邇。敬之哉！啟乃心，日沃【3】朕心。若藥，如不瞑眩，越疾罔瘳。朕畜汝，惟乃腹，非乃身。若天旱，汝作霪雨；【4】若滿(漫)水，汝作舟。汝惟兹説砥(底)之于乃心。作(且)天出不祥，不且(徂)遠，在厥胳(落? 骼?)，汝克【5】䚕(? 環?)視四方，乃俯視地。心毀惟備。敬之哉！用(庸?)惟多德。作(且)惟口起戎出好(羞)，惟干戈〈甲胄?〉【6】作疾，惟哀(衣?)𢦏(載)病，惟干戈生(眚)厥身。若詆(既)不視，用傷，吉不吉。余告汝若時，𢟪(志)之于乃心。"【7】

傅説之命【7背】

三、説命(下)

……【1】員，經德配天，余罔有斁言，小臣罔夋(俊? 慎?)在朕備(服)，余惟命汝説融朕命，余柔遠【2】能逐(邇)，以益視事，弼羕(永)脡(延)，作余一人。"

王曰："罙(既)亦詣乃備(服)，勿易卑(俾)越。如飛雀【3】罔畏觀(離)，不惟鷹隼(隼)，廼弗虞民，厥其禍亦羅于罾(罟)罛(罜—畢?)。"

王曰："説，汝毋誑曰：'余克享【4】于朕辟。'其又廼司四方民不(丕)克明，汝惟有萬壽在乃政。汝亦惟克顯天，迥(恫)罙(瘝)小【5】民，中乃罰，汝亦惟有萬福業業在乃備(服)。"

王曰："説，晝如視日，夜如視晨（辰），時罔非乃【6】載。敬之哉！若賈，汝毋非貨如戠（埴）石。"

王曰："説，余既訳（諟）故（劼）詠（毖）汝，思（使）若玉冰，上下罔不我【7】義（儀）。"

王曰："説，昔在大戊，克漸（慎）五祀，天章之用九德，弗易百青（姓）。惟時大戊盍（謙?）曰：'余不克【8】辟萬民，余罔紩（遂？墜?）天休，弋（式）惟三德賜我，吾乃敷之于百青（姓）。余惟弗迸（恭？雍?）天之叚（嘏）命。'"【9】

王曰："説，毋獨乃心，敷之于朕政，欲汝其有友勑朕命哉。"【10】

傅説之命【10背】

原載《中國文字》新40期，藝文印書館，2014年7月。

據新出楚簡校讀《論語》一則

《論語·堯曰》篇中有段文字云：

> 子張問於孔子曰："何如斯可以從政矣?"子曰："尊五美，屏四惡，斯可以從政矣。"……子張曰："何謂四惡?"子曰："不教而殺謂之虐；不戒視成謂之暴；慢令致期謂之賊；猶之與人也，出納之吝，謂之有司。"

孔子對於"四惡"的解釋，其中最後的"猶之與人也，出納之吝，謂之有司"一句，明顯與上文不協調：首先，前三"惡"都是用一個字來概括，而此句"有司"却是兩個字；其次，"有司"二字從文義上看也顯然與"猶之與人也，出納之吝"不合，實不可通。

前人在注釋這句話時，多迂曲以解之。如朱熹《論語集注》云：

> 猶之，猶言均之也。均之以物與人，而於其出納之際，乃或吝而不果。則是有司之事，而非爲政之體。所與雖多，人亦不懷其惠矣。項羽使人，有功當封，刻印刓，忍弗能予，卒以取敗，亦其驗也。①

由於文義不可通，注解亦多穿鑿，前人早已有懷疑此處文字或有脱誤者。如元代陳天祥所撰《四書辨疑》中就曾指出：

---

① （宋）朱熹：《四書章句集注》，中華書局，1983年，第194～195頁。

> 又"出納之吝"與上三惡亦不相類。若以項羽之事論之,雖有司亦不當如此。經中或有脱誤,闕之不講,似亦無妨。[①]

前人在注解中還曾指出,與此段文字極爲類似的話又見於《韓詩外傳》卷三:

> 子貢曰:"……賜聞之,託法而治謂之暴,不戒致期謂之虐,不教而誅謂之賊,以身勝人謂之責。責者失身,賊者失臣,虐者失政,暴者失民。"[②]

在這段話中,"暴、虐、賊"三者與《論語·堯曰》篇完全對應,而唯獨其中的"責"字與"有司"對應。從校勘學角度講,如果説"謂之有司"與"謂之責"這兩種説法必有一誤的話,雖然"以身勝人謂之責"同樣文義難通,但顯然是《韓詩外傳》中使用一個字概括的"責"更爲符合古書的行文體例,而非《論語》中使用兩個字概括的"有司"。這種現象同時也提醒我們,《論語》中的"有司"二字很可能原本當是一個字而被誤分爲兩個字。

自20世紀70年代以來,地下出土的簡帛文獻爲校讀傳世古籍提供了大量的材料。我們發現,根據新出楚簡,《論語·堯曰》篇中的所謂"有司"也可以得到校正。

《上海博物館藏戰國楚竹書(二)·從政》篇簡甲15與甲5連讀,有如下一段話:

> 毋𢑴(暴)、毋虐(虐)、毋惻(賊)、毋念(貪)。不攸(修)不武〈戒〉,胃(謂)之必城(成),則𢑴(暴);不𡥈(教)而殺,則虐(虐);命亡(無)時(時),事必又(有)期(期),則惻(賊);爲利枉(枉)事,則貪。[③]

---

① (元)陳天祥:《四書辨疑》,收入《摛藻堂四庫全書薈要》經部第七六册"四書類",世界書局,1988年,第114～115頁。

② (清)劉寶楠:《論語正義》,中華書局,1990年,第768頁。

③ 馬承源主編:《上海博物館藏戰國楚竹書(二)》,上海古籍出版社,2002年,第228～229、219頁。

陳劍、周鳳五、陳偉等先生都指出，此段簡文可與上引《論語·堯曰》篇中的文字對讀。陳劍先生還考證指出：

《荀子·宥坐》云："孔子爲魯司寇，有父子訟者，孔子拘之，三月不别，其父請止，孔子舍之。季孫聞之，不説……孔子慨然嘆曰：'……嫚令謹誅，賊也；今生也有時，斂也無時，暴也；不教而責成功，虐也。已此三者，然後刑可即也。'"《韓詩外傳》卷三第二十四章："子貢曰：'……賜聞之，託法而治謂之暴，不戒致期謂之虐，不教而誅謂之賊，以身勝人謂之責。責者失身，賊者失臣，虐者失政，暴者失民。'"潘維城《論語古注集箋》據此云："荀子所言四惡缺其一，韓嬰所言有'責'而無'有司'，亦與夫子所言不同，而大致本此(指前引《論語·堯曰》文)。"又《韓詩外傳》卷三第二十二章云："孔子曰：'不戒責成，害也。慢令致期，暴也。不教而誅，賊也。君子爲政，避此三者。'"亦爲所謂"四惡缺其一"者。簡文所云，亦當係本自《論語》，而"暴"、"虐"、"賊"三者之後是"貪"，跟《論語》和《韓詩外傳》卷三第二十四章都不相同。按上引《論語》"四惡"的最末一項"猶之與人也，出納之吝，謂之有司"文意頗爲晦澀，推測起來，大概正因爲此，後來的著述遂或者去掉這一項，或者以意改之。《韓詩外傳》卷三第二十四章改爲"責"，此處簡文則改爲了"貪"。①

周鳳五先生對此段簡文亦有申説：

簡文的"毋暴、毋虐、毋賊、毋貪"，既然出自《論語》的"屏四惡"，則上文簡五論"從政"，與《論語》"何如斯可以從政"應當頗有關係。……换言之，《論語·堯曰》"子張問從政"章可能是《從政》甲、乙篇的藍本，《從政》可能是由《論語·堯曰》這一章展開的。②

① 陳劍：《上博簡〈子羔〉、〈從政〉篇的拼合與編連問題小議》，簡帛研究網，2003年1月8日；又刊於《文物》2003年第5期。

② 周鳳五：《讀上博楚竹書〈從政(甲篇)〉劄記》，簡帛研究網，2003年1月10日。

陳偉先生考證云：

> 後者的“有司”對應前者的“貪”，……簡書“四毋”“貪”與“暴”、“虐”、“賊”都是單字詞，辭義也彼此相關。《論語》用了一個“有司”，與其他三事不協，語義也很費解。作爲另一種可能，簡書也許屬於今傳《論語》的祖本系統，或者是與之並行的另外一系。①

這樣的話，對於“四惡”，目前我們可總共以看到三種説法，且其中“暴、虐、賊”三項完全一致，僅最後一項各不相同：《論語》作“有司”；《韓詩外傳》作“責”；《從政》作“貪”。作爲地下新出土的戰國楚簡，《從政》篇没有經過後代的輾轉傳抄過程，在文字上顯然更爲可信。由此可以斷言，《論語》的“有司”和《韓詩外傳》的“責”都應當是《從政》篇中的“貪”字之誤。

“貪”字誤寫成“責”很容易理解，兩個字下部皆从“貝”作，上部形體的筆勢也近似。《韓詩外傳》中的文句改成“以身勝人謂之貪”也不好理解，大概是如上引陳劍先生文中所説的那樣，這句話經過後人改動。

“貪”字誤成“有司”二字，需要進行一些解釋。乍一看，“貪”字與“有司”二字形體不類，似乎無由致誤，其實不然。如果將“有司”二字還原成古文字形，則“貪”字誤分成“有司”二字就極有可能了。

在《從政》篇中，用爲“貪”的字在第 15 簡中寫作“念”，暫不論；在第 5 簡中寫作“”，上从“含”下从“貝”。戰國楚簡中標準的“貪”字形，如郭店楚墓竹簡《語叢三》第 19 簡作“”，上从“今”下从“貝”。在戰國楚簡文字中，“有司”的“有”字常寫作“又”，如下列楚簡中的“又(有)司”二字豎行書寫的字形(二字之間的距離有所減少)：

上博三《仲弓》簡 8　上博四《曹沫之陳》簡 23

① 陳偉：《上海博物館藏楚竹書〈從政〉校讀》，簡帛研究網，2003 年 1 月 10 日。

上博五《季庚子問於孔子》簡 1

由此可見，“貪”字上部的“（今）”與“（又）”、下部的“（貝）”與“（司）”從筆勢寫法上看都有類似之處，故“貪”字誤寫成“又（有）司”二字是極有可能的。

綜上所述，根據《上海博物館藏戰國楚竹書（二）・從政》篇簡文可知，《韓詩外傳》中的“責”當是“貪”字之誤；《論語》中的“有司”二字，原本當是“貪”字，在傳抄過程中被誤分成“今貝”，又訛寫作“又司”，後被讀爲“有司”，[①]致使文義難解。若將《論語》中的文句校讀爲“猶之與人也，出納之吝，謂之貪”，不僅在行文體例上與前三“惡”一致，而且從文義上説更是文從字順，這也可以反過來證明以上的校讀意見應當是可信的。

附記：初稿承蒙裘錫圭、劉釗、陳劍等先生審閱指正，謹致謝忱。

原載《中國史研究》2014 年第 4 期。

① 按：定州漢墓竹簡本《論語》已作“有司”，可知此處誤文的形成時間比較早，很可能在西漢之前就已經誤寫。參河北省文物研究所定州漢墓竹簡整理小組《定州漢墓竹簡・論語》，文物出版社，1997年，第 98 頁。

楚簡文字“減體象形”現象舉隅

——兼談楚簡“汩”字

中國傳統文字學的“六書”理論中,歷來學者對“象形”之界定歧説最少。《説文解字敘》云:“象形者,畫成其物,隨體詰詘,日月是也。”但是,這並不意味着“象形”就没有“變例”,其中“減體象形”或稱“省體象形”(又可包含在所謂的“變體象形”中)就是一種較爲特殊的“象形”之“變例”。如劉賾先生即分象形爲“獨體象形”、“合體象形”、“變體象形”、“省體象形”四類,“獨體象形”爲正例,其他“合體象形”、“變體象形”、“省體象形”皆爲變例。① 詹鄞鑫先生提出“新六書説”,其“變體字”中所包含的“取形變體字”一類其實就相當於“減體象形”,所舉的例子有“片”(像半邊的“木”)、“孑”(像“子”缺右臂)、“孓”(像“子”缺左臂)、“了”(像“子”兩臂都缺)四個。② 這四個字都是在已有的象形字形體基礎上以減少筆畫的方式形成另外一個字,是依附於已有的象形字形體而存在的。準此,《説文》中的“𡿨”、“巜”即可視爲在“巛(川)”基礎上的“減體象形”。③《説文》:“𡿨,水小流也。《周禮》:‘匠人爲溝洫:梠廣五寸,二梠爲耦,一耦之伐,廣尺深尺謂之𡿨。倍𡿨謂之遂,倍遂曰溝,倍溝曰洫,倍洫曰巜。’甽,古文𡿨,从田、从川。畎,篆文𡿨,从田、犬聲。六畎爲一畝。”段注:“已上《考工記·匠人職》文,説詳鄭注及程氏瑶田《通藝録》。今《周禮》𡿨作畎,巜作澮,與許所據不同者,後人所改也。𡿨、巜、巛三篆下皆宜曰象形。而不言者,

---

① 劉賾:《初文述誼凡例》,《劉賾小學著作二種》,上海古籍出版社,1983年,第1頁。

② 詹鄞鑫:《漢字説略》,遼寧教育出版社,1991年,第215頁。

③ 裘錫圭:《文字學概要》,商務印書館,1988年,第140頁。

省文也。”“巜，水流澮澮也。方百里爲巜，廣二尋，深二仞。”段注：“澮澮，當作活活。毛傳曰：‘活活，流也。’《水部》曰：‘活活，水流聲也。’古昏聲、會聲多通用。水流涓涓然曰𡿨，活活然則曰巜，巜大於𡿨矣。此字之本義也。”據段玉裁之意，則“巛”大於“巜”亦可知。然則𡿨、巜、巛三字皆爲象形字，而𡿨、巜二字當是在“巛”基礎上的“減體象形”字。又《説文》：“櫱，伐木餘也。从木、獻聲。”其異體作“櫱，櫱或从木、辥聲”，或作“，古文櫱，从木無頭”。此“”字形即可視爲標準的“減體象形”字，對比其減省前的形體“（木）”，顯然是在“木”字形基礎上砍去其頭之形，以此來表示樹木的分蘖之義。

其實，甲骨文中就已經存在“減體象形”的造字方式。如“鹿”字一般作“”形，象頭頂長角的鹿之形；而“麑”字一般作“”形，象鹿之形而頭頂無角。[①] “麑”爲頭頂尚未長角的初生幼鹿，其甲骨文字的寫法即可看作是在“鹿”字基礎上的“減體象形”。又如，裘錫圭先生在補充考釋甲骨文中的“瞽”字時指出，《甲骨文合集》16017 的“”和 18936 正的“”兩個字“象目而無下眶”，應該是爲了表示目有殘疾、目不能見，很可能是“瞽”字的表意初文。[②] 雖然裘先生將“（瞽）”字的造字方式看作“表意字”較之傳統文字學更爲精當合理（説詳下），但比較“（瞽）”與“（櫱）”的構形方式，從字形産生的角度將“（瞽）”歸入以上所謂的“減體象形”之類也是有先例可循的。

在楚簡文字中同樣存在類似的“減體象形”現象。如曾侯乙墓竹簡 207 有字作“”形。何琳儀老師考釋意見認爲：此字像馬而無鬃之形，即所謂“減體象形”，疑“騾”之初文，是驢與馬雜交的牲畜。[③] 其説當屬可信。如此，“”字形與其異體形聲字“騾”的關係和《説文》中“”字形與其異體形聲字“櫱”的關係恰好平行：兩個形聲字都是以其減省前的字形作形符，即“騾”以“馬”作形符，“櫱”以“木”作形符；都是以其減省後所讀的音作聲符，即“騾”以“累”作聲

① 劉釗、洪颺、張新俊編纂：《新甲骨文編》，福建人民出版社，2009 年，第 544～545 頁。

② 裘錫圭：《關於殷墟卜辭的“瞽”》，王宇信等主編：《夏商周文明研究・六——2004 年安陽殷商文明國際學術研討會論文集》，社會科學文獻出版社，2004 年，第 1～5 頁。

③ 何琳儀：《隨縣竹簡選釋》，《華學》第 7 輯，中山大學出版社，2004 年，第 119～126 頁。按：嚴格説來，騾並非無鬃，而是較馬爲短，故於字形中不顯。

符,"欌"以"獻"作聲符。

在以上認識的基礎上,我們來看上海博物館藏戰國楚竹書中如下一字:

1:  2:  3:  4:  5: 

諸字辭例如下(各字在簡文中以～代替):

1:《民之父母》簡 10: 可得而聞歟? 孔子～:"亡聲之樂,氣志不違……"

2、3:《相邦之道》簡 4: 孔子退,告子贛曰:"吾見於君,不問有邦之道,而問相邦之道,不亦愆(?)乎?"子贛～:"吾子之答也何如?"孔子～:"如訊(?)。"

4:《弟子問》簡 8: 食肉如飯土,飲酒如澆(?),信乎? 子贛～:"莫親乎父母。死不顧生,可言乎? 其信也□。"

5:《凡物流形(甲本)》簡 15: 聞之～

原整理者在《民之父母》簡 10 下考釋說:"",根據文意此字應爲"曰",或其同義字,字形頗爲特殊。[①]

應當說,原整理者的意見是很有道理的。此字與謂語動詞"曰"位置相同,從辭例角度考慮,顯然是一個讀爲"曰"或與"曰"同義的字。

後來對此字形發表意見的還有幾位學者。如黄錫全先生以爲《民之父母》簡 10 之字是"于"字,對照後面的簡 11""就清楚了,只是下部豎丿墨迹脱落。曰,匣母月部。于,匣母魚部。以"于"爲"曰",典籍似未見。此當類似於典籍"曰"或作"粵"。[②]

禤健聰先生認爲,此字當分析爲从乙,乙亦聲,左右兩點或表示人説話時

---

① 濮茅左:《〈民之父母〉釋文考釋》,馬承源主編:《上海博物館藏戰國楚竹書(二)》,上海古籍出版社,2002 年,第 170 頁。簡文釋讀參考了下引董珊、宋華强先生之文的意見。

② 黄錫全:《讀上博楚簡(二)劄記(壹)》,簡帛研究網,2003 年 6 月 5 日。

氣從口出。乙是影母質部字,曰是匣母月部字,二字讀音相近。《說文》:"曰,詞也。从口、乙聲。亦象口氣出也。"楚簡"曰"字作的寫法,楊澤生先生指出"右上部短橫改作乙是有意使其聲符化的結果"。[①] 可從。楚簡"曰"字或寫作,舍棄了其初文从口的構形,而突出聲化而來的聲符"乙",正是楚系文字記聲特點的突出體現。[②]

董珊先生認爲這個字應該釋爲"乢",讀爲至今仍常用的詞"說"。[③]

宋華强先生在董珊先生之說的基礎上,從語法、辭例及字形等角度,論證簡文中"乢"字不應該讀爲"說",而是讀爲"曰"。因爲"乢"从"亅"或"乚"得聲,而"亅"或"乚"皆可與"曰"聲相通。同時指出,楚簡"乢"字和"水"字寫法有相近之處,"乢"字从"乀",《說文》"乀,流也",和"泧"、"濊"、"瀎"音近而義通,而"乢"又與"水"形近,因而由此推測"乢"可能是表示水流的"泧"、"濊"、"瀎"等的本字,而"泧"、"濊"、"瀎"等字則都是表示"乀"、"乢"本義的後起形聲字。[④]

其實,早在董珊、宋華强兩位先生之前,白於藍先生就已經指出楚簡中的這個字當是"𡿧"的象形本字。《說文・水部》:"𡿧,水流也,从川,曰聲。""𡿧"从"曰"得聲,可通假爲"曰"。[⑤]

根據前述"減體象形"現象,我們認爲白於藍先生的意見是正確的。不過,白於藍先生將楚簡中的這個字看作"𡿧"的象形本字,不如將之看作"汩"的象形本字更爲直接。段玉裁《說文解字注》於"𡿧"字下注云:"此與《水部》'汩'義異。'汩,治水也。'《上林賦》曰:'汩乎混流。'又曰:'汩淢漂疾。'《方言》:'汩,疾行也。'注云:'汩汩,急皃。于筆切。'此用'汩'爲'𡿧'也。《廣韻》合爲一,

① 楊澤生:《戰國竹書研究》,中山大學博士學位論文(指導教師:曾憲通教授),2002年,第80頁。

② 禤健聰:《上博楚簡(五)零劄(一)》,簡帛網,2006年2月24日。

③ 董珊:《戰國竹簡中可能讀爲"說"的"乢"字》,復旦大學出土文獻與古文字研究中心網站,2008年5月2日。

④ 宋華强:《釋上博簡中讀爲"曰"的一個字》,簡帛網,2008年6月10日。

⑤ 唐洪志:《上博簡(五)孔子文獻校理》,華南師範大學碩士學位論文(指導教師:白於藍教授),2007年6月,第49頁;白於藍:《簡牘帛書通假字字典》,福建人民出版社,2008年,第211頁。按:其實,陳劍先生早在2005年11月於復旦大學出土文獻與古文字研究中心學生所做的《民之父母》釋文本上批注時就曾指出:"此字還見於《相邦之道》(請看裘老師那份釋文)。陳斯鵬曾告訴我,他懷疑此字是'巜',讀爲'曰'。我則懷疑此字可能是'𡿧'或'汩',象水流也,讀爲'曰'。"然陳劍先生出於謹慎,未公開發表其見解,也没有深入論證。又按:裘錫圭先生審閱初稿之後也指出,""字當是象水流之形。

非。"《説文》分"汩"與"昬"爲二,因二字音義皆近,在典籍文獻中恒相通用,故傳世字書或將二者合而爲一。所以,將楚簡中的這個字釋爲"汩",從根本思路上説與白於藍先生將之釋作"昬"是完全一致的。不過,用以上提及的"減體象形"現象來模擬的話,釋爲"汩"顯然更爲直接些。

由於編纂體例的限制,白於藍先生的考釋意見未能充分展開,下面我們就着以上提到的"減體象形"現象對其説法進行一些補充論證。

首先,從字形上分析。上引宋華强先生之文指出此字形和"水"字寫法有相近之處,並以爲此字的本義可能和"水"有關,這是很有見地的看法。以上五個字形可以與楚簡中常見的"水"字形相比勘:

(郭店《太一生水》簡 1、6)　(包山簡 248)

(望山 1 號墓 54)　(新蔡乙四 043)

(上博五《三德》簡 16)

兩相比較可以發現,""字當是在"水"字形基礎上的"減體象形"字,即通過把古文字中"水"字形所从的四個點減省爲兩個點來表示一個與"水"義有關的另一個字。由上述""與"槭"、""與"瞽"、""與"驟"的對應關係,我們可以推測此字从"水"作形符;又由此字所在簡文較爲固定的辭例,即與謂語動詞"曰"位置相同且很可能是一個讀爲"曰"的字;則此字釋爲"从水、曰聲"的"汩"字就順理成章了。

此字形將"水"所从的四個點減省爲兩個點,也許是表示"水之半"的意思。《周易·説卦》"兑爲澤"下,《周易集解》引虞翻曰:"坎水半見,故爲澤。"[①]兑之卦象爲"☱",其上二爻""正可視作坎卦象"☵"之半。坎爲水,故言"水半見"。由此,楚簡中的此字形應當就是表示"水半見"之義。本來"水半見"用卦符表示應作""或""形,但在楚簡文字中,因"水"字中間的筆畫是彎曲

① (清)李道平:《周易集解纂疏》,中華書局,1994 年,第 717 頁。

的，爲了書寫美觀而有意將本該在同一邊的兩筆分寫在兩邊而成“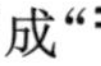”形，是很容易理解的。

其次，從文字的意義上考察。《説文・水部》：“汩，治水也。从水，曰聲。”《爾雅・釋詁》：“淈，治也。”郭璞注云：“《書序》作汩，音同耳。”朱駿聲《説文通訓定聲》“汩”下云“叚借爲淈”，“淈”下云“叚借爲汩”。《爾雅義疏》以爲“淈、汩、滑三字俱音義同”。可知“汩”與“淈”音同字通，當是同源字。《説文》：“淈，濁也。从水，屈聲。一曰：滒泥；一曰：水出皃。”由於文字學中存在“形聲字聲中有義”的現象，[①]而“屈”字“从尾，出聲”，所以“泏”字也當和“汩”、“淈”字同出一源，屬於同源字。《説文》：“泏，水皃。从水，出聲，讀若窋。”段玉裁注云：“《廣韻》曰：‘水出皃。’《文子》曰：‘原流泏泏，沖而不盈。’”同時，《説文》：“曰，詞也。从口、乙聲，亦象口氣出也。”“曰”從古文字字形看爲指事字，段玉裁注以“聲”爲衍字，實屬可信。其中“曰”字的“口氣出”與“淈”、“泏”訓爲“水出皃”都含有“出”之義，如是則可推知“汩”、“淈”、“泏”三字當是共同受義於“出”。《老子》第五章：“虛而不屈，動而俞（愈）出。”“屈”與“出”對文，亦可爲證。又，以上我們據字形推測楚簡中此字與“水半見”之義有關，而“淈”、“泏”二字訓“水出皃”（水流出的樣子，也即水將出未出）恰好與“水半見”（即水若隱若現）之義可以相涵，則釋楚簡中此字爲“汩”從字義上講就可以理解了。

“水”之字形本象水流之形。“”字據水流之形而減省，字義與水流之義相關自然很好理解。上面所討論的諸字皆與水流有關，根據訓詁學“因聲求義”的方法，可以認爲諸字皆當是受義於“出”，減省後的字形“”表“水出”之義。當然，“”字最根本的意義還是來源於“水流”，因而與上述諸字同含“水流”之義實不足爲奇，如《説文》中的“巜”即訓爲“水流也”。換句話説，因爲可以表示“水流”之義的字形已經爲“水”字所專用，所以其他含有“水流”之義的字只能另外尋找表現之法，楚簡文字這種減省“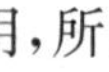（水）”字形體而成“（汩、巜）”形即爲表現法之一。而从水（或川）、曰聲之“汩（巜）”字，作爲後起形聲字，這又是另外一種表現方法。諸字之義在根本上皆與“水流”有關，“水出”義

① 楊樹達：《形聲字聲中有義略證》，氏著：《積微居小學金石論叢（增訂本）》，中華書局，1983 年，第 38～52 頁。

當是在"水流"義基礎上進一步衍生分化出來的含義。

在以上所舉的諸字例中,作爲"減體象形"之基礎的字如"木"、"子"、"巛(川)"、"鹿"、"目"、"馬"、"水"等無一例外都是極其常見的象形字,這充分表明古人造字之初是以易於辨認爲基本原則的。若是古人造字之時在一個不常見甚至極其罕見的象形字基礎上再加以減省筆畫,則減省之前的字尚不易識,更遑論減省之後的字了。

楚簡文字中這兩個"減體象形"字"(騾)"與"(汩、㲼)",因爲没有形成獨立的字形(如"木"字減省一半後所形成的"片"字那樣),這也許決定了它們只能作爲獨體字使用,而不會成爲其他文字的一部分。因爲要成爲其他文字的一部分,或是充當聲符,或是充當形符,而那樣構形的合體字要選擇聲符,大可用此字減省形體後之字所讀之音來代替,如要表"騾"音選用"累"即可,要表"汩、㲼"音選用"曰"即可;要選擇形符,大可用此字未減省的形體來代替,如要表"騾"形選用"馬"即可,要表"汩、㲼"形選用"水"即可;而不會繞圈子以"騾"與"汩、㲼"減省後的字形""與""來表"累"與"曰"之音、表"馬"與"水"之形。

對於以上所使用的"減體象形"這一概念,還應當補充説明一點:由於原字形在減省形體之後,字形其實遭到破壞,已不具備象形字的特徵,而更多地是要表示一種意義。因此,這種造字方式用"變體表意"這一概念來界定似乎更爲合理些。①

附記:初稿曾呈陳劍、董珊、季旭昇、宋華强等先生請教;裘錫圭先生詳細審閲批改了初稿,提出了不少具體修改意見,其中的"朁"字例即承蒙裘先生惠示;謹此致謝。

本文對楚簡"汩"字形的分析思路,最初即來源於何琳儀老師的文章,故謹以此文紀念何老師誕辰七十周年。

原載《漢語言文字研究》第1輯,上海古籍出版社,2015年2月。

① 裘錫圭:《文字學概要》,第139～142頁。

《赤鵠之集湯之屋》的“赤鵠”或當是“赤鳩”

2012 年第 8 期《文物》刊發了李學勤先生《新整理清華簡六種概述》一文，[①]介紹了正在進行整理的清華大學藏戰國竹簡第三批的情況。此文指出，在這批竹簡中，“有一種記湯與伊尹之事的佚書《赤鵠之集湯之屋》”。同期《文物》的封三同時公布了該篇中兩支竹簡的照片，其中有一支是第 15 簡的簡背，寫有標題“赤鵠之集湯之屋”。[②] 李先生在文章中指出，“‘鵠’字从‘咎’聲，在見母幽部，讀爲覺部的‘鵠’，韻部對轉”。同時指出，“《楚辭・天問》云：‘緣鵠飾玉，后帝是饗。’王逸注：‘后帝謂殷湯也，言伊尹始仕，因緣烹鵠鳥之羹，脩玉鼎，以事於湯，湯賢之，遂以爲相也。’這種説法與《赤鵠之集湯之屋》有密切的關係”。在文後的注釋中，李先生指出，《楚辭・天問》中的説法與《赤鵠之集湯之屋》有密切的關係這一點是劉國忠教授發現的。此篇簡文正式公布時，也采用了這種説法。[③]

也許就是因爲發現了《楚辭・天問》中的這種説法，所以清華簡的原整理者才采用了將“鵅”讀爲“鵠”的意見。然而，我們通過考察發現，將从“鳥”、“咎”聲的“鵅”讀爲从“鳥”、“九”聲的“鳩”也許是更好的選擇。

首先，從古音上説，“咎”與“九”皆屬見母幽部，較之於見母覺部的“告”更爲接近。而且，古代典籍中“咎”聲之字與“九”聲之字相通之例多見。如《説

① 李學勤：《新整理清華簡六種概述》，《文物》2012 年第 8 期，第 66～71 頁。
② 案：據簡文字形，“鳥”寫在左邊，故我們隸定爲“鵅”，與李先生文章中的字形稍異。
③ 李學勤主編：《清華大學藏戰國竹簡(叁)》下册，中西書局，2012 年，第 167、168 頁。

文》:“氿,水厓枯土也。从水、九聲。《爾雅》曰:‘水醮曰氿。’”今《爾雅・釋水》作“水醮曰厬”。《詩・小雅・大東》:“有冽氿泉”。《經典釋文》:“氿,字又作晷。”《楚辭・七諫・沈江》“原咎雜而累重”,聞一多《楚辭校補》云:“咎雜,猶鳩雜也。”雖然“咎”聲之字與“告”聲之字古音接近也可以通假,且典籍亦見通假之例,但相對來説,將“咎”聲之字讀爲“鳩”在古音上更爲接近。

同時,“鳩”這種鳥古書多有提到。如《尚書》佚篇有《汝鳩》篇,“鳩”爲人名。《書序》云:“伊尹去亳適夏,既醜有夏,復歸于亳,入自北門,乃遇汝鳩、汝方,作《汝鳩》、《汝方》。”既然在商湯之時即有人以“鳩”爲名,可以想見此種鳥在當時應是熟爲人知的。又如《詩・小雅・小宛》:“宛彼鳴鳩,翰飛戾天。”也提到“鳩”這種鳥。

其次,至於因《楚辭・天問》中有“緣鵠飾玉”而將“䧿”讀爲“鵠”,似乎信而有徵,非如此釋讀不可,其實也未必。在古代典籍文獻中,同樣存在商湯與“鳩”有關的記載。《三國志・吴書卷一》裴松之注引張紘《爲孫會稽責袁術僭號書》一文,其中有段話云:

> 殷湯有白鳩之祥,周武有赤烏之瑞,漢高有星聚之符,世祖有神光之徵。

其中“殷湯有白鳩之祥”一句,雖然不知典出何處,但顯然是説商湯與“鳩”存在某種聯繫,應當可以説明至少三國時期仍然可以見到商湯與“鳩”有關的記載。

“殷湯有白鳩之祥”後一句“周武有赤烏之瑞”的典故見於文獻記載。《春秋繁露》卷十三《同類相動》引《尚書傳》(即《尚書大傳》)言:“周將興之時,有大赤烏銜穀之種,而集王屋之上者,武王喜,諸大夫皆喜。周公曰:‘茂哉!茂哉!天之見此以勸之也。’”按:《尚書大傳》“赤烏”本又作“赤烏”。今本《竹書紀年》:“(帝辛三十二年)有赤烏集于周社。”《墨子・非攻下》:“赤烏銜珪,降周之岐社,曰:‘天命周文王伐殷有國。’”諸記載皆是言及“周武有赤烏之瑞”的典故。其中,《尚書大傳》“有大赤烏銜穀之種,而集王屋之上者”的記載與清華簡

《赤鵠之集湯之屋》"曰故有赤鵠集于湯之屋"幾乎如出一轍,作爲先秦時期的傳説,若認爲兩者之間没有任何傳承演變關係似乎是不可能的。

因此,我們以爲清華簡《赤鵠之集湯之屋》這篇簡文記載的内容就應當與"殷湯有白鳩之祥"典故存在某種關係。其中"赤鵠"應當讀爲"赤鳩",説已見上。至於原來所記載的"赤鳩"爲何後來演變成了"白鳩",我們推測這應當是與中國古代的"五行相勝"學説有關。如《吕氏春秋·有始覽》云:"及湯之時,天先見金,刃生於水,湯曰'金氣勝',金氣勝,故其色尚白,其事則金;及文王之時,天先見火,赤烏銜丹書集于周社,文王曰'火氣勝',火氣勝,故其色尚赤,其事則火。"《史記·封禪書》:"周得火德,有赤烏之符。"《論衡·指瑞篇》:"白者,殷之色也;烏者,孝鳥;赤者,周之應氣也。先得白魚,後得赤烏,殷之統絶,色移在周矣。據魚、烏之見以占武王,則知周之必得天下也。"從戰國後期到東漢時期的這些記載都提到商得金德,其色尚白,而周得火德,其色尚赤。因此,到三國時期再提到"殷湯"與"鳩"有關的典故,此"鳩"據"五行相勝"學説非"白"色不可。而在清華簡此篇成書的時代,當是尚不存在較爲系統化的"五行相勝"學説,故此"鳩"可以是"赤"色。先秦時期的各種傳説往往層累相因,有商湯之"赤鳩",亦不妨礙有周武王之"赤烏"。

甚至《楚辭·天問》"緣鵠飾玉"的"鵠"字,也很可能本當是"鳩"字,因音近而通用。前人有"句中韻"的説法,即出於韻律方面的考慮,使一句話中的某個字與位於句尾之字協韻。"緣鵠飾玉"句尾之字"玉"古音在屋部,屬入聲韻。古人若是出於和"玉"字協韻的需要,將本來屬於陰聲韻的"鳩"(幽部)字替换成與之音近可通假的入聲韻字"鵠"(覺部),也是很有可能的。因此,僅據《楚辭·天問》的"鵠"字並不能得出清華簡中的"鵠"字必然讀爲"鵠"的結論。

最後,清華簡《赤鵠之集湯之屋》作爲一篇具有小説性質的簡文,其中的"鵠"字釋讀爲"鳩",很可能還具有推動情節發展的作用。我們知道,"鳩"作爲鳩鴿科的鳥,通常是指斑鳩,體形很小,比麻雀大不了多少。在簡文中,商湯射獲的"赤鳩"做成羹之後,先後被湯后妻紝巟和小臣嘗了一番,很可能由於鳩本來就小,做成的羹很少,被兩人嘗過之後基本就没有了,所以才發生了小臣懼而逃於夏之舉。而若讀爲"鵠",則"鵠"作爲鶴科的鳥,通常是指天鵝,體形比家鵝還要大些,被兩人嘗過之後應該還會有剩餘,這樣也許就不會發生後來的事情了。因此,從這個角度來講,將簡文"鵅"讀爲"鳩"也較爲妥當些。

附記: 初稿承蒙《出土文獻》審稿專家提出具體修改意見,謹致謝忱。

原載清華大學出土文獻研究與保護中心編、李學勤主編《出土文獻》第 6 輯,中西書局,2015 年 4 月。

讀上博楚竹書雜志

上海博物館藏戰國楚竹書中所收録的文獻，原整理者已經進行了較好的整理，然其中某些字詞文句仍有進一步討論的必要。我們在閱讀上海博物館藏戰國楚竹書的過程中，對其中某些字詞文句有一些淺見，現提出以供研究者參考。

一

《孔子詩論》簡8："《少（小）㝊（旻）》多㒇（擬），㒇（擬）言不中志者也。"

劉信芳師指出此句中的"多擬"就是多打比方，"擬言"的"言"是議論、謀劃的意思，"擬言不中志者也"就是比喻謀事拿不定主意的人。關於"多擬"，劉老師引《詩・小雅・小旻》的有關句例爲證："如匪行邁，謀是用不得于道"、"如彼築室于道，謀是用不潰于成"、"如彼泉流，無淪胥以敗"、"如臨深淵，如履薄冰"。[①] 其説當可信。

按：不過，將後半句"擬"與"言不中志者"看作動賓結構的句式並作如上理解固然可通，然似乎不如將"擬言"看作動賓結構的名詞詞組作主語更爲通順些。"擬言"當指揣度、謀劃之言，"擬言不中志"當謂揣度、謀劃之言不合心意。《説文》："擬，度也。"段注："今所謂揣度也。"《周易・繫辭上》："擬之而後言，議之而後動，擬議以成其變化。"疏："擬度之而後言也。"其中的"擬議"或可相當於簡文的"擬言"。《小旻》詩句有："謀之其臧，則具是違；謀之不臧，則具

① 劉信芳：《孔子詩論述學》，安徽大學出版社，2003年，第42～43頁。

是依”、“謀夫孔多，是用不集。發言盈庭，誰敢執其咎”、“謀是用不得于道”、“哀哉爲猶，匪先民是程，匪大猶是經；維邇言是聽，維邇言是争”、“謀是用不潰于成”等，似皆謂擬議謀劃之言不得用、所謀終不得成之義。

二

《性情論》篇簡文滿簡書寫，每簡從三十一二字到四十多字不等。其中第三十一、三十二簡之間，據郭店簡《性自命出》篇可知有脱文 30 字。

陳霖慶先生以爲：“《性情論》無此段文字，不知是書手漏抄，或爲不同版本所造成，無可考。”[①]

按：其實，比較前後簡文滿寫簡字數，第三十一簡當容 36 字，第三十二簡當容 35 字，則所脱的 30 字不足一簡的字數，故可推知此處訛誤當是書手抄寫時看錯行，即誤從前一處“求亓心”跳到後一處“求亓心”，從而導致漏抄 30 字，而非脱去一支整簡。

這種脱文現象在出土簡帛文獻中可以找到類似的例子。如定州漢簡《論語》簡 82—84：“子曰：由也……之國，可使治其賦也，不智（知）其仁也。求也，[千室之邑]，……乘之家，可使爲之宰也，不智（知）其仁也。赤也[何如]？……”[②]與今本《論語》對照，可知此段簡文“求也”之前脱“求也何如？子曰”六字。考其之所以産生脱文，亦當是抄手因前後兩處“求也”相涉而誤脱。

這種脱文現象在傳世典籍中更是經常出現。如《淮南子·人間》：“魯君聞陽虎失，大怒，問所出之門，使有司拘之。以爲傷者受大賞，而不傷者被重罪。”《太平御覽》引此，自“以爲傷者”下作：“以爲傷者，戰鬬者也；不傷者爲縱之者。傷者受厚賞，不傷者受重罪。”王念孫指出：“此因兩‘傷者’相亂，故寫者誤脱之耳。”[③]脱文的情況與簡文類似，都是書手抄寫時誤從上一個詞語跳到下一個詞

① 季旭昇主編，陳霖慶、鄭玉珊、鄒濬智合撰：《〈上海博物館藏戰國楚竹書（一）〉讀本》，北京大學出版社，2009 年，第 215 頁。

② 河北省文物研究所定州漢墓竹簡整理小組：《定州漢墓竹簡·論語》，文物出版社，1997 年，第 22 頁。

③ （清）王念孫：《讀書雜志》，江蘇古籍出版社，2000 年，第 924 頁。

語,導致中間的文字漏抄。錢玄先生曾對典籍中因類似情況導致的脱文現象加以歸納並舉出不少例證,[①]可以參看。

三

《性情論》簡 19:“戚肰(然)㠯(以)冬(終)。”

原簡中“戚”字不清,原整理者以爲“戚”之異體,訓爲“憂”。[②]

按:“戚然”或可讀爲“寂然”。寂,《説文》“無人聲”;《周易・繫辭上》:“《易》无思也,无爲也,寂然不動,感而遂通天下之故。”寂然,即安静無聲之貌,在簡文中用來形容傷心欲絶的大哭結束之後若有所失、默然不語之狀,似亦可通。而且,這段簡文是説“哭之動心也”的狀態。從實際情況來説,任何一次痛哭都有終止之時,且終止時因尚未從悲傷中完全恢復過來,哭者常常是默然不語的。故用“寂然”一詞來描述哭者“終(終止)”這一階段的狀態還是很合適的。

四

《性情論》簡 37—38:“人之[攷(巧)]言利㑹(詞、辭)者,不又(有)夫詘詘之心則澅(流)。”

劉昕嵐先生以爲:詘,言語拙鈍貌。《廣韻・物韻》:“詘,辭塞。”《史記・李斯列傳》:“輕財重士人,辯於心而詘於口。”故簡文此處“詘詘”應爲樸拙無巧之義。[③] 陳偉先生以爲:巧言利辭,擅長言辭。詘詘,讀作“款款”。款,《説文》作“歀”。朱駿聲《説文通訓定聲》云:“此字古音讀如窟,从欠祟聲。”與“詘”音近可通。款,《廣雅・釋詁一》:“誠也。”古書往往疊用。《楚辭・卜居》云:“吾寧悃悃款款樸以忠乎”,王逸章句於“悃悃款款”説:“志純一也。”又於全句説:“竭誠信也。”《文選》司馬遷《報任少卿書》云“誠欲效其款款之愚”,李善注:“款款,忠實之貌。”流,虚浮不實。這句話大致是説善於言辭者,如果没有忠實之

---

① 錢玄:《校勘學》,江蘇古籍出版社,1988 年,第 34～37 頁。

② 馬承源主編:《上海博物館藏戰國楚竹書(一)》,上海古籍出版社,2001 年,第 248 頁。

③ 劉昕嵐:《郭店楚簡〈性自命出〉篇箋釋》,武漢大學中國文化研究院編:《郭店楚簡國際學術研討會論文集》,湖北人民出版社,2000 年,第 346 頁。

心,就會浮而不實。①

按:將“詘”訓爲“言語拙鈍貌”顯然與簡文“巧言利辭”矛盾,即便解釋爲“樸拙無巧之義”,於簡文中似亦難自圓其説。因有所謂“言爲心聲”,一個人既然具有“巧言利辭”,即可表明其“巧”,故將“詘”往“樸拙無巧”方面考慮恐怕是難以講通的。將“詘詘”讀作“款款”於義可通,然通假之字例未免孤懸,且將“款(欵)”字看作是从“出”聲恐不可信,現在古文字學界大多認爲《説文》中的“祟”字乃从“柰”字譌變而來。② 由此,我們懷疑“詘詘”或可讀作“兀兀”。《説文》“黜”字段注云:“杌、鼿、䚻、仡皆‘兀’聲,以《説文》‘檮杌’作‘檮柮’例之,則出聲、兀聲同。”《莊子·田子方》“向者先生形體掘若槁木”,“掘”通“兀”。《洪武正韻·質韻》:“兀,兀兀,不動貌,亦作掘。”③兀兀,又爲勤奮刻苦、孜孜不倦的樣子。此義似當是由“不動貌”引申而來,埋頭苦幹、勤勉用功於某事即與“不動”之義相涵相因。韓愈《進學解》:“焚膏油以繼晷,恒兀兀以窮年。”其中“兀兀”即爲此義。如此,則簡文當是説善於言辭者,如果没有勤奮努力、踏實苦幹之心,就會浮而不實。

五

上博二《民之父母》簡 9:“亓(其)才(在)訁吾(語)也,敗矣!厷(宏)矣!大矣!”

所謂的“敗”字,原簡字形作“”。原整理者讀爲“快”,又疑是“散”之誤寫。④

按:原整埋者認爲“敗”是“散”之誤寫是有可能的。楚簡中的“散”字作

① 陳偉:《郭店簡書〈性自命出〉校釋》,謝維揚、朱淵清主編:《新出土文獻與古代文明研究》,上海大學出版社,2004 年,第 201 頁。

② 林澐:《讀包山楚簡札記七則》,《林澐學術文集》,中國大百科全書出版社,1998 年,第 21 頁;陳劍:《甲骨文舊釋“智”和“盤”的兩個字及金文“䵼”字新釋》,見氏著:《甲骨金文考釋論集》,綫裝書局,2007 年,第 223 頁;張富海:《漢人所謂古文之研究》,綫裝書局,2007 年,第 63、65 頁;郭永秉:《説“蒜”、“祘”》,《出土文獻與古文字研究》第 3 輯,復旦大學出版社,2010 年,第 345～351 頁;郭文又收入氏著:《古文字與古文獻論集》,上海古籍出版社,2011 年,第 278～286 頁。

③ 張儒、劉毓慶:《漢字通用聲素研究》,山西古籍出版社,2002 年,第 916 頁。

④ 馬承源主編:《上海博物館藏戰國楚竹書(二)》,上海古籍出版社,2002 年,第 168 頁。

“”(郭店《老子》甲 15)、“”(郭店《唐虞之道》17)、“”(上博二《容成氏》14)等形,與左部減省成一個“貝”的“敗”字如“”(包山文書 128)、“”(上博七《凡物流形》甲 19)形寫法較爲近似。不過,楚簡中的“敗”字左部絶大多數寫作兩個“貝”形,如本篇簡 2 即有“敗”字寫作“”形。又與此句簡文對應的傳世典籍分别作“言則大矣! 美矣! 盛矣”和“言則美矣! 大矣”,皆有“則”字。簡文中“亓(其)才(在)詨(語)也”可對應傳世典籍的“言”字,而簡本却不見“則”字。在楚簡文字中,“則”字或寫作“”(上博一《緇衣》17)、“”(上博二《子羔》2)等形。因此,我們很懷疑此處簡文所據的底本原本當作“亓(其)才(在)詨(語)也,則敚(媺-美)矣! 厷(宏)矣! 大矣”,抄手在抄寫時誤將“則敚”二字的“則”字左部“”與“敚(媺-美)”字右部“(攵)”混合寫在一起,從而形成了誤字“〈則敚〉”。也就是説,此句簡文原本或當是作:“亓(其)才(在)詨(語)也,則敚(美)矣! 厷(宏)矣! 大矣!”

由《民之父母》全篇簡文抄寫狀況分析,可知抄手在抄寫過程中頗爲草率馬虎。如簡 7“志”字當是涉上文誤寫成“旻(得)”字、簡 11“備(服)”字當是涉上文誤寫成“體(體)”字等;且抄完之後又没有認真校勘,如簡 13“亡(無)備(服)喪(喪)”,據文例顯然脱一“之”字,稍微注意即可發現,而抄寫者没有補足。因此,我們認爲此處簡文是抄手誤書所致,應該還是很有可能的。

六

《從政》簡乙 4:“歆思(敏)而共(恭)孫(遜),季(教)之縺(繻-勸)也。恩(温)良而忠敬,息(仁)之宗也。”

首“歆”字,原簡字形作“”,右部模糊不清且稍有殘缺。原整理者存疑未釋。① 陳偉先生以爲此字從現存筆畫看,右旁上作“欠”,下作“臼”;其左旁所从與“言”類似,亦見於郭店簡《性自命出》62 號簡,應是“遣(無‘辶’)”之變體。在本簡中,此字或可釋爲“遣”,讀爲“愆”。“愆悔”是悔過的意思。② 劉信芳師將

① 馬承源主編:《上海博物館藏戰國楚竹書(二)》,第 236 頁。
② 陳偉:《上海博物館藏楚竹書〈從政〉校讀》,簡帛研究網,2003 年 1 月 10 日。

其讀爲“侃敏”。①

按：陳説似可通。不過，從下文對應的“恩(温)良而忠敬”這種並列結構的句式來看，將“恭遜”前面的二字釋讀爲動賓結構的“愆悔”似有可疑。陳劍先生曾將字隸定爲“訡思”讀爲“捷敏”，②其説似要優於讀爲“愆悔”。然從字形以及音理關係上看，“訡”字如何能夠讀爲“捷”恐亦難以解釋。

郭店楚簡《性自命出》62號簡中的字作“”形。如果此處簡文的“”字確實與其同形，則嚴格隸定的話，當隸定爲“訡”。楚系簡帛文字中“欠”、“次”二旁常常混用不分。何琳儀老師曾指出，楚系文字“欠”字或作“次”形，則屬繁化；“次”在偏旁中或省“二”作“欠”形，與“欠”或作“次”形，交相繁省，惟據偏旁組合關係、相關辭例予以區别。③ 現在由大量的楚系簡帛文字來看，可知其説確乎不拔。如果僅就“訡”字形分析成“从言、次聲”的話，則此字當可讀爲“齊”。“齊敏”猶言莊敬而敏捷，典籍多見。如《詩・大雅・生民》“履帝武敏歆”，毛傳：“敏，疾也。從於帝而見于天，將事齊敏也。”孔穎達疏：“‘將事齊敏’者，將，行也，謂行祀天之事齊敬而速疾也。”《文選》張衡《南都賦》：“儇才齊敏，受爵傳觴，獻酬既交，率禮無違。”李善注：“敏，疾也。”《中論・藝紀》：“故恭恪廉讓，藝之情也；中和平直，藝之實也；齊敏不匱，藝之華也；威儀孔時，藝之飾也。”蔡邕《蔡中郎集・處士圈叔則銘》：“民之齊敏，卓時挺生。思心精叡，綜物通靈。”“齊敏”與“恭遜”正可對文。

七

《昔者君老》簡3：“子眚(省)割。”

林素清先生根據形制、字體等情況，認爲《昔者君老》第3簡應編入上博四《内豊》篇；後又進一步認爲，若將《昔者君老》餘下的第1、2、4簡也一起編入《内豊》似亦無不可；全部簡文可以看作是君子對待父母之道與太子對待君王

① 劉信芳：《上博藏竹書〈從政〉補釋(六則)》，《第四届國際中國古文字學研討會論文集》，香港中文大學，2003年10月15～17日，第263～264頁。

② 參見陳劍先生爲“上博楚簡字詞全編”項目所做的釋文。

③ 何琳儀：《戰國古文字典》，中華書局，1998年，第1255頁。

的儀則文字抄在一起，或編聯成篇，都是可以理解的。[①] 日本學者井上亘先生也指出，《内豊》篇與《昔者君老》篇的書寫者應當是同一人，有可能聯綴爲一篇。《昔者君老》篇的内容，可以認爲是説"太子"的孝行，所以與《内豊》篇的内容有關。而且，可能相當於《内豊》篇的篇末部分。但是，他同時指出，這裏説的"有關"并不一定是"同篇"的意思；對於編聯的問題，應當采取小心謹慎的態度。[②] 所説皆可參，對於我們確切理解簡文的含義亦甚有幫助。

其中"子眚割"一句，原整理者將"眚"讀爲"省"，訓爲"察"；將"割"讀爲"蓋"，屬下讀。[③]

按："子眚割"當讀爲"子省謁"。"省謁"，謂省視、探望。"子省謁"即指兒子前去省視、探望父母。《後漢書・袁閎傳》："（袁閎）父賀，爲彭城相。閎往省謁，變名姓，徒行無旅。"簡文後面所謂的"憙（喜）於内，不見於外；憙（喜）於外，不見於内。恩（愠）於外，不見於内。内言不㠯（以）出，外言不㠯（以）内（入）"都是"子省謁"時應當注意的行爲規範。這些規範一言以蔽之，即不讓父母擔心，無論憂喜皆不入父母之心，以免引起父母情緒波動。後人或有主張對父母應當"報喜不報憂"者，其實從傳統中醫學的觀點來説，心情平静爲老人養生之大要。如《黄帝内經・陰陽應象大論篇》即指出："怒傷肝……喜傷心……思傷脾……憂傷肺……恐傷腎。"故"喜"事實亦不宜告知父母，簡文所記或與此有關。

八

上博（四）《逸詩》簡 2："……莫奴（如）同生。"

此簡前面文字缺失。廖名春先生據簡文押韻和用詞的要求以及《管子・地員》篇的記載擬補爲"多新（薪）多新（薪），莫奴（如）蕭荓。多人多人，莫奴

---

① 林素清：《釋"匱"——兼及〈内禮〉新釋與重編》，"中國古文字：理論與實踐國際學術研討會"論文，美國芝加哥大學東亞系，2005 年 5 月 28～30 日；收入《南山論學集——錢存訓先生九五生日紀念》，北京圖書館出版社，2006 年，第 18～23 頁；《上博楚簡四〈内禮〉篇重探》，"出土簡帛文獻與古代學術國際研討會"論文，臺灣政治大學，2005 年 12 月 2～3 日；《上博四〈内禮〉篇重探》，《簡帛》第 1 輯，上海古籍出版社，2006 年，第 153～160 頁。

② ［日］井上亘：《〈内豊〉篇與〈昔者君老〉篇的編聯問題》，簡帛研究網站，2005 年 10 月 16 日。

③ 馬承源主編：《上海博物館藏戰國楚竹書（二）》，第 244 頁。

(如)同生"。[1]

按：其説或可備一解。然"蕭芇"典籍尠見，且似非成辭。從用詞習慣上説，"萑葦"、"松"、"梓"等植物皆見於《詩經》，中間擬補之字恐不會用一個前所未聞之詞的。故我們懷疑，若其説押韻現象可信，則似可將其擬補之文字中的"蕭芇"换作"楚荆"。《詩·商頌·殷武》中有"荆楚"，指楚地而言。青銅器銘文中或作"楚荆"，見於史牆盤(《集成》10175)、鴻叔簋(《集成》3950)等。《説文》："楚，叢木；一名荆也。""楚荆"皆植物之屬，爲典籍文獻之成辭；且《多薪》屬楚簡，研究者或推測本詩具有楚地特徵。如李鋭先生以爲《交交鳴烏》作爲佚詩，考慮其咏"烏"的特色，有可能是南方人作的詩。[2] 秦樺林先生推測楚簡佚詩很可能並非删詩的孑遺，而是《詩經》定本形成之後，由戰國時誦習《詩經》的儒者所擬作；《交交鳴烏》的發現，爲我們填補了從《詩經》到楚辭文體發展的過渡環節——擬《詩》體。[3] 季旭昇先生亦贊同本篇二詩應該是楚人仿《詩經》的作品，不太可能是孔子編《詩》不取的逸篇；同時進一步推測，《交交鳴烏》頌美的對象最有可能是楚莊王。[4] 則詩人在本詩篇中使用含有褒美之義且常見的成辭"楚荆"應當是很有可能的。

九

上博(五)《君子爲禮》簡1："弗能少居也。"

唐洪志先生以爲，"少居"即"稍稍安處"，"弗能少居"即"弗能稍安"。顔回謙稱自己比較笨(不太明白夫子所講道理)，不能稍稍安處(再聽夫子講道理)，實即懇求夫子趁熱打鐵，繼續講下去。[5] 其説可通，然似乎稍嫌迂曲。或説："少"，少頃；"居"，讀若"處"，審度也。《漢書·谷永傳》"臣愚，不能處也"，顔師

---

① 廖名春：《楚簡〈逸詩·多薪〉補釋》，簡帛研究網，2005年2月12日。

② 李鋭：《讀上博四劄記(一)》，簡帛研究網，2005年2月20日。

③ 秦樺林：《楚簡佚詩〈交交鳴鶩〉劄記》，簡帛研究網，2005年2月20日。

④ 季旭昇主編，袁國華協編，陳思婷等合撰：《〈上海博物館藏戰國楚竹書(四)〉讀本》，萬卷樓圖書股份有限公司，2007年，第29、30頁。

⑤ 唐洪志：《上博簡(五)孔子文獻校理》，華南師範大學碩士學位論文(指導教師：白於藍教授)，2007年，第34頁。

古注:“處,謂斷決也。”[①]其説亦可參。然“處”字訓爲“審度、斷決”之意似與“安、止”之意有關係。

按:我們認爲“居”或可解釋爲“存諸心”,亦即經過透徹理解之後而記在、存貯在心裹。《論語・顔淵》“居之無倦”,朱熹《集注》云:“居,謂存諸心。”“弗能少居也”,顔淵意謂自己對老師的話不能有稍稍的理解,因此也就不能記在、存貯在心裹,自然也就無法以之審度、斷決事理,言外之意是請老師把話説得更明白一些。

十

上博(八)《子道餓》簡 2:“於妝(偃)僞。”

僞,李鋭先生疑讀爲“違”;[②]廖名春先生從其説,並訓“違”爲“恨、怨恨”,“於偃違”即“自己引以爲恨”。[③]

按:廖説雖可通,然言游作爲儒者,親炙於孔子,長年累月“修其德行”,在言辭中似不會用“恨”這種字眼。因此,我們以爲“僞”或可讀作“委”,委屈之義。《説文》“逶”或作“蟡”,可證“委”聲字與“爲”聲字可通。言游之意,當是謂司寇失信於己的行爲讓自己覺得很委屈,故選擇離開。

十一

《顔淵問於孔子》簡 12A:“豫絞(約)而收貧。”

讀書會引或説以爲“豫絞”可讀爲“舍繳”,意爲免除賦税;又指出:

> 關於“收貧”一詞,《管子・輕重甲》:“君出四十倍之粟,以振孤寡,收貧病,視獨老。”可資對照。《管子・入國》:“入國四旬,五行九惠之教:一曰老老、二曰慈幼、三曰恤孤、四曰養疾、五曰合獨、六曰問病、七曰通窮、

① 參見復旦大學出土文獻與古文字研究中心《君子爲禮》釋文本注釋。

② 李鋭:《讀上博八札記(一)》,清華大學簡帛研究網,2011 年 7 月 18 日。

③ 廖名春:《上博楚竹書〈魯司寇寄言游於逡楚〉篇考辨》,《中華文史論叢》2011 年第 4 期,第 11～12 頁。

八曰振困、九曰接絶。”簡文老老、慈幼、豫絞、收貧都是惠政。“豫絞”與“收貧”相對。

孟蓬生先生以爲“豫絞而收貧”當讀爲“舉約而收貧”，指振濟族中之貧困者。古代常以“貧約”連言，如《左傳・昭公十年》：“桓子請老于莒。……凡公子公孫之無禄者，私分之邑；國之貧約孤寡者，私與之粟。”蕭旭先生將“豫絞”讀爲“舒繳”，指緩收賦税。《漢書・王莽傳》：“收贍名士，交結將相卿大夫甚衆。”《漢紀》卷二十六“收”作“救”。《廣雅》：“收，振也。”“振”亦“救”也，“救”謂賙恤之。《漢書》下文“以振貧窮，收贍不足者”，亦“收贍”連文。《周禮・地官・大司徒》：“以保息六養萬民：一曰慈幼，二曰養老，三曰振窮，四曰恤貧，五曰寬疾，六曰安富。”“收貧”即“恤貧”。[①] 劉波先生認爲“收”可讀爲“賙”，文獻中“賙”或作“周”，援助周濟之義；簡文“收貧”即“賙貧”或作“周貧”。[②] 王輝先生以爲“豫絞”當讀爲“舍約”，與“收貧”意思相當，均指安撫窮困。[③] 説皆可參。

按：從語法對應角度來看，王輝先生之説當是。然似乎不如將此句簡文讀爲“予約而收貧”更爲通順些。《廣雅》：“予，與也。”即“給予、賜與”之義。然則簡文意謂對於貧約窮困者給予救助振濟。

原載楊振紅、鄔文玲主編《簡帛研究・二〇一五・春夏卷》，廣西師範大學出版社，2015 年 6 月。

---

① 諸説皆參見復旦吉大古文字專業研究生聯合讀書會《上博八〈顔淵問於孔子〉校讀》（復旦大學出土文獻與古文字研究中心網站，2011 年 7 月 17 日）及文後的“學者評論”。

② 劉波：《上博八〈顔淵問於孔子〉劄記二則》，復旦大學出土文獻與古文字研究中心網站，2012 年 4 月 15 日。

③ 王輝：《“豫絞而收貧”小札》，復旦大學出土文獻與古文字研究中心網站，2012 年 4 月 16 日；又參見王輝《上博藏簡詞語釋讀四則》，《中國文字》新 38 期，藝文印書館，2012 年，第 198 頁。

談“腸”論“腹”兼釋甲骨文中用爲“孚”之字

自20世紀初以來,甲骨文的發現並進入學術研究領域以及大量保存了先秦時期古文字原始書寫形態的其他古文字材料的陸續出土,推動了古文字學研究的長足進步。在這些原始的古文字材料中,有些不認識的字需要考釋,也就是把原來不認識的字經過考證辨認出來。可以説,文字考釋始終是古文字研究第一位的工作,甲骨文發現初期也主要是以文字考釋爲研究重點的。如今,伴隨着甲骨文字考釋進入瓶頸階段,以及郭店簡、上博簡、清華簡等幾批大宗古書類戰國竹簡的公布,許多古文字研究者轉入戰國文字研究領域,甲骨文字的考釋工作一度顯得落寞。然而,隨着研究的深入,學者們逐漸發現,辭例較爲明確的甚至可以與傳世典籍相互對讀的戰國古書類竹簡文字保存了一些較爲特殊的異體以及一些較爲古老的寫法,其正確釋讀反過來可以爲辭例相對不確定的西周金文甚至殷商甲骨文的考釋提供關鍵性綫索,從而促進早期古文字的考釋工作。下面我們將要討論的這幾個字就屬於此種情況。

一、釋清華簡(伍)《湯在啻門》篇中的“匒”字

新公布的《清華大學藏戰國竹簡(伍)》中有《湯在啻門》篇,内容記載商湯與小臣(即伊尹)之間的問答。其中第6、7、8簡伊尹講述胎兒在母體中十月發育的過程説:

一月始【6】匒,二月乃裹,三月乃刑(形),四月乃胡(固),五月或收

（褎），六月生肉，七月乃膢（肌），八月乃正，【7】九月𩍿（顯）章，十月乃成，民乃時生。……【8】[①]

清華簡原整理者在本篇簡文注釋後的附録部分已經指出，傳世典籍如《管子·水地》、《文子·九守》、《淮南子·精神訓》等篇章中也有與這段内容類似的記載。其中的"㔶"字，原整理者注釋説：

> 㔶，從勹，昜聲，疑讀爲"揚"，似指玉種播揚。[②]

與原整理者所引的傳世典籍的相關記載對讀，可以發現古人在講述胎兒十月發育的過程時，常以胎兒在某月長成具體的某種器官或某類身體組織爲説，而較少使用抽象的虚泛的字眼。如傳世典籍文獻中有"一月而膏"的記載，"膏"字之義當如《左傳·成公十年》"居肓之上，膏之下"之"膏"，杜預注云"心下爲膏"，很可能在這裏是代指胎兒的心臟部位。由此反觀原整理者讀爲"揚"的説法，所指似乎有點虚泛，恐非確論。

根據古文字構形的一般規律，如《説文》"复"字"从勹、復聲"，原整理者認爲"㔶"字"从勹、昜聲"應該是可信的。再結合傳世文獻中"一月而膏"的記載，我們認爲"㔶"字應當讀爲"腸"，指人之腹腸、胃腸，引申爲人之内臟、核心、中心一類的意思，即簡文將胎兒的發育過程看作是從最先出現"腸"開始的。

將"腸"視作人之内臟、核心、中心，在古書中是可以找到相關文例的。最顯著者，莫如漢代的"黄腸題湊"、"黄腸玉匣"，《漢書·霍光傳》"黄腸題湊"顔師古注引蘇林曰："以柏木黄心致累棺外，故曰黄腸。木頭皆内向，故曰題湊。"《後漢書·梁商傳》"黄腸玉匣"李賢注引前書音義曰："以栢木黄心爲槨，曰黄腸也。"這裏的"（柏木）黄心"與"黄腸"是同義詞。又如《尚書·盤庚》："今予其敷心腹腎腸，歷告爾百姓于朕志。"《史記·穰侯列傳》："取天下之腸胃，與出兵而懼其不反也，孰利？"《韓非子·解老》："以腸胃爲根本。"《白虎通·情性》：

---

① 李學勤主編：《清華大學藏戰國竹簡（伍）》，中西書局，2015年，第142頁。
② 李學勤主編：《清華大學藏戰國竹簡（伍）》，第144頁。

"六府者,何謂也？謂大腸、小腸、胃、膀胱、三焦、膽也。""大腸,小腸,心肺府也。腸爲心肺主,心爲皮體主,故爲兩府也。"而《難經·藏府配像》:"小腸謂赤腸"、"大腸謂白腸"、"膽者謂青腸"、"胃者謂黄腸"、"膀胱者謂黑腸"。亦即人之"六府(腑)"皆可謂之"腸"。

簡文"一月始腸",就是説胎兒首先是從"腸"開始發育的。將簡文與傳世文獻中的類似記載對比,如"一月而膏",杜預注《左傳》云"心下爲膏",即"膏"可能是代指胎兒的心臟部位,則簡文與傳世文獻都是認爲胎兒的發育是從最内部、最核心的部位開始的,二者所表述的意思比較接近。

至於簡文後面"二月乃裹"的"裹",似可理解爲圍繞"腸"(五臟六腑)而加以包裹,或可看作胎兒的"腹"部開始發育形成。古書中"腹"與"腸"常連言,如上引《尚書·盤庚》的"心腹腎腸";《戰國策·張丑爲質於燕》"刳子腹及子之腸矣";《黄帝内經·氣交變大論篇》"腸鳴腹支滿";《論衡·祀義篇》"由於腹腸";等等。

二、"⿹勹昜(腸)"所从的"勹"爲"腹"之表意初文説

以上我們將"⿹勹昜"字釋讀爲"腸",這同時就産生一個問題:"⿹勹昜(腸)"字爲何从"勹"作呢？這就牽涉到甲骨文中的"⿹勹复"字及其所从的"勹"字符。甲骨文中的"⿹勹复"字形如下:

《合集》5373 《合集》31759 《花東》240 《花東》241[①]

于省吾先生較早對甲骨文中的"⿹勹复"字進行過考釋,並正確指出"形的中部即象人的腹形"。[②] 但于省吾先生大概又囿於自己在《釋勹、鳬、匍》一文中提出的"勹即伏的本字,象人匍匐形"的觀點,認爲"《説文》勹部凡十四字,除去匀、旬二字本應从⿹勹丿(甲骨文以⿹勹丿爲旬),其餘諸字均應从勹",[③]没有進一步詳

① 劉釗、洪颺、張新俊編纂:《新甲骨文編》,福建人民出版社,2009年,第261頁。
② 于省吾:《釋⿹勹复》,氏著:《甲骨文字釋林》,中華書局,1979年,第379頁。
③ 于省吾:《釋勹、鳬、匍》、《釋⿹勹复》,氏著:《甲骨文字釋林》,第375、379頁。

細分析相關之字的構形。其實，學者們很早就注意到，古人習慣於近取諸身造字，“甲骨文中有不少與人身體部位相關的字，往往是在人體的某一部位上加上⊃形的指示符號，以表示該字的初文”，如“厷”、“膝”、“脛”、“頸”等字在甲骨文中的寫法皆是如此。[①] 根據甲骨文中常見的在人體的某個部位加“⊃”（或反向作“⊂”）符號用來指示人體部位名稱、表示該字表意初文的現象，上引《甲骨文合集》5373“㱄”字形所从的“”，在“勹”字形中間加有“⊂”形筆畫，當即指事符號，指示人體腹部所在，則“”字顯然應當是“腹”字的表意初文，而“㱄”字所从的“复”則爲添加的聲符，此字就是後來的“腹”字。與此可以類比的字形，還可以參看甲骨文中的“孕”字作“”（《合集》21070）或“”（《合集》2650正）形，[②]即象女人大腹（懷子）之形，其中人形的腹部所在的位置與“”字形所標示的顯然是一致的。而且人在彎腰折身時，腹部正好位於彎折之處，“（腹）”字指事符號添加在彎折之處與人體之實際情形若合符節。由此來看古人造“（腹）”字時對人體形態的把握，真可謂細緻入微，一筆不苟。而《甲骨文字詁林》第 0870 號“腹”字頭下的按語采用李孝定《甲骨文字集釋》之説，謂甲骨文“腹”字从身、复聲，爲“腹”字之本形，[③]恐未達一間耳，“”與“身”字同形當屬甲骨文中常見的“一形多用”現象，[④]在“㱄”字形中原本就當是“腹”字。上引甲骨文後面的幾個“㱄”字形所从的“勹”字符中間不再添加“⊂”形指事符號，到後來尤其是到隸楷階段便與“勹（伏）”、“勹（旬）”之形混而不分了。

與“”演變成“勹”相類似的減省指事符號的現象，在甲骨文字中還有些。比如“厀（今作膝）”字，《説文》：“厀，脛頭卪也。从卪、桼聲。”“厀”字右部所从的“卪”在甲骨文中的寫法顯然是在人形的膝蓋部添加指事符號指示人之膝部所在，後來爲了與其他字形相區别，也爲了更好地表音，添加“桼”作爲聲符，“卪”、“桼”古音極近（桼，清母質部；卪，精母質部）。而到了小篆字形中，“卪”字本當具有的指事符號就根本看不出來了。“厀”字所从的“卪”的演變規

① 張新俊：《殷墟甲骨文“臀”字補論》，《古文字研究》第 28 輯，中華書局，2010 年，第 49 頁。

② 《新甲骨文編》，第 787 頁。

③ 于省吾主編：《甲骨文字詁林》，中華書局，1996 年，第 865 頁。

④ 裘錫圭：《文字學概要（修訂本）》，商務印書館，2013 年，第 5～6 頁；又《裘錫圭學術文集·甲骨文卷》，復旦大學出版社，2012 年，第 188、341～342、382、386、394～395、469、524 頁等。

律與甲骨文中“𠣾”字所从的“勹”本來有指事符號寫作“”，後來減省指事符號寫作“勹”如出一轍。

也就是説，《説文》勹部下轄的十四個字所从的“勹”，其實應該有三個來源：一、匀、旬二字所从的“勹”來源於ㄅ(旬)；二、匍、匐等字所从的“勹”來源於“勹(伏)”；三、“勼(抱)”、“匈(胷、胸)”、“匔”、“復(𠣾)”等字所从的“勹”來源於“勹(腹)”。而作爲《説文》部首的“勹”，《説文》：“勹，裹也。象人曲形，有所包裹。”其“裹也”之訓釋本當是來源於“勹(腹)”。當然，上古音“勹(伏)”屬並紐職部，“勹(腹)”屬幫紐覺部，聲母同屬重唇音，韻部旁轉，古音極爲接近，所以古人將兩種來源不同的字符都用“勹”字形來表示也是很好理解的。

具體説到清華簡《湯在啻門》篇的“㫚(腸)”字所从的“勹”字符，顯然應當是來源於“勹(腹)”，是指人之腹部而言。如此，簡文字形以“勹(腹)”作爲“㫚(腸)”字的義符，即指人之“腹”包裹人之“腸”，真是再合適不過了。楊樹達先生在《積微居甲文説・釋㚇》篇裏，將甲骨文中的“㚇”釋爲“瞽”之初文，並發揮其説云：“余以甲文之形聲字與篆文相較，同一字也，形旁或聲旁甲文往往與篆文不同。聲旁姑不必論，其形旁則甲文必較篆文形旁之義爲剴切。……甲文有鬻字，羅振玉釋爲鑊，是也……甲文字作鬻，从鬲，鬲爲釜鬲，示烹煮之器也。篆文變爲从金，則泛而不切矣。”[①]雖然楊樹達先生所指出的其義“剴切”的形旁爲“泛而不切”的形旁所代替的規律主要是針對甲骨文而言，但清華簡所見的“㫚(腸)”字的形旁由“勹(腹)”變成“月(肉)”，“㫚”字後來寫作“腸”，也完全符合這個規律。

附帶提及，仔細觀察清華簡《湯在啻門》篇“㫚(腸)”字的原簡字形“”，可以發現在“昜”與“勹”之間有一些淡微的墨痕。我們很懷疑“㫚(腸)”字在原簡上原本是寫作“”形的，即其所从的“勹”當是寫作“”形，這樣其寫法就與甲骨文中“𠣾”字所从的“”的寫法完全一致了，簡文“昜”與“勹”之間的墨痕或是指事符號“”的殘留。

---

① 楊樹達：《釋㚇》，氏著：《積微居甲文説》，上海古籍出版社，2006年，第14頁。

三、釋甲骨文中用爲“孚”之字

我們在上一節中指出,“徝(复)”、“㔗(腸)”等字所从的“勹”當是“腹”字的表意初文。在此基礎上,我們來看甲骨文中如下之字:

A(《新甲骨文編》放在“飤”字頭下):《合集》17953 《合集》9100

B(《新甲骨文編》隸定作“鉚”並單獨列爲一個字):《花東》210

C(《新甲骨文編》隸定作“卬”且在後面指出“卜辭用爲‘孚’”):《合集》32042 《合集》32043 《合集》31758 《合集》37405[①]

甲骨文中的“A”字上部所从之形,與上引殷墟花園莊東地甲骨“复”字所从的“勹(腹)”形完全一致,故我們認爲“A”當釋成从“食”、“勹(腹)”聲的“飽”字。《説文》:“飽,猒也。从食、包聲。”傳抄古文中“飽”字還有異體作从食、孚聲的“餢”。上古音“飽”屬幫紐幽部,“腹”屬幫紐覺部,“孚”屬並紐幽部,聲母同屬重唇,韻部陰入對轉,音近可通。

殷墟花園莊東地甲骨 210 中所見之“B”字形,或以爲與甲骨文中的“即”是同一個字。[②] 然甲骨文中明確的“即”字皆从“皀(毀、簋)”作,未見一例有从“食”作者。[③] 因此,《新甲骨文編》將此字作爲一個獨立的字單獨列出應當是可取的。[④] 再者,從字形的表義角度來説,甲骨文“食”字象食物在器其上有蓋之形;甲骨文“即”字象人就食(去吃食物)之形。若將此字釋作“即”,則人就食(去吃食物)而器上蓋有蓋子亦不好解釋。因此,這個字恐不當釋成“即”字。【編按:或説“食”字上部爲倒口,去吃簋中之食,則“口”形與右部人形分離,同樣也不大好解釋。】

我們認爲“B”字亦當釋爲“飽”字。此字左从食,右从跪跽大腹之人形,跪

---

① 《新甲骨文編》,第 317、511 頁。

② 李宗焜編著:《甲骨文字編》,中華書局,2012 年,第 1079 頁。

③ 《新甲骨文編》,第 311～312 頁;《甲骨文字編》,第 1077～1079 頁。

④ 《新甲骨文編》,第 511 頁。

跽人形的腹部明顯向外凸出，應當是用來表示人吃飽了腹部被撐脹變大之意(此字符或當同時可以用作聲符“腹”)。人已經吃過食物且已饜飽，故左部所从的“食”在器上蓋有蓋子也就容易理解了。

也就是説，上述兩個字都應當釋爲“飽”字。二者的差别在於：一個字的聲符“勹(腹)”用側面站立的人形來表示，側面站立的人形本當有指事符號指示人之腹部所在，在此類字形中省略不顯；而另一個字却是用跪跽的人形飽脹的腹部來表示聲符“勹(腹)”，或者也可以將腹部的筆畫看成是指事符號，用於指示人之腹部所在。

若對以上兩個字形的説法有點道理的話，我們再來看甲骨文中的“C”字形，即一般隸定成“卯”可以用爲“孚”之字。古文字學界對此字的認識經歷了一段較爲曲折的過程。此字較多出現在甲骨文中(金文、戰國簡亦有少數幾例)，尤以殷墟甲骨的黄組卜辭爲多，辭例多是“玆卯”，舊多釋爲“御”。裘錫圭先生曾撰有專文討論此字，將之釋爲“厄(音 wǒ)”，讀爲“果”。① 上博簡《緇衣》篇公布後，其第一簡對應傳世本和郭店本“儀刑文王，萬邦作孚”的“孚”字寫作“”形，與此字形近似。受此啓發，裘錫圭先生在考釋保利藝術博物館收藏的䜌公盨銘文時，指出銘文中的“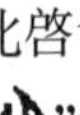”字與“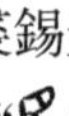”很可能是一個字，此字雖尚不能釋出，但其讀音應與“孚”相同或相近；同時指出，殷墟甲骨卜辭中與此相似的“”字也應讀爲“孚”。②

由於上博簡中出現了明確的辭例，裘先生將此字讀爲“孚”的意見諸家皆贊同，留下的問題就是這個字在形體上如何分析？其本義究竟爲何？李零先生懷疑此字也許是“包”字的誤寫，而以音近讀爲“孚”(“孚”是並母幽部字，“包”是幫母幽部字，讀音相近)。③ 黄錫全先生懷疑此字有可能爲“伏”字變省。④ 何琳儀先生認爲該字實是“巴”字，讀爲“孚”，訓“信”、“應驗”；從形體上

---

① 裘錫圭：《釋“厄”》，王宇信、宋鎮豪主編：《紀念殷墟甲骨文發現一百周年國際學術研討會論文集》，社會科學文獻出版社，2003年，第125～133頁；又見《裘錫圭學術文集·甲骨文卷》，第449～460頁。

② 裘錫圭：《䜌公盨銘文考釋》，保利藝術博物館編《䜌公盨》，綫裝書局，2002年，第48頁；又收入《裘錫圭學術文集·金文及其他古文字卷》，第146～166頁。

③ 李零：《上博楚簡三篇校讀記》，中國人民大學出版社，2007年，第39頁。

④ 黄錫全：《讀上博楚簡札記》，廖名春編：《新出楚簡與儒學思想國際學術研討會論文集》，清華大學思想文化研究所，2002年，第26～32頁；又收入艾蘭、邢文編：《新出簡帛研究——新出簡帛國際學術研討會文集》，文物出版社，2004年，第94～102頁；又收入氏著：《古文字與古貨幣文集》，文物出版社，2009年，第430～438頁。

分析，“巴”似是“把”的初文，是一個會意字。[1] 諸家所説雖然都有一定道理，然字形皆不能密合，且有些未免有迂曲之感。但諸家的考釋意見都指向與“孚”音近的“包”、“伏”等字，解決問題的思路是可取的。

今按：根據以上清華簡(伍)《湯在啻門》篇“匔(腸)”字以“勹(腹)”作爲義符以及甲骨文中可能當釋爲“飽”(或作“餢”)之字當是以“勹(腹)”作爲聲符的現象，再對比“B”與“C”所从之字符在構形上的相似之處，我們認爲甲骨文中用爲“孚”之字亦當是“腹”字的表意初文。從音讀上看，上古音“腹”屬幫紐覺部，“孚”屬並紐幽部，聲母同屬重唇，韻部陰入對轉，二字音近可通。從字形上看，可能當釋爲“飽”之“B”字右部所从與“C”字形的右部幾乎完全一致。而且，上引《甲骨文合集》32042、32043 兩個字形，跪跽人形的腹部明顯向外凸出，或當是書手想極力表現人之腹部而有意爲之。再者，從古文字的構形規律上説，“”字形左部着一短畫作爲指事符號，在古文字中也可以找到類似的現象。例如金文中的“癃”字，原篆作“(毛公鼎)”，《金文形義通解》引孫常敘先生之説，以爲字形中的“”是胸膺的“膺”之本字，“‘’是一個用指示象形的方法寫詞的字。人的胸部是可以目見的，可以確指，而又没有足以區别於其他部位的形象特點的，不能獨立象形。爲了表現它的部位，不得不借助於人體，在胸的前方着一短畫指出它的所在，從而構成了‘’字。這和臂腋的‘’借助‘大’象人形，在兩腋各着一個短畫的寫詞方法是屬於同一類型的”。[2] 甲骨文中“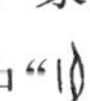”字的構形方式與“(膺)”類似，也是在人體之腹部着一短畫指出腹部所在，從而構成了“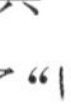(腹)”字形。“(腹)”與“匔”字所从的“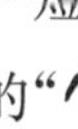(腹)”相比，不同之處除了一個爲跪跽的人形而另一個爲側面站立的人形之外，不過是在借助人體的形象描繪出人之腹部(此表現人體腹部的筆畫“⊂”也可以看作是指事符號)的基礎上，再在腹部的相對位置着一短畫(可以看作又添加了一個指事符號“丨”)更明確地指出腹部所在而已。

---

① 何琳儀、房振三：《釋巴》，《東南文化》2008 年第 1 期，第 58～60 頁。

② 張世超等撰著：《金文形義通解》，[日] 中文出版社，1996 年，第 874～875 頁。

四、結　　語

將以上論述簡單總結如下：清華簡（伍）《湯在啻門》篇的“⿹勹昜”當釋讀爲“腸”；“⿹勹昜（腸）”所从的“勹”爲“腹”之表意初文，甲骨文中的“⿹勹复（腹）”字所从的“勹”尚見有添加指事符號的寫法，可以作爲佐證；在學者們已有研究成果的基礎上，結合甲骨文中幾個相關的字形寫法，我們認爲甲骨文多見的（少數出現在金文、戰國簡文中）用爲“孚”之字“”亦當是“腹”字的表意初文，其字形右部爲一大腹跪跽人形，左部着一短畫作爲指事符號，指示人體腹部所在。這樣，我們以戰國竹簡文字中的“⿹勹昜（腸）”字形爲綫索，通過向上追本溯源，最終解決了甲骨文字中久懸未決的用爲“孚”之字的構形本義問題。

原載李學勤、馮克堅主編《中國文字博物館系列叢書·鼎甲杯甲骨文字有獎辨識大賽論文集》，中州古籍出版社，2015年10月。

清華簡《程寤》篇句讀商兑一則

《程寤》是《逸周書》中的一篇，正文原已亡佚，僅有若干文句因被引用而殘存於傳世文獻之中。《清華大學藏戰國竹簡（壹）》有一篇逸書，共有九支竹簡，保存完好，原無篇題。將傳世文獻引用《逸周書・程寤》篇的一些殘存文句與本篇簡文的内容對照，可知此篇簡文就是久已失傳的《程寤》篇。[①]

《程寤》篇主要内容是記載周文王之妻太姒夢見商庭生棘，太子發（即後來的周武王）取周庭之梓樹於闕間，化爲松柏棫柞，以象徵周受天命將代商。此篇内容當即周人所豔稱的“文王受命”之事，可以肯定是周初甚至是商末就出現的説法，因爲只有在周人即將代商之際或克商不久統治尚未穩固之時才需要利用這些説法來爲自己取代商朝進行輿論造勢。由於年代久遠，戰國竹簡本《程寤》篇文辭甚爲古奥，雖經原整理者很好地研究，仍然存在不少疑難問題。其中，第四簡有一段周文王占夢之後對太子發所説的話如下（釋文徑用通行文字，重文號、合文號保留成“＝”，需要討論的文字不加標點）：

發！汝敬聽吉夢。朋棘戱梓＝松＝柏副棫橐柞＝亹＝膢。

原整理者的釋讀意見是將這句話後半部分讀爲：

朋棘㪥梓松，梓松柏副，棫覆柞柞，化爲膢。

① 李學勤主編：《清華大學藏戰國竹簡（壹）》，中西書局，2010年，第135～141頁。

在注釋中,整理者又指出:

> 朋,《書·皋陶謨》傳:"群也。"戠,讀爲"毃",《説文》:"棄也。"副,《禮記·曲禮上》注:"析也。"櫜,疑讀爲"覆"。
>
> 以上數句疑有訛誤,似應爲"朋棘毃梓,松柏副,棫柞覆,化爲檴",仍係以棘比喻奸佞朋黨,以松柏比喻賢良善人。①

也就是説,整理者認爲這句話中"梓"、"松"、"柞"三個字下面的重文符號是誤加,"櫜"、"柞"二字是誤倒。今案:整理者在注釋中的意見與原簡文出入甚大,恐不可信。

此篇簡文公布後,有不少學者對這句話的句讀釋讀提出了其他的意見。如廣瀨薰雄先生指出:

> "戠"字疑當讀爲"讎"(清華簡《耆夜》6號簡即有用"戠"爲"讎"之例),"朋棘讎梓松"的意思是以棘爲朋,以梓松爲讎。這是用人失當的比喻。"梓松柏副"的意思待考。

其説可參。又如鄔可晶先生以爲:

> 循廣瀨老師的思路,《程寤》"朋棘讎梓₌松₌柏副棫櫜柞₌化爲……"疑可斷讀爲"朋棘,讎梓、松、柏,副棫,櫜柞,柞化爲……""梓松"下的重文號疑爲誤加。"朋棘"、"讎梓、松、柏"、"副棫"、"櫜柞"語法結構相同。

袁瑩女士以爲:

> 《詩經·大雅·皇矣》"柞棫斯拔,松柏斯兑",可見"柞棫"和"松柏"在

---

① 李學勤主編:《清華大學藏戰國竹簡(壹)》,第137頁。

文獻中應是對立的兩個意象。"柞棫"是灌木或小樹,"松柏"則是高大挺拔的大樹;"柞棫"用作取火之材,而松柏則是棟樑之材。《詩經・大雅・綿》"柞棫拔矣,行道兑矣",簡文"如棫柞亡堇(根)",説明"棫柞"應是低劣的樹。

根據以上論述,我們認爲簡文可以釋讀爲:"朋棘壽(讎)梓松,梓松柏副,棫包柞乍(作),化爲雘","棫包柞乍(作)"講的是棫叢生,柞生長,比喻壞人得志,和前面的"梓松柏副"相對。"包"有叢生的意思,如《書・禹貢》:"草木漸包"。"作"有生的意思,如《詩・小雅・采薇》:"薇亦作止"。

另外,正是因爲夢中梓樹化爲的是"松柏棫柞",而不全是"松柏",所以太姒才會"寤驚",王才會心有驚懼而不敢貿然占卜,而是舉行一系列祓除不祥的祭祀之後才敢在明堂占卜。①

其説將"橐"讀爲"包",將"柞棫"、"松柏"按類加以區分,皆可參考。此外,高榮鴻先生還在綜合辨析並吸收諸家之説的基礎上,提出了將此句簡文讀爲"朋棘讎梓松,梓松柏副,棫包,柞柞(靳),化爲雘(㰏)"的意見。②

然細究起來,諸位學者對這句簡文的句讀似乎皆有未安之處。筆者以爲,這句話的重文符號確實有誤,不過却應當是在"柏"字下面脱漏了一個。添補重文符號之後,則這句話應該作如下讀:

朋棘讎梓松柏,梓松柏副棫包柞,柞化爲雘。

之所以這樣調整,有兩方面的理由:

一、如此句讀,可以發現這句話是押韻的。"柏"、"柞"、"雘"三字古音皆屬鐸部。《逸周書》一書有個重要的語言特點是多用韻語。據統計,今傳本《逸

① 以上所引的三家意見,皆參見復旦大學出土文獻與古文字研究中心研究生讀書會《清華簡〈程寤〉簡序調整一則》(復旦大學出土文獻與古文字研究中心網站 http://www.gwz.fudan.edu.cn/SrcShow.asp?Src_ID=1343,2011 年 1 月 5 日)文後的"學者評論"。

② 高榮鴻:《〈清華簡・程寤〉4 號簡釋讀》,《中國文字》新 37 期,藝文印書館,2011 年,第 171～180 頁。

周書》中有33篇有韻語，占全書59篇的56%。在有韻語的33篇中，有些是通篇用韻，有些則是篇中間有韻語。[①] 簡本《程寤》篇這句話如上句讀，則屬篇中間有韻語的情況，顯然最爲符合《逸周書》多用韻語的語言特色。

二、各種樹木所代表的象徵意象以類相從。據太姒夢境來看，“棘”是商廷之惡木；“梓”是太子發取自周廷之善木；如袁瑩女士所説，“松、柏”屬棟樑之材，當是象徵賢良善才；“棫、柞”皆屬灌木之類，當是象徵不堪大用之小人。如上句讀，則是“棘”與“梓、松、柏”分屬於對立的兩類，“棫、柞”又另爲一類，顯然與太姒夢境中出現的各種樹木的象徵意象符合。

按照這種讀法，參照諸位學者已有的釋讀意見，這句簡文的大意可以試爲解析如下：

朋棘讎梓松柏：叢生的群棘（指商之勢力）仇視梓松柏（指周之勢力）；

梓松柏副棫包柞：當是説周方的良材善人占居上風，析劈或包覆不良之勢力；

柞化爲雘：《説文》：“雘，善丹也。从丹、蒦聲。《周書》曰：‘惟其敷丹雘。’讀若隺。”《説文》引文出自《尚書·梓材》，原文作“若作梓材，既勤樸斲，惟其塗丹雘”，亦正是“梓”與“雘”連文。“梓材”爲可堪大用的良美之材，“雘”爲“善丹”，即用於修飾的美善顏料。簡文“柞化爲雘”當是説在良善占居上風的情況下，周方的不良勢力也發生轉化，其中的一部分變成了良好的裝飾材料。

也許正是因爲有了“柞化爲雘”的結果，所以周文王“占于明堂”之後才稱之爲“吉夢”的吧。

原載《出土文獻綜合研究集刊》第2輯，巴蜀書社，2015年10月。

① 周玉秀：《〈逸周書〉的語言特點及其文獻學價值》，中華書局，2005年，第172頁。

新見魯叔四器與魯國早期手工業

朱鳳瀚先生主編的《新出金文與西周歷史》一書,其中收録有朱先生所撰的《魰器與魯國早期歷史》一文,公布了一組分別由海外不同私人收藏家所藏的與西周時期魯國早期歷史有關的銅器及其銘文,並對這組銅器做了很好的研究。[①]

董珊先生撰文對這組銅器銘文進行了補充考釋,同時指出:這組銅器的器主名"魰"當據裘錫圭先生《釋柲》(附《釋"弋"》)一文釋爲"叔";[②]朱先生文中原本認爲這組銅器是三件(叔尊、叔卣、"提梁套盒"),實際上應該是四件,其中所謂的"提梁套盒"應該本是兩件提梁卣,提梁卣的器身可分爲三部分,其腔内原應套有漆木桶爲膽,其用途最可能是爲酒保温。其中一件丟失了器蓋和器口兩部分。器形完整的那件卣,器底與蓋内對銘,可稱爲"叔卣甲";失蓋的那一件則可稱爲"叔卣乙"。因爲這組器物的器主之名爲"叔",此器又屬西周魯國,爲了便於稱引,董先生建議不妨總稱這組銅器爲"魯叔四器"。[③] 董先生之説甚爲有理,當屬可信,以下行文中的稱引即采用其説。

---

① 朱鳳瀚:《魰器與魯國早期歷史》,朱鳳瀚主編:《新出金文與西周歷史》,上海古籍出版社,2011年,第1～20頁。

② 裘錫圭:《釋柲》,氏著:《古文字論集》,中華書局,1992年,第29～31頁。

③ 董珊:《新見魯叔四器銘文考釋》,復旦大學出土文獻與古文字研究中心網站,2011年8月3日。下引陳劍、劉呈緹先生的意見參此文下面的"學者評論"欄。以下所引諸位先生意見皆見此處,不再出注。銘文中"鮮"訓爲"善"、"生"讀爲"性",將"才(在)兹鮮女(汝)生(性)"解釋成"在此嘉美你的性情"是劉剛先生的意見,劉先生引《詩·小雅·北山》"嘉我未老,鮮我方將"鄭玄箋"嘉、鮮,皆善也"爲證,説當可信。

一、魯叔四器銘文補釋

魯叔四器中，叔卣的器、蓋對銘，與叔尊的内底銘文相同；“叔卣甲”器底與蓋内對銘，與“叔卣乙”器底銘文相同。爲便於討論，下面我們首先結合朱、董兩位先生之文以及陳劍、劉呈緹等先生的意見，並参以己意，寫出釋文如下。

叔尊、叔卣的釋文：

> 侯曰：叔，不(丕)顯朕文考魯公，夂(黹)文遺工，不(丕)譬(肆)氒(厥)敏(誨)。余令女(汝)自寡(陽)虩(橋)來敏(誨)魯人爲余寛(宫)，有姝(樹)具(俱)成，亦唯小(少)羞(優)。余既眚(省)，余既處，亡(無)不好，不鱙(忤)於朕敏(誨)。
>
> 侯曰：叔，若！若！自今往，弜(弗)其又(有)達女(汝)於乃丂(巧)。賁(賞)女(汝)貝、馬用。自今往至於啻(億)萬年，女(汝)日其賁(尚)勿竝(替)乃工，日引。
>
> 唯三月，叔易(賜)貝于原。叔對揚辟君休，用乍(作)朕剌(烈)考寶尊彝。

叔卣甲、乙的釋文：

> 侯曰：叔，女(汝)好友朕敏(誨)，才(在)兹鮮女(汝)生(性)。䜌(繼)自今，弜(弗)又(有)不女(汝)井(型)。易(錫)女(汝)貝用。唯六月，叔易(錫)貝於寀(寢)。叔對揚辟君休，用乍(作)朕文考寶尊彝。

下面我們在已有討論意見的基礎上，對銘文中幾處解釋有分歧的字詞談些補充性的看法。

1. “夂(黹)文遺工”：夂，原銘字形作“”，朱先生文隸定作“夂”，引《説文》“夂，從後至也，象人兩脛後有致之者。凡夂之屬皆从夂，讀若黹”爲説，將“夂(黹)”讀爲“致”，訓爲“送到、送達”。文，謂禮法、禮制、法度。“致文”即是講魯公帶來禮法。董先生文以爲此字是“夊”,《玉篇》“夊,今作綏,行遲貌,《詩》:雄狐夊夊。”今本《毛詩·齊風·南山》作“綏”。“夊(綏)”讀爲“垂”,訓爲“留傳”或“流傳”。“垂文”即留傳著述,與“遺功”正相對文。

今按:《説文》分“夂”、“夊”爲二字,然從古文字形來看,實則兩者皆爲倒趾的象形,當爲一字。[①] 在《説文》中兩個字各有讀音,當是分化成二字之後才産生的。朱、董二先生之説於銘文中皆可通,然因“垂文”見於傳世典籍,故董説較優。不過,筆者認爲此字釋“夂”讀爲“黹”而就“黹”字爲訓亦可通。𤔲簋銘文有“至雝先王,用配皇天,簧黹朕心,施于四方”(《集成》4317)一句。其中“簧黹朕心”的“簧黹”,張政烺先生讀爲“横致”,其説以爲:“簧,疑讀爲横。黹,疑讀爲至或致。《禮記·孔子閒居》:‘夫民之父母乎,必達於禮樂之原,以致五至而行三無,以横於天下,四方有敗,必先知之。’下言‘志之所至’等等爲五至。鄭玄注:‘横,充也。’又‘凡言至者,至於民也。志,謂恩意也。言君恩意至於民。……善推其所有以與民共之。人耳不能聞,目不能見,行之在胸心也。’意與此近。”[②]張亞初先生謂“簧”字應爲“黄”之假借字,在文獻中可作“美”和“光”解。又“黄”與“皇”音義並通,“簧”假爲“皇”義也可通。“黹”字在文獻上訓爲“刺繡”,引申之則有“盛美”之義。“簧黹朕心”就是“光美我心,嘉美我心”。[③] 其他如馬承源先生讀爲“廣侈”,[④]郝士宏先生在張政烺先生之説基礎上加以補充而讀爲“横置”,[⑤]對“黹”字的看法恐皆有可商。分析“簧黹朕心”的語法結構,“朕心”作爲名詞,“黹”字顯然是作爲動詞使用的,而且當是一個蘊涵有褒美之義的動詞。朱鳳瀚先生將“黹”讀爲“致”,與張政烺先生的説法一致,其實張亞初先生的意見更值得重視。《説文》:“黹,箴縷所紩衣。”《爾雅·釋言》:“黹,紩也。”郭璞注:“今人呼縫紩衣爲黹。”邢疏:“謂縫刺也。”“黹”謂有紋飾的刺繡,作動詞指縫紩衣物,引申則當有“修美、美飾”之義。“簧黹朕心”的“簧”似當如馬承源先生之説讀爲“廣”,“廣”常訓爲“大”。《説文》:“廣,殿之

① 董蓮池:《説文解字考正》,作家出版社,2005年,第215、219頁。
② 張政烺:《周厲王胡簋釋文》,《古文字研究》第3輯,中華書局,1980年,第107頁。
③ 張亞初:《周厲王所作祭器𤔲簋考》,《古文字研究》第5輯,中華書局,1981年,第153頁。
④ 馬承源:《商周青銅器銘文選》第三卷,文物出版社,1988年,第278頁。
⑤ 郝士宏:《“簧黹朕心”解》,《古文字論集(二)》,《考古與文物》編輯部,2001年,第63~64頁。

大屋也。从广、黄聲。”段注：“引伸之爲凡大之偁。《詩》《六月》、《雝》，《傳》皆曰：‘廣，大也。’”“廣黹朕心”即“大美我心”，也就是“大大地美飾我心”之義。張亞初先生的意見相比之下更爲合理可信。而且，在叔尊、叔卣銘文中“黹”字的施動對象是“文”，㝬簋銘文中“黹”字的施動對象是“心”。我們知道，青銅器銘文中的“文”字常有寫作中間加有“心”形者，[①]可見“文”與“心”在最初的意義上當有很密切的關係，兩者皆可作爲“黹”字的施動對象也就不足爲怪了。馬敘倫先生談到“文”字時説：“文爲黹綉之遺畫”，“此蓋黹綉者之圖語”。[②] 可見“黹”字與“文”字在意義上也存有密切關係。由此，“黹文”連文成詞也就可以理解了。【編按：據學界的相關研究成果，董珊先生將“攵(綏)”讀爲“垂”的意見當屬可信。拙説求之過深，有穿鑿附會之嫌。】

“遺工”的“工”，朱先生文以爲當讀作“功”，即功業。“遺功”即遺留下功業。又下文“勿竝(替)乃工”的“工”，朱先生文雖然没有在後面括注讀爲“功”，但從其文中將之解釋爲“功業”來看還是與“遺工”的“工”同樣理解的。董先生文在兩處“工”字的理解上皆從其説。

今按：由整個銘文的内容來看，全文主要是説器主“叔”因爲“侯”建築宫殿(“爲余宫”、“有樹俱成”)而受到賞賜之事。“叔”的身份是工師、工匠之類，這由下面銘文中所提到的“自今往，弜(弗)其又(有)達女(汝)於乃丂(巧)”也可以約略得知。因此，我們認爲銘文中的這兩個“工”字皆當如字讀且就字爲訓。“遺工”的“工”與“文”對文，似當指魯國封邦建國之時周天子賞賜給“魯公”的工匠以及他們所掌握的手工業技藝。“勿竝(替)乃工”的“工”，指“叔”的工作，也代指“叔”所掌握的靈巧的手工業技藝。

“黹文”與“遺工”當是互文見義，謂魯公使得魯國禮制法度與工匠技藝更趨美善，並留傳於後世。

2.“余令女(汝)自𡨦(陽)虩(橋)來敏(誨)魯人爲余宂(宫)”：

“宂”讀爲“宫”是董先生的意見，其説可信。“𡨦虩”，地名。朱先生文以爲

① 容庚編著，張振林、馬國權摹補：《金文編》，中華書局，1985年，第635頁。

② 馬敘倫：《讀金器刻詞・卷中》，劉慶柱、段志洪、馮時主編：《金文文獻集成》第三十册，綫裝書局，2005年，第408頁。

“寡”或可讀作“陽”或“楊”,“虢”字見於《説文》,曰:“虢,木也。从木,號省聲。”但“寡虢”作爲二字合成的一個地名,其今之地望不詳。董先生文對此地名亦持謹慎態度,正文中説明此地名“待考”,而在注釋 4 中又提出了一個不甚確定的想法:疑“寍(寡)虢”讀爲“唐堯”,即指當時的晋國。

今按:“寡虢”當讀爲“陽橋”。“寡”讀爲“陽”没有問題。“虢”字,《説文》認爲是“从木,號省聲”。又《説文》:“瓙,从玉、號聲,讀若鎬。”則知“號”聲字與“高”聲字可通。“橋”从“喬”得聲,“喬”又从“高”得聲,故“从木,號省聲”的“虢”字讀爲从“高”得聲的“橋”字也應該没有問題。

“陽橋”作爲地名,是魯國的一個邑名,見於《左傳・成公二年》:

> 楚侵及陽橋。孟孫請往,賂之以執斲、執鍼、織紝,皆百人,公衡爲質,以請盟。楚人許平。

杜注云:

> 陽橋,魯地。……執斲,匠人。執鍼,女工。織紝,織繒布者。

我們已經知道,銘文中“叔”的身份是工匠,他因爲“侯”建築宫殿而受到賞賜。如果我們以上所説的將銘文“寡虢”讀爲“陽橋”的意見不誤的話,則“叔”就是來自魯國“陽橋”的一位工匠,而《左傳・成公二年》的這段記載似可印證此説的合理性。春秋時期用作賄賂的常常是寶鼎鐘磬、玉帛車馬、土地城池等貴重物品,以手工業者作爲賄賂的似乎僅此一見。當魯國的陽橋面臨楚國侵略之時,孟孫用以賄賂楚人的竟然是三百名手工業者,而且其中還有“匠人”一百名。這也許可以説明,“陽橋”很可能是當時魯國一個重要的手工業基地。因此,“侯”命令“叔”從陽橋來爲其建築宫殿、楚國侵及陽橋時孟孫要用三百名手工業者賄賂楚人也就都是順理成章之事了。

3. “有姝(樹)具(俱)成,亦唯小(少)羞(優)”:

姝,朱先生文就字爲訓,解釋爲“好、美、美好”。董先生讀爲“築”。

今按：姝，當讀爲“樹”。“姝”从“朱”聲，“樹”从“尌”聲，“朱”聲字與“尌”聲字常見通假。如郭沫若先生討論“上樂床鼎”時説：“床疑廚之異文，从广、朱聲。朱聲與尌聲同部。”[①]又如所謂“眉脒鼎”的“脒”字，黄盛璋先生指出“脒”就是“廚”字。[②]《集韻・虞韻》：“蹰，踟蹰，行不進也。亦作跦。”《文選》成公綏《嘯賦》“逍遥携手，踟跦步趾”，李善注：“《廣雅》曰：‘蹢躅，跢跦也。’跢跦與踟蹰古字通。”這些皆可作爲“朱”聲字與“尌”聲字相通假的例證。

樹，樹立、建樹之義。“有樹俱成”，謂“叔”之建築技藝高超，無論建樹什麽都能成功。

“羞”讀爲“優”是陳劍先生的意見，其説以爲：

> 疑當讀爲“亦唯小（少）羞（優）”。優，裕也，優遊有餘力，或在完成的程度與品質、工期等上頭有餘地。……“有樹俱成，亦唯少優”猶言其營作不但俱皆成功，而且還（“亦”）“舉重若輕”。“亦唯”之連接兩層意思、且有遞進或補充説明之意味，可對比禹鼎“用天降大喪于下國，亦唯鄂侯馭方率南淮夷東夷廣伐南國東國”、毛公鼎“唯天將集厥命，亦唯先正恪（?）艾厥辟”等。

其説可信。《論語・憲問》“子曰：‘孟公綽爲趙、魏老則優，不可以爲滕、薛大夫。’”朱熹集注云：“優，有餘也。”《論語・子張》“子夏曰：‘仕而優則學，學而優則仕。’”朱熹集注云：“優，有餘力也。”皆可作爲銘文中“優”字的注脚。

4.“自今往，弜（弗）其又（有）達女（汝）於乃丂（巧）”：

朱先生文將此句讀爲“自今往弜（未），其又（有）達（賴）女（汝）於乃丂（孝）”，以爲：“弜”當讀爲“未”，“自今往未”即是“自今往將來”，亦即“自今以後”；“達”當讀如“賴”，訓爲“恃”；“丂”當讀作“孝”，但其意似有别於“父考”之“考”，當訓爲“成”。此句意思是“那就有賴你在職事上的成功啦”。董先生文將這句話讀作“弜（弼-必）其又達（賴）女（汝）於乃丂（巧）”。陳劍先生同意董

---

① 郭沫若：《釋胥》，氏著：《金文叢考》，人民出版社，1954年，第217頁。

② 黄盛璋：《三晋銅器的國别、年代與相關制度》，《古文字研究》第17輯，中華書局，1989年，第20頁。

先生將“丂”讀爲“巧”，而不同意其將“弜”讀爲“必”，認爲“弜”應改讀爲“弗”。其説可信。同時，陳劍先生認爲“弗其有達汝於乃巧”應是“大概就不會有人在你的‘巧’這方面、這事上，或是質疑你、或是貶低你、或是看不上你了”一類意思。

今按：循董珊、陳劍先生的思路，我們認爲“達”字在銘文中就字爲訓而解釋爲“達到”即可。“自今往，弜(弗)其又(有)達女(汝)於乃丂(巧)”，意即：從今往後，大概没有人能在工巧這方面達到你的程度了。這句話言外之意仍然是高度贊許“叔”之技藝巧妙絶倫，無人可及。

5. “女(汝)日其賫(尚)勿竝(替)乃工，日引”：

賫，因上文“賫(賞)女(汝)貝、馬用”一句出現過，彼處讀爲“賞”無可置疑，故朱、董二先生皆將此處的“賫”亦讀爲“賞”，訓爲“賞賜”。朱先生文將這句話句讀作“女(汝)日其賫(賞)。勿竝(替)乃工，日引”，董先生句讀作“女(汝)日其賫(賞)勿竝(替)，乃工日引”。

今按：“賫”當讀爲“尚”，且當句讀作“女(汝)日其賫(尚)勿竝(替)乃工，日引”。“賫”可讀爲“賞”，而“賞”从“尚”得聲，故“賫”讀爲“尚”應當没有問題。

尚，《説文》：“庶幾也。”楊樹達先生謂：“乃有所冀望於人而命之之詞”。[①] 如曶鼎銘文“必尚卑(俾)處氒(厥)邑”的“尚”即如此。又如包山楚簡卜筮祭禱簡中常見的“尚毋又(有)咎”的“尚”亦當同解。李學勤先生即曾經指出：尚，庶幾。文獻所見古代卜筮辭，多有以“尚”冠首的語句。[②] 這種用法的“尚”其實相當於現代漢語的“當、應當”，是用以提出希望的語氣辭。在銘文中，“侯”先對“叔”加以賞賜，然後用“女(汝)日其賫(尚)勿竝(替)乃工，日引”提出希望，對其加以勸勉。這句話的意思是：你應當每天都不要荒廢了你的工作技藝，每天都要追求在工作技藝上有所增長。

6. 銘文的韻讀情況。

兩篇銘文用辭簡樸古奥，給確定銘文句讀帶來很多障礙。朱、董兩先生之文有多處句讀不同，由此也導致對銘文内容的理解不一。其實，考察銘文的用

---

① 楊樹達：《〈詩〉“上入執宫功”解》，見氏著《積微居小學金石論叢(增訂本)》卷五，中華書局，1983年，第207頁。

② 李學勤：《竹簡卜辭與商周甲骨》，《鄭州大學學報》1989年第2期，第81頁。

韻情況,對於我們正確句讀銘文進而準確理解銘文内容很有幫助。以上釋文的句讀即考慮到銘文的用韻情況,下面對此做些簡單説明。

(1) 賌(賞)女(汝)貝、馬用【東部】。自今往至於啻(億)萬年【真部】,女(汝)日其賌(尚)勿竝(替)乃工【東部】,日引【真部】。

按:“用”、“工”屬東部,“年”、“引”屬真部。四句話的押韻情況屬於交韻。

(2) 才(在)兹鮮女(汝)生(性)【耕部】。隓(繼)自今【侵部】,弜(弗)又(有)不女(汝)井(型)【耕部】。易(錫)女(汝)貝用【東部】。唯六月,叔易(錫)貝於寚(寢)【侵部】。

按:“生”、“型”屬耕部,“今”、“寢”屬侵部,“用”屬東部,東、侵合韻。

以上所分析的用韻情況也爲我們的句讀提供了旁證。

下面我們在原有討論意見的基礎上,結合以上所提的幾點新的看法,對兩篇銘文的大意做些梳理。

叔尊、叔卣銘文大意:

侯説:叔,我顯赫的父親魯公,使得魯國禮制法度與工匠技藝更趨美善,並留傳於後世,這也極大地鋪陳宣揚了他的教誨。我命令你從陽橋來教訓指導魯人爲我建築宫殿,你所建樹的俱獲得成功,而且還在完成工程上稍有餘力。我已經視察過,我已經居住過,没有不滿意的地方,也與我的教誨命令没有違逆之處。

侯説:叔,很好!很好!從今往後,大概没有人能在工巧這方面達到你的程度了。賞賜給你貝、馬供你使用。從今往後一直到億萬年,你應當每天都不要荒廢了你的工作技藝,每天都要追求在工作技藝上有所增長。

在三月的時候,叔在原這個地方獲得魯侯賞賜貝的榮耀。叔答揚了國君的休蔭,製作了這個用於祭享有功烈的父親的寶貴宗廟彝器。

叔卣甲、乙銘文大意:

侯説:叔,你很好地遵從了我的教誨,在此嘉美你的性情。從今以往,没有人不以你作爲榜樣。現在賞賜給你貝供你使用。在六月的時候,叔在寢宫獲得魯侯賞賜貝的榮耀。叔答揚了國君的休蔭,製作了這個用於祭享有文德的父親的寶貴宗廟彝器。

二、魯叔四器與魯國早期手工業

朱先生文推定魯叔四器中的叔尊與叔卣的年代當在康王晚期至昭王時段内,其中所見的"侯"爲魯煬公熙,"魯公"爲伯禽;叔卣甲、乙二器的年代已進入穆王時期,銘文中的"侯"應是魯煬公之子魏(微)公濆。董先生文對此皆予以肯定。同時,兩位先生都指出,魯叔四器與魯國歷史上的"煬公徙魯"、"煬公築〈茅〉(第-夷-雉)闕門"有關。《史記·魯周公世家》:"煬公築茅闕門。"《集解》引徐廣曰:"一作'第',又作'夷'。《世本》曰'煬公徙魯',宋忠曰:'今魯國'。""煬公徙魯"也即到魯煬公時魯國徙都於曲阜之事。這些都是正確可信的意見。

綜合以上所論,可知兩篇銘文的内容主要是:"叔"在魯煬公時受命從陽橋來教導魯人建造宫殿。任務完成之後,魯煬公很滿意,高度稱贊他工巧的技藝,並對其進行賞賜。後來在魯魏(微)公濆時,"叔"又在鮮地受到賞賜。

兩篇銘文的内容不僅與魯國歷史上的"煬公徙魯"事件有關,而且從側面反映出魯國早期手工業的發達程度。

我們知道,由於當時周公所處的特殊地位,魯國在周初分封時獲得的封賞是相當豐厚的。《左傳·定公四年》記載:

> 昔武王克商,成王定之,選建明德,以蕃屏周。故周公相王室,以尹天下,於周爲睦。分魯公以大路、大旂,夏后氏之璜,封父之繁弱,殷民六族:條氏、徐氏、蕭氏、索氏、長勺氏、尾勺氏,使帥其宗氏,輯其分族,將其類醜,以法則周公,用即命于周。是使之職事于魯,以昭周公之明德。分之土田陪敦,祝、宗、卜、史,備物典策,官司彝器。因商奄之民,命以《伯禽》,而封於少皞之虚。

這裏雖然没有明確記載分封的臣民中有工師匠人之類，但讓殷民六族“帥其宗氏，輯其分族，將其類醜”，也即基本上保持本宗各個氏族的原有社會結構，可以從側面説明分封時的實際情況。這些宗族中原本就應該包含有一定數量的手工業者以爲統治階級上層服務，則在保持原有社會結構的情況下，魯國分封時的附屬臣民中自然應當包括有部分手工業者。而且，所分封之地的土著居民即所謂的“商奄之民”中本來亦當有相當數量的手工業者存在。然因銘文簡奥，魯叔四器的器主“叔”究竟是魯國分封時移居過來的還是當地的土著居民現已無從考究。

西周時期占據主導地位的主要是官府手工業，手工業者從生産經營到個人活動都受到官方的嚴格控制。銘文中的器主“叔”既然能有機會爲魯侯建築宫殿，他很有可能是屬於當時官方控制且納入國家官制系統之中的手工業者。“叔”主要功績是爲魯侯建築宫殿，由其職守來看，其身份應當是匠人、匠師之類。《周禮・冬官・考工記》所記載的“攻木之工”有“匠人”，其職責有“匠人建國”、“匠人營國”、“匠人爲溝洫”等。先秦時期建築宫殿主要是土木工程，《考工記》所記載的“匠人”職責也主要是與土木工程相關，故知“叔”之基本職守爲“匠人”之屬。又《周禮・地官司徒・鄉師》“及葬，執纛以與匠師御匶而治役”，鄭玄注云：“匠師主衆匠，共主葬引。”“叔”既然“來誨魯人”建築宫殿，則可知其本身當是一個具有相當地位的“主衆匠”的“匠師”。而且，“叔”通過“誨魯人”爲魯侯建築宫殿，任務完成之後肯定可以培養出一批具有實踐經驗的工匠，這些工匠在魯國應當也會被納入國家體制統一加以管理。

西周初期封邦建國，分封諸侯，各個諸侯國始封君的職位、才能、性格等往往會對這個國家的發展方向産生影響。如齊國是姜太公的封國，姜太公稱“師尚父”，在西周王朝中主要擔任軍事職務，後來齊國的軍事文化異常發達也許與姜太公的軍事職務不無關係。魯國是周公的封國，雖然周公自己没有就封，但魯國建國立邦初期各項方略政策的制定肯定離不開周公的指導與參與。《尚書・金縢》中周公自言“予仁若考能，多材多藝，能事鬼神”。同時，周公還親自參與了營建成周雒邑的工程，《尚書》的《召誥》和《洛誥》均有明確記載。西周初期這項巨大的工程既可爲周王朝培養出了一大批具有實踐經驗的工匠,又爲周公施展自己的才能提供了機會。雒邑建成之後,參與工程建設的匠人很有可能會被分給各個諸侯國繼續從事營建都邑的工作。又《説苑·至公》記載:"周公卜居曲阜,其命龜曰:'作邑乎山之陽,賢則茂昌,不賢則速亡。'"若此記載可信,則是周公直接參與了魯國國都的選址工作。魯國早期手工業的發達也許與周公本人的才能與經歷不無關係。

魯叔四器銘文中説魯公"夊(嵍)文遺工",將"文"與"工"相提並論。文,謂禮制法度,也即西周的禮樂文化制度,這是屬於上層建築"道"的層面的東西。工,當指工匠以及他們所掌握的手工業技藝,這是屬於宫室、器物、服飾等"器"的層面的東西。西周初期分封之時,魯國在"道"、"器"兩個方面都占盡優勢。西周王室爲"褒周公之德"(《史記·魯周公世家》)而讓魯國使用天子禮樂,形成"周禮盡在魯"(《左傳·昭公二年》)的局面,豐厚的禮樂文化資源最終培育出了一代大聖孔子。由魯叔四器銘文及傳世文獻的記載可知,魯國早期的手工業技藝應當已經具備相當高的水準,這也許就是後來魯國能産生一代巨匠魯班的原因所在。

附記: 初稿承蒙裘錫圭、陳劍、劉剛等先生審閲指教,謹致謝忱。

【編按:裘錫圭先生《讀西周魯國叔器銘文札記》(《中華文史論叢》2018年第4期,第1~11頁,上海古籍出版社,2018年12月)一文,對銘文有新的考證,可以參看。】

原載《考古與文物》2016年第1期。

《山海經》勘誤一則

《山海經・大荒東經》有如下一段話：

> 大荒東北隅中，有山名曰凶犁土丘。應龍處南極，殺蚩尤與夸父，不得復上。故下數旱，旱而爲應龍之狀，乃得大雨。

古今研究《山海經》者對於此段文字似乎皆無異辭。其實，這段話中的"凶犁土丘"當作"凶犁之丘"。校改理由如下：

一、《山海經》全書提及丘名，幾乎都稱作"某某之丘"。如《西山經》有"搏獸之丘"、"崑崙之丘"（亦見《大荒西經》）、"軒轅之丘"（亦見《海外西經》）；《海内經》"有九丘，以水絡之：名曰陶唐之丘、有叔得之丘、孟盈之丘、昆吾之丘、黑白之丘、赤望之丘、參衛之丘、武夫之丘、神民之丘"、"蒼梧之丘"等。至於稱"某某之山"、"某某之水"者，就更爲多見[①]。而且，先秦典籍中地名稱"某某之丘"者亦多見，如《左傳・襄公十九年》有"句瀆之丘"，《竹書紀年》有"鄭父之丘"、"窮魚之丘"，《穆天子傳》有"崑崙之丘"、"淑人之丘"等。而遍查先秦典籍，稱"土丘"者，甚至以"土""丘"二字聯爲成詞者，似僅見此一例。

二、篆隸階段"之"與"土"的字形非常近似，極易訛混。如馬王堆簡帛文字中所見的"之"字形或作""（《天下至道談》026）、""（《五星占》026）；

① 賈雯鶴：《〈山海經〉專名研究》，四川大學博士學位論文（指導教師：宋永培教授），2004年，第55～67頁。

“土”字形或作“”(一號墓遣策 299)、“”(三號墓遣策)[①]。若無辭例限制,僅從字形上看,“之”與“土”幾乎無法分別。而且,“之”與“土”相訛混的現象在出土文獻中亦不乏其例。如蔡偉先生曾指出:

> 《張家山漢墓竹簡·蓋廬》簡 6—7 曰:
>
> 蒼蒼上天,其央安在? 羊羊(洋洋[②])下,孰知其始?[③]
>
> 其中的“”字,整理者釋作“之”,無説。邵鴻説:“下之,當指地,與上天相對。《尚書·堯典》:‘格於上下。’僞孔傳:‘至於天地。’”[④]
>
> 我們認爲,“”應該是“土”字的誤寫。“之”、“土”形近,如馬王堆漢墓帛書《十六經·行守》曰:“高而不已,天[將]闕土〈之〉。”“之”即誤作“土”,[⑤]可與此互證。又《蓋廬》簡 4 有“鳳[⑥]鳥下之”之語,故此處的“下土”,也可能受其影響而誤作“下之”。
>
> “下土”爲古之成語,見於《詩經》中的《日月》、《小明》、《小旻》、《下武》、《閟宫》、《長發》等篇。[⑦]
>
> “羊羊(洋洋)下之〈土〉”與“蒼蒼上天”正相對爲文。[⑧]

其説不可移易。文中所舉的兩個“之”與“土”形近而訛混的例子,與《山海經》中“之”訛作“土”亦可互證。

---

① 陳松長:《馬王堆簡帛文字編》,文物出版社,2001 年,第 250、545 頁。

② 原注:“洋洋”,廣大貌,字又作“堂堂”。甘肅玉門花海漢代烽燧遺址出土的木簡詔書曰:“蒼蒼之天,不可得久視;堂堂之地,不可得久履。”“堂堂”與“蒼蒼”對文,可證。文見《漢簡研究文集》,蘭州:甘肅人民出版社,1984 年,16 頁。

③ 原注:《張家山漢墓竹簡》“釋文注釋”部分,北京:文物出版社,2001 年,275 頁。

④ 原注:邵鴻《張家山漢簡〈蓋廬〉研究》,北京:文物出版社,2007 年,43 頁。

⑤ 原注:《馬王堆漢墓帛書(壹)》北京:文物出版社,1980 年,78 頁。

⑥ 原注:原整理者釋爲“凰”,此據王貴元《張家山漢簡字詞釋讀考辨》(簡帛研究 2003/06/03,http://www.jianbo.org/Wssf/2003/wangguiyuan01. htm)改正。

⑦ 原注:《日月》“照臨下土”、“下土是冒”(298 頁);《小旻》“敷于下土”(448 頁);《下武》“下土之式”(525 頁);《閟宫》“奄有下土”(625 頁);《長發》“禹敷下土方”(626 頁)。《十三經注疏》,上海:上海古籍出版社,1993 年影印清阮元刻本。《馬王堆漢墓帛書(一)·〈三禁〉》亦曰:“番(播)于下土,施于九州。”(74 頁)

⑧ 蔡偉:《古書校勘釋例——以出土簡帛古書與幾種早期寫本爲中心》,復旦大學博士學位論文(指導教師:裘錫圭教授),2014 年,第 60 頁。

三、其他典籍引及《山海經》此處文字，對應的名稱即作“之谷”、“之丘”，亦可證“土”當是“之”字之誤。如清人郝懿行《山海經箋疏》案語指出：“《史記·五帝紀》索隱引皇甫謐云：‘黄帝使應龍殺蚩尤於凶黎之谷。’即此。黎、犁古字通。”[①]對應的地名作“凶黎之谷”。袁珂先生《山海經校注》案語指出：“唐王瓘《軒轅本紀》（見《雲笈七籤》卷一百）云：‘（黄帝）殺蚩尤於黎山之丘。’説本此。”[②]對應的地名作“黎山之丘”。皆可作爲“凶犁土丘”當作“凶犁之丘”的旁證。

綜上所述，《山海經·大荒東經》中的“凶犁土丘”原本當作“凶犁之丘”。當是在《山海經》傳抄過程中，抄寫者誤將“之”字認作“土”字，從而産生此處訛文。由此訛文的致誤原因推測，其形成有可能是在篆隸書體較爲盛行的秦漢魏晋時代。

原載《中國史研究》2016年第4期。

① 郝懿行：《山海經箋疏》第十四，巴蜀書社，1985年，第7頁。
② 袁珂：《山海經校注（增補修訂本）》，巴蜀書社，1993年，第414頁。

也説清華簡《赤鳩之集湯之屋》篇的“洀”

《清華大學藏戰國竹簡(叁)》收録有《赤鳩之集湯之屋》篇,[①]内容講述伊尹與商湯的傳説故事,是一篇具有小説性質的文獻。其中第五簡有如下一段話:

> 湯樊(返)廷,小臣饋。湯怒曰:“孰洀吾羹?”小臣懼,乃逃于夏。

商湯所説話語中的“洀”字,原整理者疑讀爲“調”,並引《漢書·王莽傳》注“謂發取也”爲證。[②] 其實,查《漢書·王莽傳下》原文“調都内故錢”、“衆郡駿馬倉穀帑藏皆得自調”,顔師古注其中“調”字云“謂發取之”、“謂發取也”,[③]可知顔注所謂的“發取”是徵發、調取之意,用在簡文中與文意不合,故讀爲“調”之説實不可信。

梁月娥先生認爲:

> “孰洀吾羹”的“洀”應讀爲“盜”,表示偷取,更爲貼切。“洀”是從“舟”聲的,“舟”在章紐幽部,“章”紐古歸端組,與定紐宵部的“盜”字音近……。

---

① 李學勤主編:《清華大學藏戰國竹簡(叁)》下册,中西書局,2012年,第166～170頁。案:其中“赤鳩”,原整理者釋讀爲“赤鵠”,參拙稿《〈赤鵠之集湯之屋〉的“赤鵠”或當是“赤鳩”》,簡帛網,2013年1月8日;又刊於《出土文獻》第6輯,中西書局,2015年。【編按:已收入本論文集。】

② 李學勤主編:《清華大學藏戰國竹簡(叁)》下册,第169頁。

③ 宗福邦、陳世鐃、蕭海波主編:《故訓匯纂》,商務印書館,2003年,第2132頁。

出土戰國竹簡“盜”字多用從“兆”聲的“逃”或“覜”來表示。而從“舟”聲的字與從“兆”聲的字相通,“朝”從“舟”聲,《説文》:“𠦝,旦也。从倝,舟聲。”古書“朝”字與從“兆”聲的“晁”字相通,如《左傳·昭公七年》:“史朝”,《通志·氏族略五》作“史晁”。可見“舟”聲與“兆”聲相通,從“兆”聲的字與“盜”相通,所以從“舟”聲的字可通假爲“盜”。[①]

吴雪飛先生認爲:

> 這個字其實就是《管子·小問》中的“洀”字,也就是古“盤”字。……筆者認爲這裏的“洀”(盤)當讀爲“班”(班又可通頒)。盤、般和班相通假的例子很多。《説文》:“班,分瑞玉。”在文獻中,班有分賜的意思。如《尚書·堯典》:“班瑞於群後。”(引按:當作《尚書·舜典》:“班瑞于群后。”)《尚書·洪範》:“武王既勝殷幫,諸侯班宗彝。”(引按:當作“武王既勝殷,邦諸侯,班宗彝。”)班的意思均有將某物或某些物品按照等分分開,然後賜予某人的意思。《赤鵠之集湯之屋》中此句的上文:“小臣自堂下授紝㐬羹,紝㐬受小臣而嘗之……小臣受其餘而嘗之……”意思是小臣將鳥羹授予紝㐬,紝㐬品嘗後,小臣又接受其剩下的部分品嘗。可見小臣其實是將鳥羹授予自己和紝㐬兩人分吃,有“分賜”的意思在裏面。因而湯回來後,知道了這件事,就憤怒地説“孰班吾羹?”孰,在這裏不是“誰”的意思,而是作“疑問副詞”,“與‘何’同。何故也,爲何也。”“孰班吾羹?”,即“爲何(隨便)頒賜我的鳥羹?”[②]

兩説相比,梁月娥先生的説法在簡文中顯然要通順些。吴雪飛先生將“洀”字看作是古“盤”字,讀爲班賜的“班”(又通頒),與文意不相吻合。因前文明明已經説過,湯射獲赤鳩之後,“乃命小臣曰:‘脂羹之,我其享之。’”也就是

① 梁月娥:《説〈清華(三)〉〈赤鵠之集湯之屋〉之“洀”》,簡帛網,2013年1月8日。

② 吴雪飛:《也談清華簡(三)〈赤鵠之集湯之屋〉之“洀”》,簡帛網,2013年1月16日,http://www.bsm.org.cn/show_article.php?id=1817。

説，湯射獲的赤鳩讓小臣做成羹是準備自己享用的，而不是準備班賜給他人的。而且，商湯返回後，發現羹少了甚至没有了，開口便問“爲何(隨便)頒賜我的鳥羹”顯然也不合情理——他如何得知羹是被人“頒賜”了(而非被人偷吃了)呢？然尋繹梁説對諸字間關係的分析，似亦有不妥之處。首先，根據《説文》對字形的分析，認爲“朝”从“舟”聲實不可信。從早期甲骨文字形來看，“朝”字本不从“舟”得聲，从“舟”當是後來聲化而成的。[①] 其次，雖然從音理上説，“舟”聲字可以與“兆”聲字相通。然而就如梁月娥先生文中所指出的那樣，楚簡文字中“盜”這個詞通常是以从“兆”聲的字來表示的，目前似乎没有發現例外。比如郭店楚簡《老子甲》簡 1、簡 31 和上博楚簡《容成氏》簡 6 的“覜(盜)惻(賊)”；[②]九店楚簡《日書》多見的“朝逃得”或“朝逃不得”，雲夢睡虎地秦簡《日書》乙種作“朝兆不得”，其中的“逃”、“兆”亦皆當讀爲“盜”。[③] 清華簡主要使用戰國楚系古文書寫，將“洀”字看作从“舟”聲讀爲“盜”明顯與楚簡的用字習慣不合。

我們認爲“洀”字在簡文中當釋讀爲“偷”，意爲偷盜、竊取。或以爲“偷”字在先秦時期一般只有“苟且”之義，而没有“偷竊”之義。如王力先生《同源字典》以爲“盜”與“佻”(定透旁紐，疊韻)、“佻”與“偷”(透母雙聲，宵侯旁轉)分別屬於同源字，又加按語指出：“先秦時代，‘偷’無盜竊的意義。偷盜的‘偷’應是‘佻’或‘盜’的轉音。”[④]對諸字之間關係的理解恐怕有所偏差。“盜”、“佻”、“偷”三字在先秦時期應當都可以表示偷盜、竊取之義。大概是因爲從《同源字典》中所引用的先秦典籍文例來看，用爲偷盜、竊取義的“盜”字出現的次數要多些，而用爲偷盜、竊取義的“偷”字不見一例，所以給人造成一種先秦時期“偷”無盜竊意義的印象。其實，先秦典籍中同樣有用爲偷盜、竊取義的“偷”字，不過這種意義的“偷”字是以假借字的形式存在，故一般不大爲人注意罷

① 季旭昇：《説文新證》，福建人民出版社，2010 年，第 556～558 頁。

② 滕壬生：《楚系簡帛文字編(增訂本)》，湖北教育出版社，2008 年，第 794 頁。

③ 李家浩：《讀睡虎地秦簡〈日書〉“占盜疾等”札記三則》，《北京大學古文獻研究所集刊(一)》，北京燕山出版社，1999 年，第 92～96 頁；又見《安徽大學漢語言文字研究叢書・李家浩卷》，安徽大學出版社，2013 年，第 324～326 頁。

④ 王力：《同源字典》，商務印書館，1982 年，第 212 頁。

了。如《詩·唐風·山有樞》:"山有樞,隰有榆。子有衣裳,弗曳弗婁。子有車馬,弗馳弗驅。宛其死矣,他人是愉。"鄭箋云:"愉讀曰偷。偷,取也。"其中的"愉(偷)"字正表示偷盜、竊取之義。段玉裁《説文解字注》於"愉"下注云:"淺人分别之,别製'偷'字,从人,訓爲偷薄,訓爲苟且,訓爲偷盜,絶非古字,許書所無。然自《山有樞》鄭箋云'愉讀曰偷。偷,取也',則不可謂其字不古矣。"又,《説文》"佻,愉也"段注云:"古本皆作愉。汲古閣作偷,誤也。……按《釋言》'佻,偷也',偷者愉之俗字。今人曰偷薄、曰偷盜皆从人作偷,他侯切;而愉字訓爲愉悦,羊朱切。此今義今音今形,非古義古音古形也。古無从人之偷。愉訓薄,音他侯切。愉愉者,和氣之薄發於色也。盜者,澆薄之至也。偷盜字古只作愉也。凡古字之末流鋠析,類如是矣。……《唐風》'他人是愉',傳曰'愉,樂也',箋云'愉讀曰偷,猶取也',此同字而各舉一義釋之。愉讀曰偷,如注《周禮》'主,以利得民'云'讀如"上思利民"之利'耳。然可見漢末已有从人之偷,許不之取。"這可以表明先秦時期的語言中讀爲"偷"的"愉"字即表偷盜、竊取之義,成爲王力先生説法的反證,同時也成爲我們立論的基礎。

至於"洀"的字形分析,可以有三種思路。

一、將"洀"分析成从水、舟聲的形聲字,在簡文中讀爲"偷"。上古音"舟"屬端紐幽部,"俞"屬定紐侯部,聲母同爲舌音,韻部幽侯旁轉,音近可通。上引梁月娥先生從音理上論證从"舟"聲的"洀"可讀爲"盜",而王力先生《同源字典》以"盜"、"佻"、"偷"三字爲同源字,亦可作爲从"舟"聲的"洀"與"偷"古音相近的旁證。我們之所以不取梁説讀爲"盜",主要原因在於讀爲"盜"與楚簡的用字習慣不合,已見上述。"舟"聲之字與"俞"聲之字典籍中亦見有通假之例。如"舟"聲字可與"朱"聲字通用。《詩經》"侜張",揚雄《國三老箴》作"侏張"。"朱"聲字可與"俞"聲字通用。《莊子·達生》:"紫衣而朱冠。"《經典釋文》:"朱冠,司馬本作俞冠。"[1]此外,古文字中"踰"的表意初文,在楚簡中用作"價(鬻)"。[2] 而"鬻"字與"州"聲字可通,"州"聲字又與"舟"聲字可通。[3] 這些亦

---

① 張儒、劉毓慶:《漢字通用聲素研究》,山西古籍出版社,2002年,第132、268頁。

② 裘錫圭:《説从"𡭴"聲的从"貝"與从"辵"之字》,《文史》2012年第3輯,第18頁。

③ 張儒、劉毓慶:《漢字通用聲素研究》,第131頁。

可作爲“舟”聲字與“俞”聲字相通之旁證。

二、將“洀”看作从水、从舟的會意字，會以舟渡水之意，引申爲“逾(踰)越”字，在簡文中讀爲“偷”。“俞”字的造字本義衆説紛紜，訖無定論。不過，季旭昇先生據《説文》“俞，空中木爲舟也”之説，認爲：“‘俞’字疑爲以舟渡河之意，義近於‘逾’或‘渝’。”[①]其看法很值得注意。从“俞”字形西周之後基本上都从“舟”(或以爲從商代文字看“俞”字本不从“舟”，而是“盤”之訛[②])來看，其説法雖不可謂必是，然不失爲一種較有理據的意見。按照季先生對“俞”字形的分析意見，我們也可以依樣葫蘆將“洀”分析成从水、从舟的會意字，會以舟渡水之“逾(踰)”字意，讀爲“偷”。

三、將“洀”看作是从水、从俞省聲的形聲字“渝”，在簡文中讀爲“偷”。或者也可以换個説法，將“洀”字右部所从的“舟”形看作是“俞”的省寫，則此字即可釋爲“渝”，讀爲“偷”。這種省寫的現象在楚簡中不乏其例，李家浩先生曾有過較爲詳細的論證：“衆所周知，戰國文字很重要的一個特點，就是簡體字繁多；造成簡體字的方式之一，是將文字的某一部分省去。”“在戰國文字中，有一些字因省寫而造成跟另一個字同形的情況屢見不鮮。”[③]“研究古文字的人都知道，在古文字簡體中，有一種是省寫，即將文字的某一部分筆畫或偏旁省去，甚至因省寫而造成跟其他的字同形的情況。”[④]同時，李先生也舉出了不少例證，如“咼”寫作“同”、“徙”字古文省去聲旁“少”寫作“尾”等。其實，我們還可以爲李先生的説法補充一條楚簡中所見的較爲明確的且與我們討論的“渝/洀”字形密切相關的例證。包山楚簡司法文書類簡文中著名的“舒慶命案”部分所見的人名“舒逾”，在135號簡中寫作从“亼”从“舟”从“辵”的“逾”，而在131、136等號簡中皆寫作从“舟”从“辵”之形。[⑤] 這條既可以作爲李先生説法的例證之

① 季旭昇：《説文新證》，第708頁。

② 方稚松：《談談甲骨文記事刻辭中“示”字的含義》，復旦大學出土文獻與古文字研究中心網站，2008年1月17日。

③ 李家浩：《戰國官印考釋三篇》，中國文物研究所編《出土文獻研究》第6輯，上海古籍出版社，2004年，第15～16頁；又見李家浩《戰國官印叢考》，《安徽大學漢語言文字研究叢書・李家浩卷》，第103頁。

④ 李家浩：《章子國戈小考》，《出土文獻》第1輯，中西書局，2010年，第158～162頁；又見《安徽大學漢語言文字研究叢書・李家浩卷》，第81頁。

⑤ 湖北省荆沙鐵路考古隊：《包山楚簡》，文物出版社，1991年，圖版五八～六〇。

一，也可以作爲將清華簡中所見的“洀”看作是“渝”字省寫的佳證。

以上三種字形分析的思路，由於第三種有李家浩先生較爲充分的論證作基礎，所以我們比較傾向於第三種説法。亦即將清華簡本篇簡文中所見的“洀”字形分析成“渝”字的省寫，讀爲“偷”，解釋爲“偷盜、竊取”之義。

最後，附帶談談古文字材料中所見的其他“洀”及从“洀”之字的研究狀況。甲骨文中的“洀”字，于省吾先生以爲即《管子·小問》的“洀”，尹注：“洀，古盤字。”[①]由於相關辭例多殘缺，能確切證明其説的大概只有《甲骨文合集》20272“庚寅卜：王洀，辛卯易日”和20273“辛未卜：今日王洀，不風”二條。如果承認从“廾”从“洀”之字爲“洀”字異體，則《甲骨文合集》33691“勿洀舟”亦可爲證。[②] 西周青銅器銘文中所見的“洀”字，與从“辵”从“舟”之字同辭例，何琳儀先生讀爲“般”或“班”，[③]於文意可通。戰國文字中一種方足布面文有“洀”字，裘錫圭先生原來以爲此字所从的“舟”是“俞”的省體，將“洀”字形釋爲“渝”；後來又從李家浩先生之説改釋爲讀“盤”的“洀”。[④] 其實，若以上將清華簡中的“洀”字釋讀爲“偷”不誤，則裘先生原來的説法還是很有成立的可能的。因“洀”字在古文字材料中的辭例多不明確，故上述問題仍有進一步研究的必要。

原載《中國文字研究》第24輯。

---

① 于省吾：《釋洀》，氏著：《甲骨文字釋林》，中華書局，1979年，第93頁。

② 姚孝遂、肖丁主編：《殷墟甲骨刻辭類纂》，中華書局，1989年，第1221頁。

③ 何琳儀：《釋洀》，《華夏考古》1995年第4期，第106頁。

④ 裘錫圭：《裘錫圭學術文集·金文及其他古文字卷》，復旦大學出版社，2012年，第207～208、227、425～427頁。

戰國文字中的“阜”

在各種條件基本等同的情況下，某個常用漢字的古文字形體在不同時代的各類材料中出現的幾率按理來説應該是差不多的。如果某個常用漢字的古文字形體在某類材料中出現“斷層”現象，一般説來，並不是這類材料中没有這個字，而大都應當是我們暫時没有辨認出來而已。例如，裘錫圭先生曾根據秦漢文字資料裏“市”字大量出現，而商業很發達的戰國時代的璽印、陶器等遺物的文字裏却幾乎找不到“市”字，從而正確地釋出了戰國文字中的“市”字。[①] 下面我們將要討論到的戰國文字中的“阜”字也是屬於這種情況。

一、清華簡中的“阜”

在已經公布的清華大學藏戰國竹簡中，清華簡(叁)《芮良夫毖》和《赤鳩之集湯之屋》、清華簡(肆)《筮法》篇中有寫作如下之形的三個字：

《芮良夫毖》簡 6 《赤鳩之集湯之屋》簡 15[②]

《筮法》簡 11[③]

此三字確定無疑當爲一字之異體。清華簡(叁)公布後，原整理者引李學

① 裘錫圭：《戰國文字中的“市”》，《考古學報》1980 年第 3 期，第 285～296 頁。

② 李學勤主編：《清華大學藏戰國竹簡(叁)》，中西書局，2012 年，第 150、170 頁。其中“赤鳩”二字，原整理者釋讀爲“赤鵠”，此改釋爲“赤鳩”，參拙稿《〈赤鵠之集湯之屋〉的“赤鵠”或當是“赤鳩”》，簡帛網，2013 年 1 月 8 日；又刊於《出土文獻》第 6 輯，中西書局，2015 年。【編按：已收入本論文集。】

③ 李學勤主編：《清華大學藏戰國竹簡(肆)》，中西書局，2013 年，第 175 頁。

勤先生《關於清華簡中的“丁”字》(待刊稿)的意見,將之釋爲“丁”字。① 李先生文章正式發表後,其文中指出是李守奎教授最早提出將其釋爲“丁”字。②

丁若山(郭永秉)先生根據《芮良夫毖》篇的押韻現象以及簡文上下文意,懷疑此字應該讀爲“覆”,同時指出此字無疑就是將“山”字顛倒過來的寫法。我們認爲郭永秉先生的以上結論正確可從。《芮良夫毖》中此字所在文句爲“君子而受柬萬民之咎,所而弗敬,卑(譬)之若童(重)載以行崝險,莫之扶道(導),其由不顛”。《芮良夫毖》篇的整理説明已經指出全篇多用韻,且基本上都是句尾韻。郭永秉先生指出,該篇自“尚恒恒敬哉”以下至“其由不顛”諸句,當以“復、咎(從宀)、導、”爲韻(幽覺合韻);前面幾句的“猷、繇、咎(從言)、告”,也是幽覺合韻;由此推知“”字亦當是一個幽覺部韻之字,並將這點作爲此字釋讀爲“覆”在讀音上的積極材料。同時,“顛覆”是古書成語,見於《詩經》多篇及《逸周書・芮良夫》。《芮良夫》篇云:“惟爾小子,飾言事王,寔蕃有徒,王貌受之,終弗獲用,面相誣蒙,及爾顛覆。”對於此字到底是什麽字的問題,郭永秉先生也提出了一種供參考的猜測:把“山”顛倒過來寫,是否也許就是“反復”之“覆”的初文呢?最後,郭永秉先生又指出,“我們暫時還找不出釋此字爲‘覆’堅强的文字學根據”。③

其實,根據郭永秉先生的結論,對此字的構形還是可以做出一些推論的。我們知道,文字學中有將字形倒寫而形成另外一個字的例子。比如,“曰”字倒寫即成“今(吟-噤)”字;“曰”意爲“説”,倒寫之後所形成的“今(吟-噤)”字意爲“閉口不作聲”,④二者的意義密切相關。

由此種現象出發,結合郭永秉先生指出的此字是“山”字倒寫並將其釋讀爲“覆”字的結論,我們推測認爲,此字當是一個變體(改變“山”字的書寫方向)

① 李學勤主編:《清華大學藏戰國竹簡(叁)》,第150、170頁。

② 李學勤:《關於清華簡中的“丁”字》,《初識清華簡》,中西書局,2013年,第186頁。

③ 丁若山(郭永秉):《讀清華三懸想一則》,簡帛網,2013年1月12日。其中“顛”字亦由郭永秉先生釋出。郭先生此文曾經過修改以《釋清華簡中倒山形的“覆”字》爲題提交“清華簡與《詩經》研究”國際學術研討會,香港浸會大學,2013年11月1～3日,後以《釋清華簡中倒山形的“覆”字》爲題正式刊於《中國文字》新39期,藝文印書館,2013年,第77～88頁。下文所引郭永秉先生意見皆出此文,不具注。

④ 裘錫圭:《文字學概要(修訂本)》,商務印書館,2013年,第139頁。

表意字,[①]應釋爲“阜”字。

首先,從字形上看,甲骨文中的“阜”字[《説文》小篆字形本作“(𨸏)”],即有看作“山”形之豎直者。如孫詒讓《名原》上卷“象形原始”曾指出:

> 考《釋名》云:“土山曰阜。”則阜亦山也。𨸏、𠂤蓋象土山陂陀衺側之形,與山、丘字從横相變。甲文、石鼓文从𨸏字偏旁並與小篆略同。金文散氏盤‘陟降’字並从,則正以形直書之。[②]

又如,李孝定先生《甲骨文字集釋》於“𠂤”字條下按語指出:

> 《説文》:“𠂤,小𨸏也,象形”。𠂤、𨸏字並當横看作、,即丘山之豎書者。𠂤爲小𨸏,丘爲小山,以峰之多少别其大小也。

在“𨸏”字條下按語指出:

> ……字之初誼,𠂤、𨸏殆並爲山之象形字,與山丘誼同,及後孳乳爲數字,乃以丘山象山之數峰並峙,𠂤、𨸏象山之阪級峻陗崚嶒,……[③]

裘錫圭先生曾指出,“第二期卜辭裏的地名有‘翼山’(《合》24352、24355、24354),又有‘翼’(《合》24356)”。[④] 據字形“”顯然也當釋作“阜”,而據辭例其字與“山”字同用,此亦可作爲“阜”字形本爲“山”形豎直寫法者之説的佐證。

由此可知,清華簡中所見的字形,若將“山”字横着書寫成“”、“”、“”形,原本就是可以用來表示“阜”字的。或許是由於横着書寫的“”、“”、“”形寫起來不習慣,感覺彆扭,所以書手乾脆就倒着書寫,從而形成

---

① 裘錫圭:《文字學概要(修訂本)》,第137頁。
② 孫詒讓:《名原》,齊魯書社,1986年,第20頁。
③ 李孝定:《甲骨文字集釋》第十四卷,中研院歷史語言研究所,1970年,第4120、4129～4130頁。
④ 裘錫圭:《裘錫圭學術文集·甲骨文卷》,復旦大學出版社,2012年,第303頁。

我們現在看到的字形“”、“”、“”。

當然，從表意的角度説，也不能完全排除郭永秉先生所推測的那種可能性，即古人是把原本是“山”字形横着書寫的“阜”字形完全顛倒過來書寫，以表示與“阜”字音近且與“顛覆”、“反復”義有關的“覆”字。但是，若將“倒山形”之字完全看作是表意字，即完全看作是用“倒山形”來表示“顛覆”、“反復”義却於理難通。因爲如果古人既然可以用“倒山形”來表示“顛覆”、“反復”義，則很多顛倒書寫的字形如“倒土形”、“倒人形”、“倒皿形”等都可以用來表示類似之義，這樣就會造成對應的字形多得無法計算。更何況，山顛倒過來作爲自然界千年難見的奇觀，也非古人常見的景象，古人恐怕不會如此造字的。

其次，從讀音上來講。阜，上古音在並母幽部；覆，上古音在滂母覺部；二字聲母同屬唇音，韻部陰入對轉，古音極其接近，“阜”讀爲“覆”從讀音上説是没有問題的。前人用直音法爲“阜”注音，或云“音覆”。[①]

最後，從字義上來看。《説文》：“𠂤，大陸，山無石者。象形。”段注云：“《釋地》、《毛傳》皆曰‘大陸曰阜’，李巡曰‘高平曰陸’，謂土地豐正名爲陸，陸土地獨高大名曰阜，阜冣(最)大名爲陵。引申之爲凡厚、凡大、凡多之稱。《秦風》傳曰‘阜，大也’，《鄭風》傳曰‘阜，盛也’，《國語》注曰‘阜，厚也’，皆由土山高厚演之。……《詩》曰‘如山如阜’，山與𠂤同而異也。《釋名》曰‘土山曰阜’。象形者，象土山高大而上平，可層絫而上。”由此可知，“山”與“阜”意義本來就密切相關，用“倒山形”來表示“阜”字之義亦爲順理成章之事。又，段注謂“象土山高大而上平”，故也不排除古人用“倒山形”來表示山形“上平”之義。同時，《集韻・上聲・有韻》下“阜”字或體作“阜”形，从“山”作，也表明“阜”與“山”在字義上存在着密切關係。

綜上所述，將清華簡中所見的“倒山形”之字釋爲“阜”，就可以得到相對合理的解釋了。或許有人會問：“阜”作爲偏旁在楚簡文字中極爲常見，爲何幾乎没見過如此寫法者？這種現象也許可以用劉釗先生在《古文字構形學》中的一段話作解釋：

① （明）陳第：《毛詩古音考》卷二，中華書局，2008年，第56頁。

> 古文字形體演變中有這樣一個規律：一個獨立形體的發展演變，要快於以這個形體爲偏旁組合成複合形體後這個形體的發展演變。[①]

亦即，由於"𠂤"字在清華簡中是作爲獨立形體出現的，其發展演變要比作偏旁的"𠂤"字形體來得劇烈。又按，其實"𠂤"作爲偏旁在楚簡文字中寫作"倒山形"也是存在的，看下文所引清華簡《殷高宗問於三壽》中之字即可明瞭。

順便談談《赤鳩之集湯之屋》第15簡的解釋問題。第15簡（也即最後一支簡）原文作：

> 其一白兔【14】不得，是始爲埤，𠂤（覆）諸屋，以禦白兔。【15】

原整理者將"埤"讀爲當"城上女牆"講的"陴"，根據《詩·大雅·雲漢》毛傳訓"丁"爲"當"，以爲"以陴當諸屋"，"意爲築小牆當屋，用以防阻"。[②]

郭永秉先生以爲：簡文的"埤"，似當是置於屋上起到遮蔽防禦作用的一類東西；懷疑此處就應讀爲"革/蔽"，指的是在屋上所加的、用以起抵禦白兔作用的甲衣一類東西；"是始爲埤（革/蔽），覆者（諸）屋"，意思是，方始做了甲衣之類遮蔽物覆蓋在屋上（以抵禦白兔）。

今按：郭永秉先生的理解思路大致可從。然古人造屋，本是爲遮風避雨，似無煩再在上面添加遮蔽物覆蓋在屋上（以抵禦白兔）的。禮俗因人情而爲之節文，一種施行起來非常不便甚至是麻煩累贅的習俗應當是没有多少生命力的。再者，古人鄭重其事地將此習俗寫進簡文，可推知在先秦時期至少在抄寫簡文的當時應該還是有此類習俗存在的。

由此推論，筆者很懷疑"埤"當讀爲"貔"，是指放置在屋頂瓦上用於辟邪的陶質猛獸，也即所謂的"貔貅"。按照民間流傳的説法，"貔貅"能夠吞食各種猛獸邪靈，具有辟邪鎮宅的功用，因此多將之放置在屋頂瓦上用於辟邪。直到現在，某些仿古亭臺樓閣類的建築物上，仍然常在四角屋脊瓦上安放有張着大

---

① 劉釗：《古文字構形學》，福建人民出版社，2006年，第22頁。
② 李學勤主編：《清華大學藏戰國竹簡（叁）》，第170頁。

嘴、前蹄支起、後身端坐的陶質猛獸面朝四方，大概就是此種習俗的孑遺。

埤，上古音在並母支部；貔，上古音在並母脂部；二字古音極近，相通之例亦多見，①“埤”讀爲“貔”在讀音上也是没有問題的。而簡文“埤”字之所以从“土”作，也許是因爲放置在屋頂瓦上的“貔”是使用陶土製作的緣故。

《説文》：“貔，豹屬，出貉國。从豸、毘聲。《詩》曰：‘獻其貔皮。’《周書》曰：‘如虎如貔。’貔，猛獸。豼，或从比。”《禮記・曲禮上》：“前有摯獸，則載貔貅。”注云：“貔貅，亦摯獸也。”“貔貅”作爲一種猛獸，古人或用它來震懾虎狼之類的野獸，簡文中將其編排用來抵禦區區白兔，自然是不在話下了。

如果此種看法不誤，《赤鳩之集湯之屋》第15簡即可釋讀爲：

> 其一白兔【14】不得，是始爲埤（貔），阜（覆）諸屋，以禦白兔。【15】

【編按：劉嬌懷疑“埤”字或可讀爲“甓”，指覆蓋在屋頂上的瓦（參劉嬌《清華簡〈赤鵠之集湯之屋〉“是始爲埤”與“桀作瓦屋”傳説》，《古文字研究》第32輯，中華書局，2018年，第378～383頁。其説可參。傳世典籍中所謂的“甓”，顧名思義當是將筒狀的土坯劈開而成，則自當是指“瓦”。】

至於清華簡（肆）《筮法》篇中的此字，整理者已經引郭永秉先生的説法釋讀爲“覆”。此字所在文句作“見阜（覆）數”，整理者以爲可能指左側上兑下巽卦畫互爲反復，②其説當可信。

上引李學勤先生之文曾公布清華大學藏戰國竹簡《殷高宗問於三壽》篇中的一段簡文：“厭非平，惡非。”其中的“”字左下部亦从“倒山形”之字作。③ 趙平安先生亦有文章對與此相關諸字加以探討。④ 據本篇通篇有韻的文例，可知此字當與“平”字押韻。郭永秉先生在文章中引用鄔可晶先生將此字讀爲“傾”的意見加以肯定，並對文意進行了很好的解釋，以爲“‘厭非（匪）

① 高亨、董治安：《古字通假會典》，齊魯書社，1989年，第589～590頁。

② 李學勤主編：《清華大學藏戰國竹簡（肆）》，第83頁。

③ 李學勤：《關於清華簡中的“丁”字》，見氏著：《初識清華簡》，第186～187頁。

④ 趙平安：《再論所謂倒山形的字及其用法》，《深圳大學學報（人文社會科學版）》2014年第2期，第52～53頁。

平，惡非(匪)傾’，意思就是滿足公平持正，厭惡顛傾不平”。二人的説法正確可從。今按，我們認爲此字或可直接釋讀爲見於《説文》的“隫”字，左下部所从的“倒山形”即“阜”旁在字形中作形符，簡文中不過是將此字之聲符加以代换(頃聲换成聖聲)罷了。這種置换聲符的現象在文字學上是很常見的，如“麠”又作“麖”、“麇”又作“麏”、“鯨”又作“鱷”等。[①]《説文》：“隫，仄也。”《玉篇》：“隫，危也。亦作傾。”

此外，郭永秉先生文章中還曾指出，睡虎地秦簡《爲吏之道》11號簡伍欄有从山、頃聲的“”字，用作傾覆之傾，辭例爲“彼邦之”。[②] 今按，此字亦當釋爲見於《説文》的“隫”字，不過是將其形旁“阜”替换爲義近的形旁“山”而已。“阜”與“山”作爲義近的形旁(已見上述)，二者可以通用應該是没有問題的。[③] 在戰國文字中也見有从“阜”旁之字贅加“山”旁之例，如“陽”字等。[④] 若以上兩個戰國文字釋爲“隫”不誤，則其構形正可作爲“倒山形”之字當釋爲“阜”的旁證。

二、戰國璽印中的“阜”

戰國璽印中亦見有“倒山形”之字：

《古璽彙編》[⑤]0418“王～” 《古璽彙編》3850“公孫～”

“西宫～”

《古璽彙編》將前兩個“倒山形”之字釋爲“丁”；第三方古璽的最初著録者

---

① 楊樹達：《積微居小學述林全編》，上海古籍出版社，2007年，第13、157頁。

② 睡虎地秦墓竹簡整理小組：《睡虎地秦墓竹簡》，文物出版社，1990年，第81、173頁。

③ 高明：《中國古文字學通論》，北京大學出版社，1996年，第157頁。

④ 何家興：《戰國文字分域研究》，安徽大學博士學位論文(指導教師：徐在國教授)，2010年，第1198頁。

⑤ 羅福頤：《古璽彙編》，文物出版社，1981年。

小林斗盦先生也將璽文釋爲“西宫丁”;[1]施謝捷先生將第三方古璽改釋作“西宫山”,[2]已經注意到此字形與“山”字有關係。《古璽彙編》釋“丁”之説或許是清華簡整理者釋字的依據之一。我們認爲,在這三方古璽中,此“倒山形”之字亦當釋爲“阜”,在璽文中用作人名。《詩·小雅·天保》所謂的“九如”有“如山如阜”,《詩經》中多見用“阜”字的詩句,如“火烈具阜”、“駟驖孔阜”、“四牡孔阜”、“升彼大阜”、“爾酒既旨,爾殽既阜”等;且“阜”字先秦時期典籍中有盛、多、肥、大之訓。由此可見,在古人心目中,“阜”字應當與“山”字一樣是個嘉美吉利的字眼,用作人名是很自然的事。傳世典籍記載中古人多有以“阜”爲名者,如《左傳》昭公元年有人名“曾阜”,《漢書》卷九十四《匈奴傳》、卷九十九《王莽傳》有人名“甄阜”,《東觀漢記·列傳十三》有人名“王阜”,《三國志·魏書·楊阜傳》有人名“楊阜”等。漢印中亦有“兒阜”、“歸阜”、“閭丘阜”等人名,[3]“阜”字皆寫成標準的小篆字體。然而在《古璽彙編》中“山”字用作人名有三例(分别是3108、3284、3849號),而“阜”字用作人名却没有發現一例,這種不對稱的情形未免不合情理。現在釋出了戰國璽印中的“阜”字,可知在《古璽彙編》中以“阜”字作人名者有兩例,加上小林斗盦先生所著録者共有三例,戰國古璽印中以“山”爲名與以“阜”爲名者正好都有三例,這樣就合情合理了。再者,從文字發展的角度看,“阜”字在甲骨文中屬於常見字,[4]《説文》有收録,後世亦常用,而戰國文字中却幾乎找不到。[5] 現在釋出清華簡和戰國古璽印中的“阜”字,就可以補足這個缺環了。

此外,《古璽彙編》中如下三方璽印中的人名用字也有釋爲“阜”的可能:

 2794“韓～”  2796“韓～”  3949“長生～”

其中的人名用字,原來皆釋爲“午”。然將其與戰國古璽中的其他“午”字

---

① 小林斗盦編,周培彦譯:《中國璽印類編》,天津人民美術出版社,2004年,第251頁。

② 施謝捷:《古璽匯考》,安徽大學博士學位論文(指導教師:黄德寬教授),2006年,第340頁。

③ 羅福頤:《漢印文字徵》,文物出版社,1978年,第十四·八頁。

④ 劉釗、洪颺、張新俊編纂:《新甲骨文編》,福建人民出版社,2009年,第755頁。

⑤ 何琳儀:《戰國古文字典》,中華書局,1998年,第251頁。

相比較,可以發現標準的“午”字中間的一豎筆皆出頭或者有出頭的趨勢,[①]而以上三方古璽中的人名用字中間的一豎筆都不出頭,這可能是古人有意識加以區别的結果。尤其是《古璽彙編》第 3949 號古璽中的字形與上引清華簡中的“阜”字寫法如出一轍,似可作爲此三方璽印中的人名用字當釋爲“阜”字的一個旁證。

三、餘　　論

附帶提及,甲骨文中有从“阜”从“倒人(或倒子)”形之字如下:

《合集》10405 正　《合集》18752　《英藏》1923[②]

此字舊多釋爲“隊(墜)”,[③]與後來金文出現中的用爲“墜”之字相比較,其實根據並不充足。此字在甲骨文中辭例較爲明確者有:

癸巳卜,㱿貞:旬亡(無)憂。王占曰:乃兹亦有祟若偁。甲午,王往逐兕,小臣甾(?)車馬硪,逸(?),王車(表車壞或翻車之意),子央亦。(《合集》10405 正)

……有災,王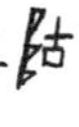自……(《合集》18789)

據上所論,我們懷疑此字當是从“阜”得聲之字,讀爲“覆”,訓爲倒覆、顛覆。將此字放回到甲骨文辭例中驗證也很通順:“子央亦覆”;“有災,王覆自……”。此字構形或可以這樣分析:在造字之時,古人用“倒人(或倒子)”之形來表示倒覆、顛覆之義,爲變體(改變“人”或“子”字的書寫方向)表意字,然又擔心其音不顯且字形容易與其他形體(比如倒人形的“屰”字形)相混,故在

① 羅福頤:《古璽文編》,文物出版社,1981 年,第 353 頁。
② 劉釗、洪颺、張新俊編纂:《新甲骨文編》,第 758 頁。
③ 于省吾主編:《甲骨文字詁林》,中華書局,1996 年,第 1277、1282 頁。

原有變體表意字基礎上加注“阜”聲，變成形聲字，字可讀爲“覆”。關於甲骨文中類似形聲字的構造，可參黄天樹先生《殷墟甲骨文“有聲字”的構造》一文。[①] 不過，此字構形仍顯得頗爲特殊，即加注的聲符“阜”同時又可作爲表意成份，整個字形可以表示人（或子）从山阜上倒覆下來之意。

謝明文先生將上述甲骨文中从阜从倒人形或倒子形之字釋爲“顛”的表意初文，並指出甲骨文中材料中有個从阜从倒子形从“丁”聲之字，這成爲其釋“顛”之説的力證。[②] 同時，此从“丁”聲之字例也成爲將从阜从倒子之字看作从“阜”得聲讀爲“覆”説法的反證，上述推測似乎難以成立。不過，從文字發展的角度來看，从“阜”之“顛”字最終没有流傳下來，與金文中的“真”字僅僅是在倒人形（以及少量字形从“丁”得聲）上存在繼承關係，再結合甲骨文中多見的“一形多用”的現象，[③]也許甲骨文中的倒人形或倒子形也是屬於“一形多用”現象。即倒人形或倒子形既可以用作“顛覆”的“顛”字，也可以用作“顛覆”的“覆”字。後來在倒人形或倒子形上加注“阜”聲來表“覆”字，成爲形聲字。當然，也不排除加注“阜”聲同時將“阜”旁看作意符用作“顛”字的可能。而這種字形相對於“陟”、“降”諸字形來説，其中的“阜”旁更容易被誤認作表意符號而非聲符，且無論是用作“覆”還是用作“顛”，“阜”旁的表音、表意作用都不大明顯，故又在此基礎上加注“丁”聲，從而形成从“丁”聲的“顛”字。而从“阜”得聲的“覆”字形最終也被其他字所吞併，没有流傳下來。因此，我們對此類甲骨文字形的上述分析仍有成立的可能，姑存以待考。

原載《貴州師範大學學報（社會科學版）》2017年第1期。

① 黄天樹：《殷墟甲骨文“有聲字”的構造》，《黄天樹古文字論集》，學苑出版社，2006年，第269～298頁。

② 謝明文：《釋“顛”字》，《古文字研究》第30輯，中華書局，2014年，第493～498頁。【編按：蔣玉斌先生亦有相同的釋讀意見（參看蔣玉斌《釋殷墟花東卜辭的“顛”》，《考古與文物》2015年第3期，第107～110、117頁）。】

③ 裘錫圭：《文字學概要（修訂本）》，第5～6頁。

外　篇

秦駰禱病玉版銘文集解

秦駰禱病玉版是20世紀末發現的很重要的戰國秦系文字材料，傳出土於華山地區，原藏私人手中，後來歸上海博物館收購珍藏。自李零發表《秦駰禱病玉版的研究》(以下簡稱李文)，[①]公布原物照片、銘文摹本及釋文後，許多學者都對此物表示出很大的興趣，先後發表了專門的研究文章，如李學勤《秦玉牘索隱》(以下簡稱《索隱》)，[②]曾憲通、楊澤生、肖毅三位合寫《秦駰玉版文字初探》(以下簡稱《初探》)，[③]周鳳五《〈秦惠文王禱祠華山玉版〉新探》(以下簡稱周文)，[④]李家浩《秦駰玉版銘文研究》(以下簡稱《研究》)，[⑤]王輝《秦曾孫駰告華大山明神文考釋》(以下簡稱王文)，[⑥]連劭名《秦惠文王禱祠華山玉簡文研究》(以下簡稱連文)和《秦惠文王禱祠華山玉簡文研究補正》(以下簡稱《補正》)。[⑦] 此後，還有不少論文著作涉及此玉版銘文。

據曾經見過玉版實物的各位學者(主要是李零)介紹，玉版一式兩份，其中一件折斷，李文將未斷的標爲甲版，折斷的標爲乙版。甲版正面銘文是刀刻，背面是朱書，乙版兩面都是朱書。兩件玉版銘文内容相同，敘述秦國一個名叫

① 李零：《秦駰禱病玉版的研究》，《國學研究》第六卷，北京大學出版社，1999年，第525～547頁。

② 李學勤：《秦玉牘索隱》，《故宫博物院院刊》2000年第2期，第41～45頁。

③ 曾憲通、楊澤生、肖毅：《秦駰玉版文字初探》，《考古與文物》2001年第1期，第49～54頁。

④ 周鳳五：《〈秦惠文王禱祠華山玉版〉新探》，《中研院歷史語言研究所集刊》第七十二本第一分，2001年，第217～232頁。

⑤ 李家浩：《秦駰玉版銘文研究》，《北京大學中國古文獻研究中心集刊》第2輯，北京燕山出版社，2001年，第99～128頁。

⑥ 王輝：《秦曾孫駰告華大山明神文考釋》，《考古學報》2001年第2期，第143～158頁。

⑦ 連劭名：《秦惠文王禱祠華山玉簡文研究》，《中國歷史博物館館刊》2000年第1期，第49～57頁；連劭名：《秦惠文王禱祠華山玉簡文研究補正》，《中國歷史博物館館刊》2000年第2期，第52～54頁。

駰的人因爲得病而向華大山祈禱，希望神靈寬恕他的罪過，讓他早日病癒。作爲重要的秦系文字資料，玉版字數僅次於歷史上曾出土的《石鼓文》和《詛楚文》。銘文有多處模糊不清，尤其是甲版背面的朱書銘文，僅有少數文字勉强可見。雖然有兩件玉版參照，學者們的研究也取得了很多成果，但由於有幾個關鍵字詞分辨不清，學者們對銘文内容的理解不盡一致，仍有一些問題需要進一步探討。

以下對玉版銘文字形的隸定，學者們已經取得一致意見的，包括合文和重文，直接寫成通行文字，不嚴格依據原來字形加以隸定；個别字詞與今天通行字差别很大，或者對理解銘文有幫助的，則寫出隸定字形，並在此字形之後"（ ）"裏寫出通行字；難以分辨者，以"□"表示闕文字數；可以分辨而存有疑問者，以隸定字之後加"（?）"表示。全篇銘文依文意分段，擇録各家考釋意見可從者作爲進一步討論的基礎。銘文原有句讀，常在句末一字的右下角以"∟"表示，今統一改用通行的標點符號。主要參照《研究》和王文的研究，給出各部分銘文的大意，稍有變通。

第一部分：

又（有）秦曾孫小子駰曰：孟冬十月，厥氣㾓（敗？ 戕?）周（凋）。余身曹（遭）病，爲我慼憂。忡忡反昃（側），無間無瘳。衆人弗智（知），余亦弗智（知），而靡有鼎（定？ 息?）休。吾窮而無奈之可（何），永（咏）懃（歎）憂盩（愁）。

有秦：即秦。李文已指出，古人常以"有"字冠於國名前。王文引用王引之《經傳釋詞》卷三："有，語助也。一字不成詞，則加有字以配之，若虞、夏、殷、周皆國名，而曰有虞、有夏、有殷、有周是也。"《詛楚文》首句"有秦嗣王"之"有秦"例同此。

曾孫：既可以是《爾雅・釋親》"孫之子爲曾孫"，也可以是孫之子以下的統稱。各家多同意後説。《研究》所論甚詳：《詩・周頌・維天之命》："駿惠我文王，曾孫篤之"，鄭玄箋："曾，猶重也。自孫之子而下，事先祖，皆稱曾孫。"又《禮記・曲禮下》："臨祭祀，内事曰'孝子某侯某'，外事曰'曾孫某侯某'。"《索隱》進一步説,“對先祖而言,孫以下稱曾孫,而就一國而言,只有嗣君得稱曾孫。”如此,則《詛楚文》“有秦嗣王”和玉版“有秦曾孫”同例,都是於國號後追加一個表示有國者身份的自稱。

小子:先秦常見的謙稱。下文有“毓子”,也是謙稱。此處當是面對神靈祈禱時的謙稱。李文、周文、《初探》及《索隱》都以爲“小子”的謙稱含有尊貴之意。典籍中常見“小子”的説法,《書・君奭》周公旦自稱“予小子旦”與此同例。

厥氣𤸫(敗? 戕?)周(凋):厥,《爾雅》曰“厥,其也”,爲指代詞。厥氣,指自然界的氣象。第三字不清,李文隸定爲“𤸫”,以“貝”爲聲符,讀爲“敗”,“周”讀爲“凋”,以爲“敗凋”是“凋敗”的倒文,其説可通。王文隸定爲“𤵻”,以“爿”爲聲符,讀爲“戕”,以爲“戕凋”即殘凋、凋殘,指花草衰敗脱落,這正是深秋、初冬的氣象,此説亦可通。《索隱》把下部分隸定爲“將”字古文“𤖼”,以“爿”爲聲符,也讀爲“戕”。兩種説法分歧僅在於此字下方是从什麽字形,但是對本句文意的理解相同,都是指自然界在冬季的凋敗肅殺景象而言。

忡忡反昃(側):《集韻》真韻:“忡,憂也。”第四字下面當是《説文》从日仄聲的“昃”。段注曰:“隸作昃,亦作昗。”昗下所从的“夨”《説文》訓爲“傾頭也”,銘文中人形下多一横,但側着頭的特徵很明顯。李文所引《古文四聲韻》卷五第二十八頁“萴”字古文,可以參照。《研究》引《詩・周南・關雎》“輾轉反側”證明“側”字釋讀正確。銘文中“反昃(側)”也當與《詩》中含義相同,描繪人坐卧不安之態。

無閒無瘳:李文以爲“閒”和“瘳”都是病好的意思,這是渾言之。《初探》析言之,“閒”指減輕、緩和;“瘳”指病癒。《説文》:“瘳,疾瘉也。”

鼎(定? 息?)休:“休”前一字不清,李文釋爲“鼎”,《研究》認爲字用爲“貞”;《索隱》讀爲“定”。王文將其隸定爲“息”,以爲“息休”乃“休息”的倒文。細審玉版字形,釋爲“鼎”的可能性大些,則此字當從《索隱》讀爲“定”。

永(咏)戁(歎):《説文》:“戁,敬也。”段注:“敬者,肅也。《商頌》‘不戁不竦’,《傳》曰:‘戁,恐;竦,懼也。’敬則必恐懼。故《傳》説其引申之義。”《爾雅・釋詁》:“戁,懼也。”王文訓戁爲懼,訓永爲長。“永戁”,即久爲憂懼所困擾。李文讀爲“咏歎”,以爲義同長歎;《研究》以爲與《詩・小雅・小弁》中“假寐永歎,維憂用老”中的“永歎”同義。讀爲“咏歎”於義較長。“懟”字从心，似與心理活動相關，且典籍釋義在銘文中亦可通，故王文之説亦不無可能。

這一部分銘文大意是：秦國曾孫小子駰説：孟冬十月，氣象蕭條殘敗。我得了病，讓我心憂；我坐卧不安，病情一直不見好轉，衆人不知道是什麽原因，我也不知道是什麽原因，這種狀況不間斷地一直延續到現在。我無可奈何，只有長久地在恐懼中發愁（或解釋爲長歎發愁）。

第二部分：

周世既没，典灋（法）蘚（散）亡，惴惴小子，欲事天地、四亟（極）、三光、山川、神示（祇），五祀、先祖，而不得厥方。羲（犧）豭既美，玉帛（?）既精，余毓子厥惑，西東若惷。

周世既没：銘文用“世”而非“室”，《索隱》以爲“周世”指周的王數，可從。“没”，當訓爲盡。王文以爲“周世既没”即周世既滅，周世既終，是也。“既没”當如賈誼著名的《過秦論》中“始皇既没，餘威振於殊俗”的“既没”之義。

惴惴：《説文》：“惴，憂懼也。”銘文中指小心謹慎恭敬的樣子。

四極：作爲祭祀對象，《研究》以爲是指掌管四極之神，可從。

五祀：王文以爲古祭禮中的五種神，引證甚詳。《禮記·曲禮下》有“天子祭天地、祭四極、祭山川、祭五祀”，《周禮·春官·大宗伯》、《禮記·祭法》、《禮記·月令》都有“五祀”，作爲祭祀對象，所指當與銘文同，但是哪五種神説法不一。

豭：《説文》：“豭，牡豕也。”銘文中指祭祀用的豬。

惷：《説文》：“惷，愚也。”

這一部分銘文大意是：周朝的世數已盡，各種典章儀禮都散亡了。恭敬謹慎的小子我打算祭祀天地、四極、三光、山川、神祇，五祀、先祖，但不知道方法。用於祭祀的精美的犧牲玉帛已經準備好了，我仍然感到困惑，無所適從，唯恐自己的做法不合禮儀而在神靈面前顯得愚蠢可笑。

第三部分:

東方有士姓,爲刑(形)灋(法)氏,其名曰陘。潔可以爲灋(法),浄(?)可以爲正。吾敢告之:余無辠(罪)也,使明神智(知)吾情;若明神不□其行,而無辠(罪)□友(宥?)刑(?),蜸(蹇)蜸(蹇)桒(烝)民之事明神,孰敢不精?

東方有士姓,爲刑(形)法氏,其名曰陘:此句各家説法分歧很大。我以爲銘文裏就是指來自秦國東方獻祭祀之方的一個方士,姓士,刑(形)法是氏,名叫陘,典籍不見。"刑(形)法氏"可從《研究》所説,士陘是擔任"形法家"的職官。先秦有姓氏制度,"至於氏,得自世功官邑",[1]即氏多爲有功受賜而得,則士陘或許其先人曾任此職,故以此爲氏。此處介紹士陘有姓有氏有名,有尊重之意。

蜸蜸桒(烝)民:"蜸"字見於《爾雅·釋蟲》"蜸蠶",當是以"臤"作爲聲符。王文讀作"几几",訓爲拘束忠厚的樣子,可通。"桒"讀爲"烝",《詩·大雅》有《烝民》篇,《爾雅·釋詁》:"烝,衆也。"《初探》以爲"蜸蜸"可能同"賢賢",指善良或辛勞,義亦可通;又以爲可能同文獻裏的"簡簡"和金文裏的"柬柬",指盛大、衆多,"蜸蜸"與"烝"義重複,則詞例如"芸芸衆生",亦可備一説。疑"蜸蜸"當讀爲"蹇蹇",義爲忠直之貌。《易·蹇》:"王臣蹇蹇,匪躬之故。"

這一部分銘文大意是:東方有個姓士的,以刑(形)法爲氏,其名叫陘。他潔浄的品行可以作爲世人的楷模。我冒昧地告訴他(讓他轉達給神明):我没有罪過,讓明神知道我的情況。如果明神能原諒我的過失,不降罪於我,廣大忠厚的民衆侍奉明神,誰敢不精誠?

第四部分:

小子駰敢以芥(介、玠)圭、吉璧、吉叉(琡)以告于嶪(華)大山。大山又(有)賜,八月(?)已吾(?)匌(腹)心以下至于足髀之病能自復如故。請又(有?)司(?)用牛羲(犧)貳,亓(其)齒七,潔(?)□□及羊、豢,路車四馬,三人壹家,壹

[1] 李學勤:《考古發現與古代姓氏制度》,《考古》1987年第3期,第254頁。

璧先之；□□用貳羲(犧)、羊、豢，壹璧先之，而𩓥(覆)崋(華)大山之陰陽，以㒸(?)悠(?)咎，悠(?)咎既若(?)，其□□里，枼(世)萬子孫，以此爲尚(常)。句(苟)令小子駰之病日(自?)復故，告太一(大令?)、大將軍，人壹家(?)，王室相如。

芥(介、玠)圭："芥"讀爲介。介圭即大圭。《詩·大雅·崧高》："錫爾介圭，以作爾寶。"鄭玄箋："圭長尺二寸謂之介，非諸侯之圭。"字又寫作"玠"。《說文》："玠，大圭也。"段注引用《爾雅》曰："圭大尺二寸爲玠。"

吉叉(琡)："叉"在銘文中作"爪"字形，《初探》讀爲"瑵"。《說文》："瑵，車蓋玉瑵。"段注："瑵、蚤、爪三字一也。皆謂蓋橑末。《說文》指爪字作叉，當云車蓋玉叉也。瑵、叉疊韻。他家云華瑵、金瑵者，謂金華飾之。許云玉瑵者，謂玉飾之，故字从玉也。"銘文中"叉"若讀爲"瑵"，或當指玉飾的車馬器物之類，應與下文的"路車四馬"有關。《研究》認爲"吉叉"當讀爲"吉琡"。《爾雅·釋器》："璋大八寸謂之琡。"陳劍對此説有補證，[①]當可從。

崋(華)大山：《說文》："崋，崋山也，在弘農華陰。"段注："按西嶽字各書皆作華，華行而崋廢矣。漢碑多有从山者。""崋"字銘文中左下方从"山"，當是西嶽華山的專用字。

𩓥(腹)心以下："𩓥"字字形與下文"𩓥(覆)崋(華)大山之陰陽"的"𩓥(覆)"字同形。《說文》："𩓥，重也，从勹，復聲。复，或省彳。""勹"即是"腹"之初文，"復"或"复"爲添加的聲符。"𩓥"字甲骨文和金文並見，可參于省吾《釋复》一文。[②]

至于足髀之病："足髀"，"足"後一字右半部分不清，《初探》釋爲"骭"，《研究》從之，訓爲脚脛。"骭"字之義可參《張家山漢墓竹簡·脈書》第23簡釋文："陽明之脈，繫於骭骨之外廉，循骭而上，穿臏，出魚股之廉，上穿乳，……"[③]則足骭是小腿骨靠足的部分，訓脚脛是也。張家山漢墓竹簡中"骭"字形右邊从"干"很

---

① 陳劍：《説殷墟甲骨文中的"玉戚"》，復旦大學出土文獻與古文字研究中心網站 www.gwz.fudan.edu.cn，2009年9月11日。

② 于省吾：《釋复》，見氏著：《甲骨文字釋林》，中華書局，1979年，第374～380頁。

③ 張家山二四七號漢墓竹簡整理小組：《張家山漢墓竹簡》，文物出版社，2001年，第239頁。

清楚。《索隱》直接釋"髀"。細審玉版原字形,此字右邊似从"刀"作"削",則釋"髀"是。《説文》:"别(原篆字形作冎刂,右从刀,此字甲骨文亦見[①]),分解也";"髀,别也"。則二字同義。而"冎"乃"骨"之初文,[②]則"削"即"别(冎刂)","髀"即"髀";又"别"與"髀"雙聲,同在古音並紐,當可通用。"髀"爲大腿骨外側靠上的部位。《説文》:"髀,股外也,从骨卑聲。踋,古文髀。""髀"字形有从"足"作者,則銘文"足髀"自可成辭。

豢:《説文》:"豢,以穀圈養豕也。"李文謂爲豕牲。

路車四馬:《初探》及李文所説甚詳。《詩·大雅·韓奕》:"其贈維何?乘馬路車。"鄭玄箋:"人君之車曰'路車'。"《續漢書·輿服志上》:"天子路,以玉爲飾。"銘文似乎是説車馬祭。

三人壹家:《研究》以爲"三人壹家"似是三人供壹家的意思,也即三人供奉壹家"牲賦",並引《曲禮下》鄭玄注:"牲賦,以賦出牲"爲證,可從。王文結合秦時的習慣,認爲"路車四馬,三人壹家"有可能是木偶或陶器,亦可備一説。

壹璧先之:李文以爲"先奠璧,後埋牛、羊、豕、和車馬",可從。且其意也是以車馬作祭物。

以遂(?)悠(?)咎:第二、三字不清。第二字李文釋爲"迭";"悠"從連文所釋。頗疑第二字爲"遂"字。李家浩先生有《齊國文字中的"遂"》一文,[③]所引《古文四聲韻》卷四至韻所收《古尚書》"遂"字之形與銘文很相似,又引《周書·武稱》"赦其衆,遂其咎,撫其□,助其囊,武之間也"等句例,將"遂"訓爲"赦免",則"遂其咎"與銘文中"以遂悠咎"尤爲相似。《説文》:"悠,憂也。"《初探》將此句讀爲"以通徵(?)咎",以爲"徵咎"指災禍的徵兆。

句(苟):此字字形當是《説文》从口丩聲的"句(古侯切)",讀爲"苟"是。《研究》引睡虎地秦墓竹簡《爲吏之道》"臨材(財)見利,不取句(苟)富;臨難見死,不取句(苟)免"爲證,可信。王引之《經傳釋詞》卷五:"苟,猶若也。""苟"表示假若,如果。

---

① 于省吾:《釋冎》,見氏著:《甲骨文字釋林》,第367頁。

② 同上。

③ 李家浩:《齊國文字中的"遂"》,《湖北大學學報(哲學社會科學版)》1992年第3期,第30～37頁。

這一部分銘文大意是：小子駰按照士陘所教的方法，謹用介圭、吉璧、吉叉，以祭告華大山。如果承蒙大山恩賜，我從腹心到足髀的病能夠康復如故，請有司(?)先用一璧，再用二個才七歲口的犧牛，羊、豬、路車一輛、馬四匹，三人供奉一家祭奠；請□□先用一璧，再用二犧牛、羊、豬祭奠；然後把這些祭品分别掩埋在華大山的北面和南面，以求贖補我的過失，祛除疾病之憂。……後世的子子孫孫，永遠以此爲常法。假如能使我的疾病一天天地好起來，我還會祭告太一(?)、大將軍，以百姓每人供奉一家(?)作報答，王室也一樣照辦。

以上就銘文字面意思綜合各家之説進行解釋。由於幾處字形模糊，各位學者不僅在字面意思上有分歧，對銘文的整體理解也見仁見智。下面擬就學者們所討論的幾個分歧點作些説明，並補充一些自己的看法。

(一)“駰”究竟是秦國的哪一個秦王？

“駰”，李文以爲“典籍無考”；《初探》疑“駰”是秦莊王；王文認爲可能是秦公子，也可能是某王之子。《研究》、《索隱》及周文以爲是秦惠文王。據《史記·秦本紀》索隱，秦惠文王名“駟”，應該是在傳抄過程中“駰”訛誤爲“駟”。除從字形上“駰”與“駟”形近易誤作出論斷外，《研究》、《索隱》還由“王室相如”中“王室”一詞，推測秦惠文君當時已經稱王。據《史記·秦本紀》記載，秦惠文君十三年(公元前325年)稱王，次年更爲元年，又十四年(公元前311年)卒。兩文都推測玉版製作當在秦惠文王稱王期間，時間基本一致。《研究》還引《吕氏春秋·去宥》中有關秦惠文王的史料和《詛楚文》的製作者爲秦惠文王的結論，證明其人很迷信鬼神，與銘文中的“駰”因病隆重祭祀華山很符合。由以上論據推斷，玉版中的“駰”當是秦惠文王。玉版銘文與《詛楚文》若都是秦惠文王時所作，二者當有更大的可比性。筆者曾把銘文與《詛楚文》中同時出現的五十二字作了一番比較，其中三十六個字寫法完全一致；十六個字稍有出入，但筆勢走向大體一致，説明二者刻寫年代不會相差很遠。

(二)銘文所説是誰生病？是“衆人”還是僅僅“駰”一個人？

對“衆人弗智(知)，余亦弗智(知)”的“智(知)”字，李文引《方言》卷三：

“差，間，知，愈也，南楚病癒者謂之差，或謂之間，或謂之知。知，通語也。……或謂之瘳。”將其理解爲病癒，“衆人弗智（知）”就成了衆人都有病不愈，推測“似作器者所染乃流行病”，“似乎是説疾疫流行”，銘文中就是衆人都得了病。周文同意此理解。王文將“戾”隸定爲“瘟”，銘文中指瘟疫，“即今人所説流行的急性傳染病”，也以爲是衆人皆病。《研究》認爲當用“知”字的本義，即知道，否則就與上文“無閒無瘳”重複了。結合上下文意，當從《研究》所説。由銘文中“余身曹（遭）病”，“吾（?）復（腹）心以下至于足髀之病”，“小子駰之病”推測，應只是“駰”一個人生病，“衆人”没有得病。

（三）“駰”所生何病?

《初探》以爲“厥氣”是指逆行不順之氣；第三字疑讀爲“浸”，指逐漸滲入；第四字如字讀，“厥氣浸周”意即逆行不順之氣逐漸滲入了全身，則此句言外之意就是駰生了病，這與下句“余身曹（遭）病”重複，似乎不合文意。《研究》以爲“駰生病，是因十月孟冬，天氣變冷，身受風寒所致”，恐非。銘文中“孟冬十月，厥氣瘨（敗? 戕?）周（凋）”當是對時令氣象的如實描繪，是説我從什麽時候得了病，並不表示與自己病因有關係。下文的“復（腹）心以下至于足髀之病”才是“駰”得的病。至於其病究竟在什麽部位，是什麽病，因銘辭簡單，不敢妄測。

（四）“駰”所生之病好没好?

連文以爲銘文分兩部分，前半部分是“禱”；後半部分是“祠”，即報答神靈的恩賜，意即“駰”所生之病在禱告之後已經好了，故來華大山還願。李文也有類似的看法，以爲“原文是一篇報神還願的禱祝之文。禱祝原因是做器者久病不愈，曾到華山祈禱，求神釋罪，後來果然痊癒”。王文也認爲銘文所説有“其病痊癒”的意思。《初探》認爲“玉版記述的主要内容是駰祈願所生之病‘自復如故’和‘自復’之後進行還願”，也以爲“駰”之病好了。《研究》一方面説“到了八月，駰隆重祭祀華山，不僅病情没有得到好轉，相反，没有多久就去世了”，另一方面又在銘文大意中説“承蒙華山神賜福，八月，我自腹心以下至於脚的脛骨之病，康復如故。爲了報答華山神的賜福，請……”，也是來華山還願之意，似乎是説駰的病是好了,但不徹底,只好了“自腹心以下至於脚的脛骨之病”。究竟“駰”所生之病好沒好呢? 銘文中有兩個關鍵的字:“能”和“句(苟)”,可以説明問題。“句(苟)”字義已見於上文討論,訓爲假如。“能”字,王引之《經傳釋詞》卷六:“能,猶而也”,“能,猶乃也”,“乃,猶若也”;卷七:“而,猶若也”,“而,猶乃也”。則“能”可訓“若”,也有假如之義。如此,銘文中的“自復如故”就是假設之辭,是説如果華大山讓我的病能夠“日(自?)復故”,我就怎麽怎麽樣來報答,不代表“駰”的病真的好了。從實際情況説,古人禱病是一種迷信活動,真正能好起來的恐怕不多。《索隱》以爲銘文中所列的祭品是“和神講條件”,並引《書·金縢》“爾之許我,我其以璧與珪,歸俟爾命;爾不許我,我乃屏璧與珪”來印證銘文之義,甚是。既然是和神講條件,則在病未愈的情况下,銘文中所列祭品似是口頭開出的條件,並沒有真的“𡨀(覆)崋(華)大山之陰陽”。

(五)“東方有士姓,爲刑(形)法氏,其名曰陘”如何理解?

李文以爲“士陘”是神名,疑是《史記·封禪書》中爲“杜主,故周之右將軍,其在秦中,最小鬼之神者”的“杜主”。《研究》以爲是人,是擔任“刑(形)法氏”職官的方士之流。如果是神的話,“駰”生病要首先向杜主神祈禱,則杜主當有祛病之功,而典籍不載,“士陘”似乎無由爲神名。先秦典籍中所見的姓非常少,也有認爲此句不是説人名或神名的,如《索隱》釋讀爲“東方有土姓,爲刑法民,其名曰陘(經)”;王文釋讀爲“東方有士,姓(生)爲刑法,氏(是)其名曰陘(經)”,以爲是指東方創立刑法的法家人物,“陘(經)”指法家人物的《法經》之類。連文釋讀爲“東方有土,封爲刑法,氏(是)其名曰陘”。這些説法似皆可商,因爲銘文隨後説“潔可以爲法,净(?)可以爲正”和“吾敢告之”,“之”當有所指,所以我以爲銘文所説就是實指一個人,指從東方來的方士之流。

(六)“駰”爲什麽要稱贊“士陘”的品行?

李文將“士陘”理解爲神可能受下文“潔可以爲法,净(?)可以爲正”和“吾敢告之”的影響。“士陘”要是人的話,爲什麽“駰”要對士陘的品行進行一番贊美呢? 生病了爲什麽要“告之(指士陘)”呢? 這是因爲古代方士不僅獻祭祀之方，還主持祭祀的儀式，是負責與神靈溝通的人。《研究》所引用的《晏子春秋·内篇·諫上》第十二章一段文字對理解這一點很有幫助：

景公疥且瘧，期年不已。召會譴、梁丘據、晏子而問焉，曰："寡人之病病矣，使史固與祝佗巡山川、宗廟，犧牲珪璧，莫不具備，數其常多先君桓公，桓公一則寡人再。病不已，滋甚，予欲殺二子者以説於上帝，其可乎？"

景公讓史固與祝佗"巡山川、宗廟"來禱病，而不是自己親自去祭禱。可知負責祭祀祈禱的人在當時人的眼裹是與神靈打交道且身負異能者。"駰"要對士陘的品德加以贊美，當是説其具有祭禱的資格，希望神靈喜歡主持祭禱者，從而賜福於己。而"駰"之所以要"告之（指士陘）"，是希望由他來把自己的情況轉達於神靈。

（七）"太一（？大令？）、大將軍"是神靈還是秦國的職官？

"大將軍"前二字不清，不作討論。"大將軍"究竟是神靈還是秦國的職官呢？秦國有"將軍"之職，《史記·穰侯列傳》："昭王即位，以冉爲將軍"。"大將軍"之名似乎未見。星宿名有"大將軍"，①所出甚晚，先秦不知道是否有以"大將軍"名星宿者。李文以"士陘"爲神，也疑"大將軍"是"作爲'周之右將軍'的杜主"。《研究》引了不少名爲"大將軍"的神祇，也以其爲神名。《初探》也以爲"可能是神名"。且以上各家多把"大將軍"前兩字認爲是"太一"神名。《索隱》以"大將軍"爲秦國的職官，將前二字定爲"大令"，指縣令。兩種説法都可説得通，我以爲前一種理解較合文意。"駰"除了向"嶧（華）大山"神祭禱外，還向"太一（？）、大將軍"等神靈禱告，這與上文"欲事天地、四亟（極）、三光、山川、神示（祇），五祀、先祖"中的"山川（指華大山）"、"神示（祇）（指太一，大將軍）"相照應。而且對二者都是用"告"字。《詛楚文》有"告於不（丕）顯大神厥湫"之語，對神靈也是用"告"字。對"士陘"用"告"是尊重其與神靈交流的特殊地位，

---

① 李零、劉樂賢主編：《中國方術概觀·占星卷》，人民中國出版社，1993年，第629、676頁。

是間接的"告"神；對"山川"、"神示(祇)"用"告"表示尊敬神靈。如此，銘文中的"明神"當是所有神靈的統稱，既指"華大山"山神也指"太一(?)，大將軍"等神示(祇)。銘文分言之，如果山神賜福使其病"日(自?)復故"則怎麽報答；如果"太一(?)，大將軍"賜福使其病"日(自?)復故"則如何報答，所以出現了兩種假設，分别以"能"和"句(苟)"來表示。當然，主要的祭禱對象是"華大山"，"太一(?)，大將軍"似乎是附帶祭禱，所以開出的條件要低得多。上文所引的《晏子春秋》中景公得病"使史固與祝佗巡山川、宗廟"也可證明，禱病既要"巡山川"又要巡"宗廟"，所祭之神不一。當然，以上所説還只是推測，實際情況是否如此，有待於字形的廓清及更多的材料佐證。

(八)"周世既没，典灋(法)蘚(散)亡"一句如何理解？就目前典籍所見，此句可確定玉版製作的絶對年代嗎？

對"周世既没，典灋(法)蘚(散)亡"一句，李文和《研究》都以"周世既没"指周王朝的滅亡而言；《索隱》以爲是指周的世數已盡。兩種理解都以爲此句有確定年代的意義並由此推測玉版製作的具體年代上限。上文已經説過，《索隱》的説法要合理些，但實際似乎並没有那麽複雜。綜合前後文意，"周世既没"應該只是虚指，是爲"典灋(法)蘚(散)亡"作鋪墊，爲"而不得厥方"找藉口，並不是實指周王室的滅亡這樣重大的歷史事件，也不是具體説周王朝的世數已盡。在周王室還保存其名號的春秋戰國時代，當時人對"周世既没"的理解也見仁見智。如果把"周世既没"理解爲周王朝的没落，則春秋時代就可以看出其没落，不待三十世之後，更不必等到周王朝完全滅亡之後才説"周世既没"。王文不同意玉版是惠文君之物，把玉版年限定在昭襄王五十二年至始皇二十六年之間，也認爲無法確知玉簡之絶對年代。綜上所述，僅由這句話不能確定絶對年代及具體年限，玉版製作年代應綜合全部銘文來作大概推斷。

(九)我們所見的玉版是不是銘文中所説的祭品之一？玉版在整個祭禱過程中起什麽作用？

上文已經説到，銘文第四部分的祭品只是與神講條件，並非真的"稪(覆)

嶧(華)大山之陰陽”,埋到了華大山上。則玉版決不是銘文中“壹璧先之”的“璧”。且璧是圓形,玉版是方形,兩不相干。銘文中還有一句“小子駰敢以芥(介、玠)圭、吉璧、吉叉(琡)以告於嶧(華)大山”,玉版非“璧”,那麽,玉版是“芥(介、玠)圭”或“吉叉(琡)”之一嗎? 應該也不是。李文以爲“古人祭告山川,有以玉製版狀物書寫祝文的傳統”;《索隱》以爲“玉牘即祭告之辭”;王文以爲“祝官在祭神時以文辭與神交通,簡文與《詛楚文》皆祝告之辭”,這些都是很精當的意見。可知,玉版銘文是禱病時的祝禱之辭,在祭禱中是相當於今天的發言稿之類,不在銘文中所説的祭品之列。《書・金縢》中周公爲周武王禱病,“爲壇於南方,北面,周公立焉,植璧秉珪,乃告大王、王季、文王。史乃册祝曰:……”。對“史乃册祝”,孔《傳》曰:“史爲册,書祝辭也”,而《書》中周公是“植璧秉珪”。與玉版銘文比較,我們可以推知,“芥(介、玠)圭、吉璧、吉叉(琡)”相當於周公“植璧秉珪”,而玉版銘文相當於“册祝”,是祭禱之辭無疑。同時,我們可以聯繫《詛楚文》“著者(諸)石章,以盟大神之威神”一句,推測其雖是禱病之辭,但同時又要與神靈講條件,故也有與神靈訂立盟約的盟書性質。

原載《文博》2005年第6期。

附：秦駰禱病玉版銘文摹本（采自《國學研究》第六卷，1999 年）

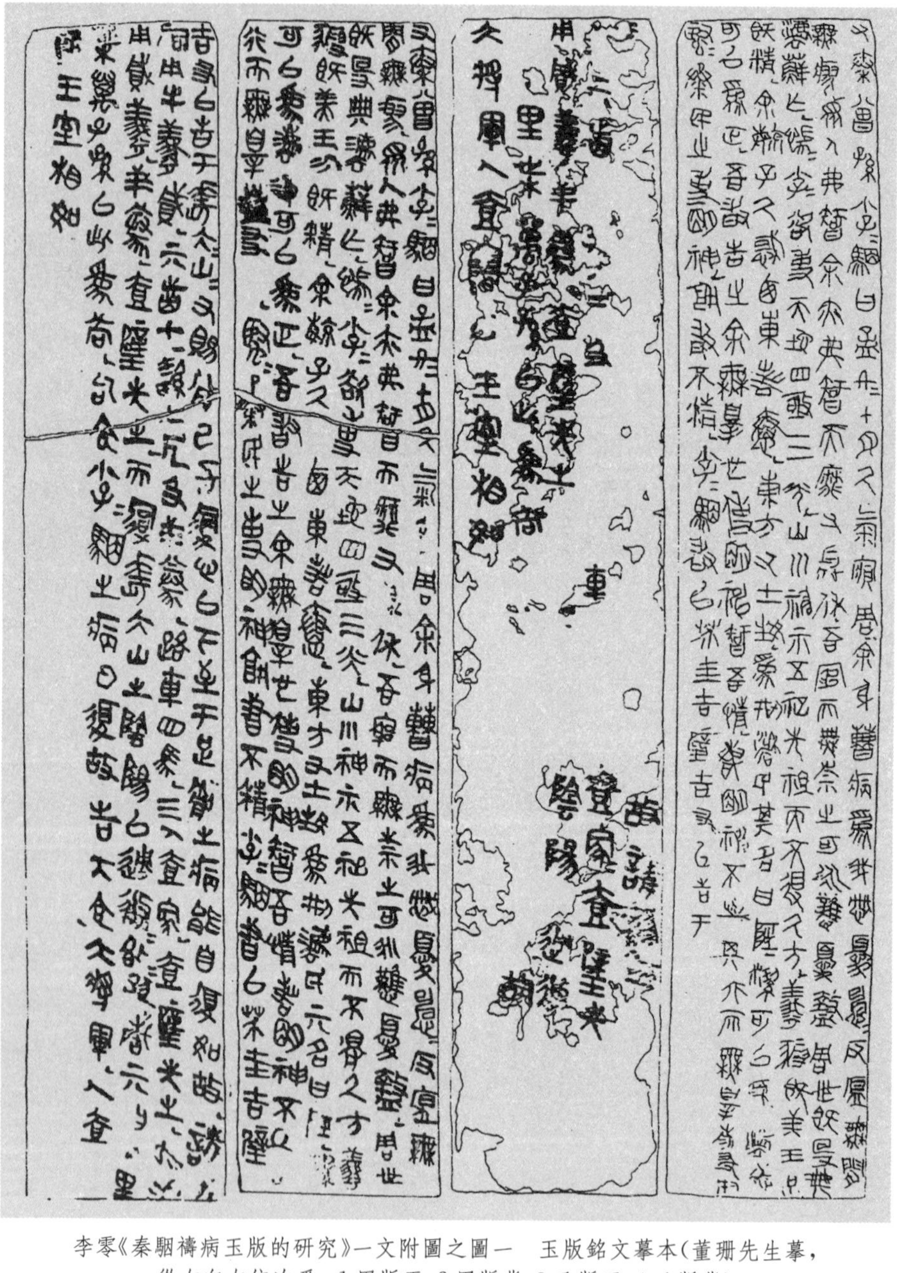

李零《秦駰禱病玉版的研究》一文附圖之圖一　玉版銘文摹本（董珊先生摹，從右向左依次爲：1 甲版正、2 甲版背、3 乙版正、4 乙版背）

竹書《周易》“𣎵”字補考

《周易·大畜》卦上九爻辭：“何天之衢，亨。”馬王堆漢墓帛書本“衢”作“瞿”。上海博物館藏戰國楚竹書《周易》第二十三簡對應“衢”之字如下（以下以“△”代替）：

原考釋者濮茅左先生隸定爲“⿱丘木”，後加“（衢）”，考釋以爲：

> “⿱丘木”，字待考，疑兵器。馬王堆漢墓帛書《周易》作“瞿”，或釋兵器。《書·顧命》：“一人冕，執瞿。”①

徐在國先生以爲（括號内字形爲筆者所加）：

> 此字隸作从“木”从“丘”，誤。“木”上所从與“丘”字形體極爲相似，但不是“丘”，而是“guai”（丫），《説文》“羊角也。象形”。簡文上部所从正像羊角形。E（△）當釋爲“F（𣎵）（異體作釫）”。《説文》：“F（𣎵），兩刃臿也。从木，guai（丫），象形。宋魏曰F（𣎵）也。釫，或从金从于。”釫爲耕田起土用的農具，後寫作“鏵”。上古音釫爲匣紐魚部，瞿、衢爲群紐魚部。釫與瞿、衢的關係當屬於通假。附帶説一下包山楚簡中舊釋爲“样”的字

---

① 馬承源主編：《上海博物館藏戰國楚竹書（三）》，上海古籍出版社，2003年，第168頁。

(《楚系簡帛文字編》四五四頁),現在看來也應釋爲“釪”。①

鄭萬耕先生引高亨先生《周易古經今注》“讀衢爲休”説,以爲:

> “衢”字作“乗”,與古“麻”字極爲相似,或因形近而誤書爲“乗”。此“丘”下之“木”字,也向我們傳達了一個極爲重要的信息:此“衢”字絶不可釋爲“四達謂之衢”。由此我們可以推測,“麻”當爲本字,楚竹書本轉寫爲“乗”,而帛本和通行本以聲系相通而借爲“瞿”或“衢”;以至於後人由《象傳》“何天之衢,道大行也”加以推演,又將“衢”釋爲曠闊無阻,通達無礙,從而距其本義也就越來越遠了。②

我們認爲,徐在國老師所分析的字形是正確的,但論之不詳,今爲補充説明如下。其實《説文》中與“宷”緊鄰的上一字“臬”完全可以説明“宷”字何以與“瞿”、“衢”字相通。

楊樹達先生有《釋衢》一文,以爲:

> 瞿聲字有分張旁出之義,故衢以此受名。

並以七證證明。其中第七證云:

> 不惟瞿聲之字爲然也。瞿從䀠聲,䀠聲字亦有分張之義。《説文》六篇上木部云:“臬,宷臿也,从木,人象形,䀠聲。”按木部宷下云:“兩刃臿也。”蓋臿以兩刃分張,故受臬名也。……《説文》衢四達之訓,本之《爾雅·釋宫》。然《淮南子·繆稱篇》許注云:“道六通謂之衢。”《楚辭·天問》王注云:“九交道曰衢。”按或曰四達,或云六通,或云九交,學者容以爲

① 徐在國:《上博竹書(三)〈周易〉釋文補正》,簡帛研究網站,2004年4月24日。
② 鄭萬耕:《〈周易〉釋讀八則——以楚竹書爲參照》,《周易研究》2005年第2期,第9～15頁。

疑，然此不必疑也。瞿既爲分張旁出之義，四分可也，六分可也，九分亦可也。兩刃臿爲㭘，此物之兩出者也；三鋒矛爲戵，其三出者也；四齒杷爲欋，桑枝四衢，其四出者也；帝休之枝五衢，五指攫物爲擢，其五出者也；大樹之根擢，數多不可知者也。文第表分張之義，數之多寡，不必泥也。①

楊樹達先生言之鑿鑿，信而有徵，甚爲精當。其實，類似之意清人已有言之者。《史記·仲尼弟子列傳》記載：商瞿，魯人，字子木。王引之《春秋名字解詁》"魯商瞿，字子木"條下云：

瞿讀爲欋。《釋名》云"齊魯謂四齒杷爲欋"（具俱切），《説文》云"杷，收麥器也"。蓋以木爲之，故字从木。欋之言俱也，齒兩兩俱列也。《説文》"䀠，左右視也。讀若拘，又讀若良士瞿瞿"；"㭘（舉朱切），关臿也"；"关（互瓜切），兩刃臿也"。目兩視謂之䀠，兩刃臿謂之㭘，四齒杷謂之欋，聲義皆相近也。《淮南·説林篇》"木大者根欋（引注：此條楊樹達先生亦引，字作擢，《淮南子》原文从手作，刻版及手寫本中从手从木常混），山高者基扶"，言其根基之四布也。《爾雅》"四達謂之衢"，義亦相近。②

古人名字相因，商瞿名瞿，字子木，子木猶言樹木分蘖旁生的樹枝，其特徵正爲分張旁出，恰與"瞿"義相因。此外，《説文》"㭘"下段注以爲："从人者，象兩刃也"。由此我們推知，《説文》中"关"、"㭘"同爲下从木上象丫形的兩刃臿，且二字古音同在魚部，可以近似地認爲二字是同源字（《説文》中"关"字讀音應是因方言不同而稍有轉變），只是"㭘"比"关"多加了一個聲符"䀠"。而"㭘"本从"䀠"聲，則與"瞿"、"衢"相通是毫無疑問的。同時，可以斷言，將《周易》中"衢"釋爲"四達謂之衢"是有道理的，鄭先生引高亨先生之説讀爲"休"，恐怕根

① 楊樹達：《釋衢》，見氏著：《積微居小學述林》，中華書局，1983年，第20～21頁。
② （清）王引之：《春秋名字解詁》，《經義述聞》，江蘇古籍出版社，1985年，第551頁。

據不足。“衢”字本義與“丫”形以及“𠓜”之“人”形表示“兩刃”同，皆有分張旁出之義。

“△”字之構形極有可能是仿“兩刃臿”這種農具的形狀而作。“臿”隨着時代發展産生了很多異名，或稱之爲“耜”，據傳大禹治水時手裏所持即是(見下圖左)。① 大禹圖像中所見的頭部有兩個尖角(即“兩刃”)的構形當即“臿”這種農具的形狀，這種形狀後來被先秦的布幣(見下圖右)所繼承。兩相比較，二者明顯有着淵源關係。我們現在通常稱布幣爲鏟形幣，其形狀顯然和農具“兩刃臿”有關。在出現耦耕和牛耕後，這種農具又演化爲“鏵”，後來又分化出我們至今還在使用的鏟形工具“鍬”，有的地區又稱爲“鍁”。上述這些名稱在《方言》裏是同物異名，都指的是“臿”這種田間起土工具。明末清初有個政治家叫瞿式耜，字起田，當是因姓起名，由名定字，姓名和字的意義分别是工具“臿”的異名及功用。徐中舒先生曾對“耒耜”的名稱、形制演變及其功用等問題有過詳細討論，可參看。②

大禹像(山東嘉祥武梁祠東漢畫像石)

布幣形

① 于豪亮：《漢代的生産工具——臿》，《于豪亮學術文存》，中華書局，1985 年，第 272～276 頁。
② 徐中舒：《耒耜考》，《徐中舒歷史論文選輯》，中華書局，1998 年，第 72～127 頁。

原考釋者濮茅左先生隸定“△”爲“⿱丘木”，即以字之上部爲“丘”字。我們首先分辨一下楚簡中的“丘”和“羊”(上从“𦫳”)字形。《説文》:“丘，土之高也，非人所爲也。从北，从一。一，地也。人居在丘南故从北。中邦之居，在崐崘東南。一曰，四方高中央下爲丘，象形。”據甲骨文，“丘”字象兩山丘之形，後來上部逐漸訛作“北”形。如楚竹書《周易》第二十四簡“北”字，馬王堆帛書本也作“北”，而今本作“丘”，“北”、“丘”必有一訛。又《説文》:“羊，祥也。从𦫳，象頭、角、足、尾之形。孔子曰：牛羊之字以形舉也。”“𦫳，羊角也，象形，讀若乖。”

楚系文字中與“△”相關諸字如下：

楚系古璽　包山 120　包山 121　包山 184　包山 190　包山 168

楚系文字中“丘”字及从“丘”之字如下：

包山 90　新蔡甲三 390　《孔子詩論》21　《周易》55　《亙先》10“虚”

楚系文字中上部从“羊”之“善”、“義”字作如下諸形：

包山 54　郭店《五行》32　《尊德義》35　《語叢四》20　《五行》16　《五行》41[①]

將“△”之上部與“丘”字形比較可知，二者確實非常相似。再將“△”與上部从“羊”諸字比較，我們會發現，似乎“丘”字上部兩筆有接近平行的傾向，而“羊”字上部兩筆下端往往趨向接近，有黏連在一起的傾向。但這些特徵並非絶對的，比如與“△”相關諸字形中，第四、五、六三形上部即黏連在一起，《亙先》中“虚”字所从的“丘”亦是如此，更象“羊”字形，這説明將“△”字上部看成从“羊”作是可信的。裘錫圭先生曾討論楚國古璽中之字，也以上部字形爲

① 李守奎：《楚文字編》，華東師範大學出版社，2003 年，第 152～153、706～707 頁。

“羊”，疑字即“桙”之異體。[①] 在楚竹書《周易》中字形出現之前，研究者率將包山楚簡中之字上部看作“羊”字。[②] 再者，“△”上部若是看作“丘”字，在其下部加個“木”似乎義無所取，構形上也難以索解。而若將“△”字上部看作羊角形之“丫”，則下部所从之“木”就可以看作是農具“枀”的木柄。

若僅從字形上講，將“△”字隸定爲“桙”字也有其合理性。因爲與楚簡中从“羊”作的“善”、“義”等字形的上部比較，可知“△”字上部確是可以看作从“羊”作，只不過“△”字既不从“羊”得聲，亦不从“羊”取義，而是爲了表示羊角形的“丫”字。古文字中在摹畫人或動物的某個肢體部件時，常常將這個部件所屬的部位也附帶畫出來。比如古文字中“眉”字附帶畫出眼睛，“尾”字附帶畫出人的尻尾部，等等。“△”字上部从“羊”類此，爲了表示仿羊角形的“丫”字，附帶畫出了“羊”身，但其所表之義仍當取“丫”字。

這種將原本是从“丫”作而誤認爲是从“羊”作的現象不僅見於楚簡中，在秦簡和漢簡中也可以發現。如秦漢簡牘文字中的“闒”字，見於雲夢秦簡《法律答問》“公祠未闒”和《居延漢簡》“事未闒”，于豪亮先生以爲“闒”爲“闋”的異體字，引《隸續》卷二十《斥彰長田君斷碑》“禮制闒除，乃始斿學”及《後漢書·劉平傳》“服闋，拜全椒長”之字形和辭例爲證，並論斷云：

> 闒是闋的異體字，就闒字而言，與六書之義並不相合，不過闒字已見於秦簡，則是在戰國時期已在秦國流行這種寫法了。戰國時期六國字多詭異，與六書之義不合者甚多，比較起來，秦國詭異之字最少，但是不合六書之字也不是没有，此處的闒字即是一例。[③]

于先生以爲秦簡和漢簡的“闒”是“闋”的異體字，這無疑是正確的。但由此作出論斷，以爲“闒”字與六書之義不相合却未必然。由以上分析，我們可以

---

① 裘錫圭：《“諸侯之旅”等印考釋》，《文物研究》第6輯，黄山書社，1990年；又見《裘錫圭學術文集·金文及其他古文字卷》，復旦大學出版社，2012年，第291～296頁。

② 滕壬生：《楚系簡帛文字編》，湖北教育出版社，1995年，第454頁；張守中：《包山楚簡文字編》，文物出版社，1996年，第88、108頁。

③ 于豪亮：《居延漢簡釋叢》，《于豪亮學術文存》，第169～170頁。

認爲"闥"字在秦簡和漢簡中字形雖从"羊"作,但本當从"丫"得聲,只是爲了表示羊角形的"丫"而附帶畫出了"羊"形。"丫"可讀爲"癸"已見上文,由此,"闥"字就是"闋"字的異體字,其構形也合於六書之義。

釋"△"爲"笨"、"喿",通"衢",還有四個旁證:

一、王念孫所作《古韻譜》中,以爲《大畜》卦六五爻辭的"牙"和上九爻辭的"衢"諧韻,同在魚部。[①] 若釋"△"爲"乘"或"休",則"丘"在之部,"休"在幽部,韻部有一定距離。

二、《説文》:"丫,羊角也,象形,讀若乖。"馬王堆漢墓帛書《周易》之《乖》卦對應今本《睽》卦。乖和睽古音聲韻皆近,聲同爲見紐,韻部微脂旁轉。《序卦》云:"睽,乖也。"清人馬國翰《玉函山房輯佚書》所輯《歸藏》中有《瞿》卦,注云:

> 黄宗炎曰:《瞿》當屬《觀》。案:西溪引已有《觀》。朱太史彝尊《經義考》以反對爲義,謂《瞿》在《散家人》之前,則《睽》也。[②]

出土的王家臺秦簡《歸藏》中有《灌》卦,又有《矔》卦,顯然《灌》與今本《周易》的《觀》卦對應,《矔》與今本《周易》的《睽》卦對應。[③] 所以黄宗炎之説不對,朱彝尊《經義考》所説爲是。由此也可以看出,"笨"字所从之"丫"在音義上本來就與"瞿"有很密切的關係。"丫"與"䀠"所取分張旁出之意相似,聲紐又同屬見母,理有可通。

三、由卦象説,《大畜》卦卦象爲乾下艮上,《説卦》云:"艮爲山,爲徑路。"尚秉和先生解説此爻時,證之以卦象云:"艮一陽在上爲天,又爲背,故曰何。艮爲道路,故曰何天之衢。"[④]艮卦象爲道路,則"衢"當爲本字。

四、包山楚簡中諸字,在簡文中是個姓氏用字,我們可以將這個字釋讀爲

---

① (清) 王念孫:《古韻譜》,《高郵王氏遺書》,江蘇古籍出版社,2000 年,第 99 頁。

② (清) 馬國翰:《玉函山房輯佚書(一)》,上海古籍出版社,1990 年,第 34 頁。

③ 王輝:《王家臺秦簡〈歸藏〉校釋(28 則)》,《江漢考古》2003 年第 1 期,第 75～84 頁。

④ 尚秉和:《周易尚氏學》,中華書局,1980 年,第 134 頁。

“衢”。古代有“衢”姓,《千家姓》記載其古代家族在江陵郡。[①] 我們知道,包山楚簡出土於荆門市,南距戰國楚故都紀南城16公里,而紀南城正在江陵。[②]“衢”姓地望所在與傳世文獻記載吻合。古籍中又記載有“瞿”姓,地望與江陵無涉,説明“衢”和“瞿”作爲姓氏時有别。包山楚簡中之字或加“邑”旁,仍與“衢”同,古文字中姓氏用字常加“邑”旁。

綜上所述,我們以爲釋“△”爲“⿱丫木”、“⿱䀠木”,通“衢”,不僅字形字音有依據,且與傳世文獻相符。

西周厲王時期的散氏盤銘文中有個人名稱謂用字,上从“䀠”下从“木”作,《金文編》將之隸於“(即⿱䀠木)”字下。此字當可看作是楚竹書《周易》“⿱丫木”字的早期異體字。《金文編》所收“睽”字上从“䀠”下从“癸”作,[③]上部義符“䀠”顯然保留了“睽”表示“目不相聽”之意,下部的聲符“癸”在表聲的同時,也具備了表義的作用,益可説明我們討論的“丫”與“䀠”之間具有密切關係。

2005年6月初稿

2005年9月二稿

2006年7月三稿

2006年11月四稿

附記:本文初稿原載《古文字研究》第26輯(中華書局,2006年)。禤健聰先生2006年4月提交中山大學的博士學位論文《戰國楚簡字詞研究》也引徐在國老師之説,得出與本文相同的結論,但論證過程與本文迥然有别,讀者可參看。本文的後期修訂得到“安徽大學研究生創新基金”資助。行文中先後承導師劉信芳先生及徐在國先生、何琳儀先生審閲指正,謹致謝忱。

補記:後來白於藍先生在《簡牘帛書通假字字典》中指出:“⿱丘木”字“似當分析爲从木,虚省聲”。上古音“虚”爲曉母魚部字,“衢”、“瞿”爲群母魚部字,古音十分接近,例可相通。或許還存在另一種可能,即“⿱丘木”上部所从之“丘”應同

① (明)陳士元:《姓觿》(叢書集成初編本),中華書局,1985年,第41頁。
② 湖北省荆沙鐵路考古隊:《包山楚簡·序言》,文物出版社,1991年,第1頁。
③ 容庚編著,張振林、馬國權摹補:《金文編》,中華書局,1985年,第397、235頁。

義換讀爲“虚”。《説文》:“丘,土之高也,非人所爲也。”《説文》:“虚,大丘也。昆崘丘謂之昆崘虚。古者九夫爲井,四井爲邑,四邑爲丘,丘謂之虚。从丘,虍聲。”可見,丘、虚同義,于省吾《周易尚氏學·序言》亦指出“丘與虚古通用”。簡文中“㚇”字上部所从之“丘”同義換讀爲“虚”,故可與“衢”、“瞿”相通。説見白於藍先生編著《簡牘帛書通假字字典》第110頁(福建人民出版社,2008年)。其“或説”見《〈簡牘帛書通假字字典〉部分按語的補充説明》一文(《新果集——慶祝林澐先生七十歲論文集》,科學出版社,2008年)。若能確證此字上部字形爲“丘”,則此説從字形分析角度講似更爲合理。

2008年7月補

原載《古文字研究》第26輯,中華書局,2006年11月。

上博(五)幾個固定詞語和句式補説

本文在各位學者對上博(五)討論意見的基礎上,選取幾個有特點的詞語或句式,結合文義,對它們作進一步申説補充;其中或有不妥之處,祈方家指正。

競建内之

簡 2: 詔(召)祖己而昏(問)安(焉)。

其中詔(召)字原形作“”,原釋爲“詈”,讀爲“譔”,考釋云:“詈”,“譔”省,《説文・言部》:“專教也,从言,巽聲。”段玉裁注:“專教者,專壹而教之也。”請教祖己而問國家安定之事。[①]

陳劍先生改釋爲“詔”,讀爲“召”。[②] 楚簡中常見“卲(昭)”字,其字形如(包山楚簡 193)、(郭店楚簡《窮達以時》10)、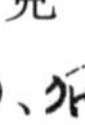(上博一《孔子詩論》15)、(新蔡楚簡甲一 21)等,此字與這些字形的差别僅在於下部以“言”代“口”。所以隸定爲“詔”從字形上説是毫無疑問的。從字義上講,“召……而問焉”的句式古籍中常見。如《左傳・僖公二十一年》孔疏引《禮記・檀弓》云:“歲旱,穆公召縣子而問焉。”句式與簡文全同。

簡 10: 公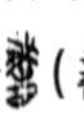(䛷)而㜮(僯? 揆?)

“䛷而㜮”三個字原釋讀爲“告而僯”。其中“䛷”字,原釋以爲“从爻,告聲,

---

① 馬承源主編:《上海博物館藏戰國楚竹書(五)》,上海古籍出版社,2005 年,第 169 頁。以下引自此書的意見,不再詳注。

② 陳劍:《談談〈上博(五)〉的竹簡分篇、拼合與編聯問題》,簡帛網,2006 年 2 月 19 日,http://www.bsm.org.cn/show_article.php?id=204。

字書未見”。

張振謙學兄以爲:“⿱爻告”字是一個雙聲符的字,“爻”、“告”均爲聲符,典籍中“告”、“覺”二字相通。“覺”的基本聲符是“爻”,因此,“⿱爻告”應爲“嚳”字初文。在楚簡中,从“學”聲的字,常从“爻”聲,如“斆”字多寫作从爻从言,……。《説文》:“嚳,急告之甚也。从告,學省聲(苦沃切)”。“嚳”在簡文中似當從原書讀爲“告”。①

上述字形分析無疑是正確的,但疑其仍從原書讀爲“告”似於文義難通。在簡文中,若“公”作爲主語,其所告必然有一個對象,所以簡文中似當讀爲“覺”,且用“覺”義。簡文似是説“公已經覺察到自己行爲的不妥而如何如何”。“公”字以上文字當是進諫之言,“公⿱爻告(覺)而⿱粦女(僯? 揆?)”四個字似是説“公”聽完進諫之言後的反應。

鮑叔牙與隰朋之諫

簡 8: 雩(雨)坪(平)埅(地)至(厀)。

原釋讀爲“雩塝地至杞”,以“雩”爲求雨之祭名,“塝地至杞”爲祭祀地點。

陳劍先生讀爲“雩(與)坪(平),地至□復”,認爲:“復”上之字當是地名,“地至□復”謂至某地之國土由晋軍占領而復歸於齊國。其字形待考。②

何有祖先生釋“”爲“漆”,但仍認爲“漆”爲地名。③

何先生釋爲“漆”可信。此字形可以參看包山楚簡 253 以及天星觀卜筮類簡文中的“厀”字形。④ 徐在國老師《上博簡〈性情論〉補釋一則》一文也曾對“桼”字形作過討論,文中所引字形也可以參看。⑤ 我們以爲簡文當讀爲“雨平地至膝”。前面所説“是歲也,晋人伐齊。既至齊地,晋邦有亂,師乃歸”一句本

---

① 張振謙:《上博(五)劄記二則》,簡帛網,2006 年 2 月 27 日,http://www.bsm.org.cn/show_article.php?id=244。

② 陳劍:《談談〈上博(五)〉的竹簡分篇、拼合與編聯問題》,簡帛網,2006 年 2 月 19 日,http://www.bsm.org.cn/show_article.php?id=204。

③ 何有祖:《上博(五)零釋》,簡帛網,2006 年 2 月 22 日,http://www.bsm.org.cn/show_article.php?id=221。

④ 滕壬生:《楚系簡帛文字編》,湖北教育出版社,1995 年,第 722 頁。

⑤ 徐在國:《上博簡〈性情論〉補釋一則》,謝維揚、朱淵清主編:《新出土文獻與古代文明研究》,上海大學出版社,2004 年,第 155～156 頁。

身就是一層意思,而“雨平地至膝”是説齊邦内下了一場大雨,是另一件事。“雨平地至膝”極言雨之大,也是古籍中可見的表述方式。《左傳·隱公九年》疏有“平地尺爲大雪”,《公羊傳·隱公九年》注有“平地七尺雪”。古代史書中也常用“大雨平地三尺”這樣的句子來形容雨大。

季庚子問於孔子

簡 1: 肥從有司之後

類似的句式又見於上博(三)《仲弓》篇第四簡“使雍也從於宰夫之後”,當讀爲“肥從有司之後”。① 對此,李學勤先生已經有精當的論述:

> ……仲弓對孔子説,季氏“使雍也從於宰夫之後”一句,應參看《論語·先進》孔子的話:“以吾從大夫之後,不可徒行也。”“從於宰夫之後”、“從大夫之後”,文例全然相同。
>
> 何晏《論語集解》説明《先進》這句時云:“孔子時爲大夫,言‘從大夫之後,不可以徒行’,謙辭也。”後來有學者推求孔子當時的年代和處境,認爲是講他曾爲大夫,也不影響語句的大意。簡文仲弓的話“從於宰夫之後”,也是説他受命爲宰,同樣是謙辭。②

由李學勤先生及季旭昇先生之文,我們可知“肥從有司之後”爲當時一種固定説法,應作一句讀,毋需斷開,且也爲季庚子謙辭。

君 子 爲 禮

簡 6: 聽(聲)之(僭)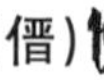(倓),亟(稱)其衆㝷(寡)

“僭倓”,季旭昇先生以爲:

① 季旭昇:《上博五芻議(上)》,簡帛網,2006 年 2 月 18 日,http://www.bsm.org.cn/show_article.php?id=195。

② 李學勤:《讀〈周禮正義·天官〉筆記》,孔子 2000 網站,2004 年 4 月 29 日,http://www.confucius2000.com/qhjt/dzylztgbj.htm。

> 僭,从晋(精紐真部)得聲,疑讀爲"疾(從紐質部)";徐,从余(喻紐魚部)聲,疑讀爲"徐(喻紐魚部)"。"聲之疾徐,稱其衆寡"意思是:講話聲音的快慢,要和聽衆人數的多少相稱。[①]

季先生的意見是可取的,二字又可讀作"疾舒"。《春秋穀梁傳·桓公十四年》:"孔子曰:聽遠音者,聞其疾而不聞其舒。"集解:"疾謂激揚之聲,舒謂徐緩。""聲之疾舒"應指説話聲音的高低。

弟 子 問

簡20:子A(撫)虐(乎)B(軾)而……

A. 上博(五)《弟子問》簡20

B. 上博(五)《弟子問》簡20

"A"字參考劉信芳師的意見釋爲"撫",下部爲"舞"形,"無"與"虍"皆爲聲符,古音魚部。"B"字原釋爲"軒",陳劍先生釋爲"軾"字。[②]《鮑叔牙與隰朋之諫》簡5"臣唯(雖)欲訐(諫)"之"訐"字誤釋爲"試",説明楚文字中"弋"與"干"易混。[③]

在簡文中從文義上説應是"軾"字。《説文》:"軒,曲輈藩車";"軾,車前也"。"軒"字在古籍中常作爲"車"之代稱,如《左傳·閔公二年》:"鶴有乘軒者。"注:"軒,大夫車。"《左傳·定公九年》:"與之犀軒與直蓋。"注:"犀軒,卿車。"前文既説"[顔]淵馭",自然是乘車而行,此處毋煩再説"撫乎軒(車)"。而"軾"作爲車前之横木,或可"撫"之。如《後漢書·輿服志上》"文虎伏軾"下引《魏都賦》注曰:"軾,車横覆膝,人所馮止者也。"《漢書·萬石衛直周張傳》:"過宫門闕必下車趨,見路馬必軾焉。"顔注:"軾,謂撫軾,蓋爲敬也。"又如《李廣蘇

---

① 季旭昇:《上博五芻議(下)》,簡帛網,2006年2月18日,http://www.bsm.org.cn/show_article.php?id=196。

② 陳劍:《談談〈上博(五)〉的竹簡分篇、拼合與編聯問題》,簡帛網,2006年2月19日,http://www.bsm.org.cn/show_article.php?id=204。

③ 季旭昇:《上博五芻議(上)》,簡帛網,2006年2月18日,http://www.bsm.org.cn/show_article.php?id=195。

建傳》"司馬法曰：登車不式，遭喪不服"下引服虔注曰："式，撫車之式，以禮敬人也。式者，車前横木也，字或作軾。"簡文"撫乎軾"之義類同於古籍常見的"馮(憑)軾"、"伏軾"。

補記：

"A"字原釋隸定爲"䖏"，讀爲"乘"，"B"字釋爲"軒"，全句讀爲"子乘乎軒而……"。

季旭昇先生疑第二字應隸作"𧇊"。下部从"乘"省(亦可逕視爲从"乘")，不从四"止"。上从"虍"聲，則似可讀爲"據"。[①]

陳劍先生釋"A"爲"虡"，也讀爲"據"。[②]

與 A 相同的字形還見於蔡侯申殘鐘，作如下形(下文以 C 代替)：

C. 蔡侯申殘鐘

D. 邵鐘

E. 吉日壬午劍

F1. 公乘壺

F2. 古璽"公乘"合文

G. 匽侯銅泡"舞"字

曾憲通先生《從曾侯乙編鐘之鐘虡銅人説"虡"與"業"》一文，將 C 和 D、E 同釋爲"虡"，認爲 C 是 D、E 的變體，僅保留人形的肢體，而向上扛舉之勢已失，嚴格來説已非舉字，倒有點像戰國文字的"乘"字，公乘壺字作 F1 與此頗近。[③] 季先生釋 A 爲"𧇊"，以爲下部从"乘"，陳先生釋 A 爲"虡"，讀爲"據"，或由此而來。

若釋 C 爲"虡"正確，且字形確如曾先生所説，則釋 A 爲"虡"，讀爲"據"也順理成章。《説文》："虡，鐘鼓之柎也。飾爲猛獸，从虍，異象其下足。鐻，虡或

---

① 季旭昇：《上博五芻議(下)》，簡帛網，2006 年 2 月 18 日，http://www.bsm.org.cn/show_article.php?id=196。

② 陳劍：《談談〈上博(五)〉的竹簡分篇、拼合與編聯問題》，簡帛網，2006 年 2 月 19 日，http://www.bsm.org.cn/show_article.php?id=204。

③ 曾憲通：《從曾侯乙編鐘之鐘虡銅人説"虡"與"業"》，氏著：《古文字與出土文獻叢考》，中山大學出版社，2005 年，第 34 頁。

从金、豦聲。虡,篆文虡省。"C 見於春秋時期銘文,A 見於戰國楚簡。曾先生以爲 C 是 D、E 的變體,僅保留人形的肢體,而向上扛舉之勢已失。但《説文》中"虡"字形依然保存兩手向上扛舉之勢,故此説還是值得商榷的。《蔡侯申殘鐘》拓片不清,難由辭例尋繹其義,不能僅因爲出現在鐘銘中,就斷定爲"虡",故金文 C 字討論暫付闕如。

我們讀爲"撫軾",主要依據辭例。在記述人和式(軾)産生動作所用之詞中,典籍最常用"撫"字。除上文所舉文句外,其他如《禮記·曲禮》:"國君撫式,大夫下之。大夫撫式,士下之。"《後漢書·張湛傳》:"湛曰:'《禮》:下公門,軾輅馬。'"注:"軾,車前横木也。乘車必正立,有所敬則撫軾,謂小俛也。《禮記》曰:'大夫士下公門,軾輅馬。'鄭玄云:'所以廣敬。'"所舉辭例表明,"撫軾"是古人常用的説法,是一種乘車時的禮儀,用於向他人表示崇敬之意。

同時,金文中"舞"字形有作 G 形者,與 A 字形下部很相似,所以我們疑 A 字形爲"舞"之省形,象手足舞動之形,我們釋爲"撫"主要根源於此。

但僅從辭例對勘的角度來説,季先生讀爲"據"的意見亦不爲無據,雖然"據軾"這種説法相對於"撫軾"不是很常見。如上引《禮記·曲禮》:"國君撫式,大夫下之。大夫撫式,士下之。"鄭注曰:"撫,猶據也。據式小俛,崇敬也。乘車必正立。"正義曰:"證所式義也。乘車,駟馬之車也。既並立乘,故爲敬時則俯俛據式。"如此,"撫"和"據"作爲同義詞用於簡文都合乎辭例。

又,《説文》:"撫,安也。从手、無聲。一曰循也。㐵,古文从辵、亡。(芳武切)"又出"攺"字:"攺,撫也。从攴、亾聲。讀與撫同。(芳武切)"這説明古文"撫"常从"亡"作。而楚簡中已經見到从"亡"作的"撫"字,如郭店簡《性自命出》簡 34"㐵";上博簡(四)《曹沫之陳》簡 3"攺(撫)又(有)天下"。這表明我們認爲 A 字形下部爲"舞"之省形缺乏有力的證據。

由此,我們只能從字音上説,即便 A 下部所从非"舞"之省,但以"虍"作爲聲符却是各位先生共同的看法,"虎"聲之字可以與"武"聲之字相通,而"武"聲之字又與"舞"聲之字相通,[①]所以我們仍可依辭例將 A 讀爲"撫"。【編按:後

① 高亨、董治安:《古字通假會典》,齊魯書社,1989 年,第 875、927 頁。

來公布的上博簡材料證明，此條讀爲“撫”之説不可信，當從季旭昇、陳劍先生之説，即讀爲“據”。】

三　德

簡 17：恒道必 A1(浧)

A1.《三德》17

A2.《三德》17(處理後的字形)

B. 郭店《唐虞之道》19“重”

C.《成之聞之》10“重”

E1. 古幣文“浧”

E2. 古幣文“浧”

F.《三德》8“盈”

G1. 郭店《老子》乙 14

G2.《太一生水》7

G3.《語叢一》100

G4.《語叢四》24

“A1”原釋作不識字處理，以爲與“皇”字相似。

我們以郭店楚簡“重”字形 B、C 與之比勘，可知其下部可以直接看成从“土”或“壬”作，“土”與“壬”在古文字中形近互作。① 如此，A1 即可視爲 A2 形。

A2 與古幣文所見的 E1 形右部相同。E1、E2 舊釋爲“浧”，何琳儀老師改釋爲“浧”，以爲在古幣文中，E1“日”形相比 E2 的“凵”形只是“口”内多加一飾筆，均應釋“浧”。② E1 和 E2 在古幣文辭例中同用爲“百浧”之“浧”，顯然是一個字的異體，何琳儀老師所釋無疑是可信的。我們再把 E2 與楚簡文字中多次出現的“浧”字形 F、G 相比較，更可進一步確認 E1、E2 均應釋爲“浧”。

① 何琳儀：《戰國文字通論(訂補)》，江蘇教育出版社，2003 年，第 237 頁。

② 何琳儀：《古幣叢考》，安徽大學出版社，2002 年，第 81～93 頁；又《戰國文字通論(訂補)》，第 119 頁。

若以上推論不誤，A1 無疑也可以釋爲“浧”。古幣文中“百浧”之“浧”字，何琳儀老師有兩種解釋：一是引《集韻》上聲四十静“浧，通流也”，以爲“百浧”即“百通”，有無所不通之意，疑是古代貨幣流通中的“吉語”。二是“浧”讀爲“盈”。[①] 从“浧”字在楚系簡帛文字中的使用情況來看，第二種解釋（即讀爲“盈”）用在《三德》簡文中爲當。如楚帛書中有“緽絀”即“盈詘”；郭店簡《太一生水》簡 7“一缺一浧（盈）”；上博（三）《恒先》簡 4“信浧（盈）天地，同出而異生（性）”；等等。“盈”訓“滿”，引申而有“多”、“溢”、“過”等義。“恒道必盈”即“常道必滿”，似是説任何平常的道路都會有越來越多的踐行者，最終必然會塞滿這種平常的道路。

陳劍先生以爲簡 6 與簡 17 連讀：

……凡宅（託）官於人，是謂邦固；宅（託）人於官，是謂邦蘠（露、路）；建五官弗散（措），是謂反逆。土地乃坙（坼），民人乃【6】茖（落）。敬天之攷（敔），興地之弡（矩?），恒道必 A1。……【17】

並認爲：

“恒道”即“常道”，“恒道必 A1”是“敬天之攷（敔），興地之弡（矩?）”的結果。“A1”字當是一個好字眼，但不能確識，從韻脚推測亦當爲魚部字。“措、逆、坼、落”（鐸部）跟“敔、弡（矩?）”（魚部）分别以同部字自相押韻。[②]

從與上文押韻角度看，我們釋 A1 爲“浧”似乎和陳先生的推論不符。但是，陳先生同時認爲，簡 17 當與簡 15～16 連讀，“成”、“縈”、“成”押韻（耕部）。其文如下：

……敬天之攷（敔），興地之弡（矩?）。恒道必 A1。天哉人哉，凴何親

① 何琳儀：《古幣叢考》，第 84 頁。

② 陳劍：《〈三德〉竹簡編聯的一處補正》，簡帛網，2006 年 4 月 1 日，http://www.bsm.org.cn/show_article.php?id=311。

> 哉，没其身哉。知天足以順時，知地足以由(育)材，知人足以會親。不修其成，而【17】聽其縈，百事不遂，慮事不成。……【15】①

如此，我們釋 A1 爲“浧”(耕部)，雖然和上文魚部(鐸部)字不押韻，但可以看作和下文“成”、“縈”、“成”(耕部)押韻，這種押韻情況在簡文中也是很有可能的。

簡 18：……天無不從：好昌天從之，好貟(旺)從之，好犮(祓)天從之，好長天從之。

“犮(祓)”字原簡作“”形，原釋疑爲“尨”；陳劍先生疑讀爲“犮”；②禤健聰先生從陳先生之説。但其釋“貟(旺)”爲“喪”，以爲：

> “昌”與“喪”反義對舉。整理者原以爲含義相近，故有“貟(旺)”之釋，其實此句之前有“天無不從”語，也就是説好與壞天皆從之，反義對舉，方合文義。然則“長”與“”也應是反義對舉。……(犮)在簡文中疑可讀爲“拔”，《爾雅·釋詁下》：“拔，盡也。”③

按：“”字釋爲“犮”極是。此字形又見於曾侯乙墓竹簡 170，何琳儀老師以爲此字从犬，加短横表示犬行有所礙。④ 此處似當讀爲“祓”。若以爲與“長”反義對舉，讀爲“拔”，訓爲“盡”似不通。因爲通常的反義對舉是先舉出一個字，再舉出另一個與之相反的字，即“一正一反一正一反”格式。而如其所説簡文中四個字却是當中兩個字分别與第一個字和第四個字相反，即“一正一反一反一正”格式。所以我們認爲還是依原釋將它們視爲含義相近的四個字爲恰。

---

① 陳劍：《談談〈上博(五)〉的竹簡分篇、拼合與編聯問題》，簡帛網，2006 年 2 月 19 日，http://www.bsm.org.cn/show_article.php?id=204。其中由(育)字從秦曉華先生《上博(五)〈三德〉釋讀一則》釋，見簡帛網，2006 年 2 月 27 日，http://www.bsm.org.cn/show_article.php?id=245。

② 陳劍：《談談〈上博(五)〉的竹簡分篇、拼合與編聯問題》，簡帛網，2006 年 2 月 19 日，http://www.bsm.org.cn/show_article.php?id=204。

③ 禤健聰：《上博楚簡(五)零劄(二)》，簡帛網，2006 年 2 月 26 日，http://www.bsm.org.cn/show_article.php?id=238。

④ 何琳儀：《戰國古文字典》，中華書局，1998 年，第 954 頁。

“犮”讀爲“祓”,《爾雅·釋詁》:“祓,福也。”

補記:

後觀簡帛網上曹峰先生大作,引《大戴禮記·虞戴德》中一段話來印證此段簡文:

> 公曰:“先聖之道,斯爲美乎?”子曰:“斯爲美。雖有美者,必偏。屬於斯,昭天之福,迎之以祥;作地之福,制之以昌;興民之德,守之以長。”

曹峰先生以爲這段話出現的“福”、“昌”、“長”可與《三德》“犮”、“昌”、“長”相聯繫,[1]所説甚爲精當。如此,曹峰先生所引文獻不僅反證了“”字當釋爲“犮”,而且進一步明確了簡文釋義。

原載《楚地簡帛思想研究(三)》,湖北教育出版社,2007年6月。

① 曹峰:《〈三德〉零釋(三)》,簡帛網,2006年4月11日,http://www.bsm.org.cn/show_article.php?id=323。

鮑子鼎銘文補説

吴鎮烽先生在《中國歷史文物》2009 年第 2 期發表《鮑子鼎銘文考釋》一文(以下簡稱"吴文"),公布了 2007 年 4 月在西安發現的一件春秋晚期齊國鮑子所作的銅鼎器形及其銘文。[①] 吴文根據銘文内容,認爲此器是齊國望族鮑氏與鄭國公族聯姻的陪嫁禮器,結論令人信服。同時,吴文對鼎銘逐字逐句進行了詳細考釋,意見非常精到,多屬不刊之論。我們這裏僅就吴文中對"君"字的理解略事補苴,並對"柬"字的考釋提出不同的看法,以求教於諸位方家。

根據吴文,我們先把鮑子鼎銘 6 行 45 字(重文 3)的釋文用通行字轉録如下:

> 鮑子作媵仲匋始,
> 其獲皇男子,勿或(有)
> 柬巳(已),它它熙熙,男女無
> 期,仲匋始及子思,
> 其壽君毋死,保而
> 兄弟,子孫孫永保用。

其中"其壽君毋死"一句的"君"字,吴文理解成是對先祖及父母的稱呼,意爲一家之主;在銘文中是指子思的父母,也就是仲匋始的舅姑;"其壽君毋死"

① 吴鎮烽:《鮑子鼎銘文考釋》,《中國歷史文物》2009 年第 2 期,第 50～55 頁。

當是希冀仲匋姒的舅姑(公婆)長壽不老。這個看法當屬可信。因爲此鼎作爲鮑家出嫁的女子仲匋姒陪嫁的媵器,是放到其丈夫子思家中使用的,鼎銘的祝嘏之辭自然也應該主要針對子思家族中的人員而言。作器者鮑子以鮑氏家族的口吻,對本家族出嫁的女子仲匋姒以及與之有關的子思家族中的人員按照親疏關係依次給予祝福:先是仲匋姒和她的丈夫子思,然後是子思的父母,再次是子思的兄弟,最後延及後來的子子孫孫。吴文在論證"君"字含義時,主要引用《易·家人》的《彖》辭"家人有嚴君焉,父母之謂也"及孔穎達的疏語作爲文獻例證,稍顯單薄。其實,相關的文獻例證還可以舉出一些,如《爾雅·釋親》:

> 婦稱夫之父曰舅,稱夫之母曰姑;舅姑在,則曰君舅、君姑;没,則曰先舅、先姑;謂夫之庶母爲少姑。

據此,則銘文中的"君"似可視爲"君舅、君姑"之省稱,當是因爲仲匋姒出嫁時子思的父母都健在(這點由祝詞"毋死"也可以得知),故以"君"來指稱兩位老人。而且,由"(婦)謂夫之庶母爲少姑"來看,銘文稱呼子思的父母爲"君",還應當暗含子思的母親是元配嫡妻的意思。另外,金文中也有相關的例證。如《金文形義通解》於"君"字條下第七義項云:"敬稱。常用以敬稱父母先輩。諶鼎:'諶肈乍其皇考皇母者(諸)比君鬻鼒。'弔䣙父簋:'其夙夜用亯孝于皇君。'鄦侯簋:'妳乍皇妣匔君中妃祭器八。'"[①]所舉的三個金文例子雖然不一定都是以"君"字來指稱在世的父母,但金文中可以用"君"來指代父母先輩却是有例可循的。

"勿或柬巳"一句,吴文認爲:勿是禁戒副詞,表示禁止,不要;或,通有;"勿或"翻譯成現代語就是"不要有"。這些意見無疑都是可信的。但對於"柬"字,吴文認爲:柬,讀爲闌,有阻隔、阻攔、將盡、將完等義;"勿或柬巳"是説不要有所完結。我們認爲吴文對"柬"字的這一看法恐有可商。因爲上一句"其

① 張世超等撰著:《金文形義通解》,[日]中文出版社,1996年,第159～160頁。

獲皇男子”，吴文將“皇”解釋爲“美、美好”，以爲全句是説仲匋姒獲配了美好剛强有爲的丈夫；這種解釋是很通順的。而若將“勿或柬巳”一句解釋爲“不要有所完結”，則上下文明顯有辭氣不接之感：上句説仲匋姒獲配了美好剛强有爲的丈夫，如果緊接着説“不要有所完結”，那麽，銘文究竟是説仲匋姒獲配美好丈夫這件事“不要有所完結”呢，還是説仲匋姒與其丈夫的婚姻“不要有所完結”呢？無論哪種理解，語氣上都顯得突兀，意思上恐怕都難以落實，且在已見的青銅器銘文中也難以找出類似的表述方式。

由此，我們認爲，此處銘文中的“柬”字不當讀爲“闌”，而是應當讀爲“間”。《説文》：“柬，分别簡之也。”“簡”當爲“柬”之聲訓。命（令）瓜（狐）君壺銘文中的“柬柬獸獸”，郭沫若先生考釋云：“柬柬猶侃侃，和樂也。同聲之字有闌闌。王孫遺者鐘‘闌闌龢鐘’，即形容鐘聲之和。又有簡簡，《商頌·那》‘奏鼓簡簡’，亦言樂聲之和。”[1]于省吾先生考釋亦云：“柬、闌、簡、閑古並通。”[2]在戰國簡帛文字中，“柬”與“簡”常見通假，如上海博物館藏戰國楚竹書《柬大王泊旱》中所見的“柬大王”即史書記載的“楚簡王”。[3] 可見，“柬”聲之字與“簡（間）”聲之字相通是毫無疑問的。在鮑子鼎銘文中“柬”讀爲“間”，當訓爲“間隙、嫌隙、隔閡”等義。“巳”字在此處銘文中當是作句末語辭，即典籍中的“已”或“矣”。銘文“勿或（有）柬（間）巳（矣）”意思即“不要有間隙、嫌隙、隔閡”，也就是鮑子在祝願仲匋姒與其獲配的美好的丈夫之間要親密無間，和睦相處，不要産生隔閡。這種理解在語氣上恰好與上一句“其獲皇男子”密切相連。

“勿或（有）柬（間）巳（矣）”在字面上的意思可以理解成不要有間隙，不要産生隔閡，深層的含義很有可能是鮑子祝願仲匋姒不要被夫家所出的一種委婉的説法。春秋時期，貴族階層出妻的現象很常見，而被出的女子往往會受到社會歧視，命運非常淒慘。如山東長清仙人臺古邿國五號墓地出土的邿公典盤，同樣也是一件媵器，盤銘中“它它熙熙，男女無期”、“子子孫孫永保用之”與

① 郭沫若：《兩周金文辭大系圖録考釋》，《郭沫若全集·考古編》第八卷，科學出版社，2002年，第504頁。

② 于省吾：《雙劍誃吉金文選》，中華書局，1998年，第156頁。

③ 王輝：《古文字通假字典》，中華書局，2008年，第706～707頁；白於藍：《簡牘帛書通假字字典》，福建人民出版社，2008年，第316～317頁。

鮑子鼎銘一致，而在銘文末尾却有一句話説“不用勿出”。涂白奎先生以爲這句話是雙關語，是郜國擔心己方的女子被出的心理反映，並舉出許多典籍中所見的出妻之事爲證，如趙太后送女遠嫁燕國時持其踵爲之泣，祭祀必祝之曰“必勿使反(返)”。[1] 其説實屬可信。同樣道理，鮑子作鼎以賸仲匋姒，在祝福之辭中説“勿或(有)柬(間)巳(矣)”也具有雙關義：表面意思是祝願仲匋姒與丈夫要親密無間，和睦相處，不要産生隔閡；深層用意其實也當是祝願仲匋姒不要被夫家所出。因爲仲匋姒一旦與丈夫在感情上有了間隙、産生了隔閡，那麼她距離被出的命運也就爲時不遠了。

據上所論，我們認爲鮑子鼎銘應釋寫如下：

> 鮑子作賸仲匋姒，其獲皇男子，勿或(有)柬(間)巳(矣)，它它熙熙，男女無期，仲匋姒及子思，其壽君毋死，保而兄弟，子孫孫永保用。

原載《中國歷史文物》2010 年第 2 期。

① 涂白奎：《〈郜公典盤〉及相關問題》，《考古與文物》2003 年第 5 期，第 42～43 頁。

齊國故城發現的石磬銘文釋説

《文物》2008 年第 1 期發表的《齊國故城内發現一件帶銘文石磬》一文，公布了一件於 1982 年在山東臨淄市齊都鎮齊國故城東南部韶院村發現的現歸齊國歷史博物館收藏的有銘石磬。據作者在文章中介紹，此石磬"鼓博處陰刻銘文 2 字"，並將此 2 字釋爲"樂室"(圖一)。[①]

在這篇文章發表之前，此石磬銘文的兩個字早已公布且見於著録。[②] 銘文

圖一　石磬原物圖

① 張龍海、張愛雲：《齊國故城内發現一件帶銘文石磬》，《文物》2008 年第 1 期，第 95 頁。本文所附"石磬原物圖"亦采自該文。

② 參張龍海：《臨淄韶院村出土銘文石磬》，《管子學刊》1988 年第 3 期，第 96～97 頁；何琳儀：《戰國古文字典》，中華書局，1998 年，第 299、1116 頁；吴釗：《追尋逝去的音樂踪迹——圖説中國音樂史》，東方出版社，1999 年，第 89 頁；張龍海：《臨淄韶院村出土銘文石磬》，氏著：《臨淄拾貝》，臨淄中軒印務有限責任公司，2001 年，第 115 頁。

中的第一字,論者將它釋爲“樂”是毫無疑問的,但將第二個字釋爲“室”却很值得商榷(圖二)。因爲釋此字爲“室”,顯然是把下部看成是从“至”作,而古文字中尤其是與此石磬銘文極具可比性的先秦齊系文字中的“至”字寫法却與此字下部大相徑庭(圖三)。[1] 通過比較可知,將此字釋爲“室”是難以讓人信服的。

圖二　第二個字形(反色對比圖)

晉(保晉戈) 室(鼄伯鼎) 室(郜史碩父尊) 室(邿子姜首盤)

室(齊國銅柱) 室(《古璽彙編》3937) 至(叔尸鐘) 至(叔尸鎛)

圖三　齊系文字“室”、“至”及从“至”之字

第二字主要由三個部分構成,上部从“宀”,下部从“土”,而中間部分稍嫌怪異的字形是辨認此字的關鍵。因爲從文字學的一般規律上講,這個字很有可能就是以中間部分作爲聲符的。此石磬出土於齊國故城,上面刻寫的兩個字自然是屬於齊系文字。在目前發現的齊系文字中,與第二字中間部分相似的字形是存在的。傳世的一件銅耳杯,銘文爲“塚(重)十六”,著録於《陶齋吉金録》5.3.1、《小校經閣金石文字拓本》9.103.4、《三代吉金文存》18.26.3、《金文總集》8.6639、《殷周金文集成》16.9940,[2]末字右上部所从與石磬銘文第二字中間部分如出一轍,顯然是同一個字形(圖四)。根據耳杯上的銘文辭例,論者認爲此字當是一個重量單位。[3] 又 1992 年發掘的山東臨淄商王墓地戰國晚期齊國墓葬中也出土有兩件銅耳杯,其上所刻銘文也分别含有與傳世的這件銅耳杯相同的那個字,也是作爲一個重量單位。[4] 而先秦貨幣文字中有個常釋

---

① 張振謙:《齊系文字研究・齊系文字編》,安徽大學博士學位論文(指導教師:黄德寬教授),2008 年,第 206、224、232、313 頁。

② 陳劍:《釋展》,《追尋中華古代文明的踪迹——李學勤先生學術活動五十年紀念文集》,復旦大學出版社,2002 年,第 49～56 頁。

③ 李家浩:《關於郲陵君銅器銘文的幾點意見》,《江漢考古》1986 年第 4 期,第 83～86 頁。

④ 臨淄市博物館、齊故城博物館:《臨淄商王墓地》,齊魯書社,1997 年,第 175 頁。

爲“傎”的字(圖五),[①]論者大都認爲與銅耳杯銘文上的字是同一個字,[②]這個看法應當是可信的。這樣一來,與石磬銘文中第二字中間部分可資比勘的字形還是相當可觀的。

圖四 齊國銅耳杯上重量單位用字

圖五 貨幣文字

貨幣上的字,吴振武先生認爲似可釋作“傎”。[③] 李家浩先生也主張釋爲“傎”。[④] 何琳儀先生意見類此,也將貨幣上的這個字與傳世銅耳杯上的字都放在“傎”字頭下,且將銅耳杯右上部的字形視爲典型的齊系文字寫法,釋石磬銘文第二字爲从土、寘聲之字,以爲“填”之繁文,指出《龍龕手鑒》“俗填字”即如此寫,並將石磬銘文此字讀爲“寘”,引《廣韻》訓爲“止也”。[⑤] 陳劍先生將貨幣中的文字改釋爲“屍”,讀爲“錘”,以爲其右上部的字形是由“𠂤”演變而來的,同時認爲石磬銘文第二字中間部分所从的字形也可能是“𠂤”的變體。[⑥]

在陳劍先生此文討論“𠂤”字形體的演變過程之前,楊樹達先生曾討論過“脽、𠂤、𡲾(屍)”諸字的語源,以爲它們都含有“高”義。[⑦] 裘錫圭先生以爲“𠂤”是“堆”的古字,在古代有可能用來指稱人工建築的堂基一類的建築。“堆”是高於地面的,从“隹”聲的字往往含有高出的意思,並將甲骨文中的“庭𠂤”讀爲“庭殿”。[⑧] 劉釗先生在裘先生之説的基礎上,進一步認爲:“𠂤”字可能本來就是“脽”的古字,本像尻形,“堆”是其引申義。[⑨] 這些意見都是很有理據的説法。

① 參湯餘惠主編:《戰國文字編》,福建人民出版社,2001 年,第 566 頁;吴良寶編纂:《先秦貨幣文字編》,福建人民出版社,2006 年,第 140～141 頁。

② 李家浩:《關於郳陵君銅器銘文的幾點意見》,《江漢考古》1986 年第 4 期,第 83～86 頁。

③ 吴振武:《戰國貨幣銘文中的“刀”字》,《古文字研究》第 10 輯,中華書局,1983 年,第 317 頁。

④ 李家浩:《關於郳陵君銅器銘文的幾點意見》,《江漢考古》1986 年第 4 期,第 83～86 頁。

⑤ 何琳儀:《戰國古文字典》,第 1115～1116 頁。

⑥ 陳劍:《釋屍》,《追尋中華古代文明的踪迹——李學勤先生學術活動五十年紀念文集》,第 49～56 頁。

⑦ 楊樹達:《釋脽𡲾屍》,氏著:《積微居小學述林全編》,上海古籍出版社,2007 年,第 6～8 頁。

⑧ 裘錫圭:《釋殷墟卜辭中與建築有關的兩個詞——“門塾”與“𠂤”》,《出土文獻研究續集》,文物出版社,1989 年,第 1～4 頁。

⑨ 劉釗:《談史密簋銘文中的“居”字》,《考古》1995 年第 5 期,第 52～53 頁。

陳劍先生在上述看法的基礎上，認爲貨幣文字右上部所从字形也是來源於“𠂤”形，是由“𠂤”形横置而形成銅耳杯中的那種形體，再演變成爲貨幣文字右上部那種寫法。[①]

我們認爲，陳劍先生所説的這種字形演變序列應當是可信的。如此一來，齊國故城發現的石磬銘文第二字就可以隸定爲“𡪏”，分析爲“从宀，垍聲”，“垍”爲“堆”字或體，又可分析爲“从土，𠂤聲”。根據上引裘錫圭先生之文將甲骨文“庭𠂤”讀爲“庭殿”例之，石磬銘文二字自然可以讀爲“樂殿”。

原公布者張龍海先生以爲石磬銘文二字當釋爲“樂室”或“樂堂”，也有學者主張釋讀爲“樂館”。[②] 這種釋讀思路都是認爲此二字銘文標示的是音樂機構名稱或者是盛放此石磬的宫室名稱。我們認爲這種釋讀思路恐不可通。于省吾先生舊藏編磬一組三件，1935 年出土於河南安陽殷墟一號坑，各磬銘文分别爲“永啟”、“永余”、“夭余”；同時，他還藏有另外一組編磬，銘文分别爲“古(姑)先(洗)齊厔(?)左十”、“古(姑)先(洗)右六”、“介鐘右八”。[③] 同時出土於安陽殷墟一號坑的編磬分别刻有各不相同的二字銘文，足可以説明銘文標示的並非音樂機構名稱或者盛放編磬的宫室名稱，也非編磬製作者或擁有者的名字。另外一組磬銘中的“左十”、“右六”、“右八”顯然最有可能是想標示編磬的相對位置，而“古(姑)先(洗)”則毫無疑問是標示石磬在演奏中對應的音律名稱，具有標示音階的作用。這種推測從湖北隨縣曾侯乙墓出土的編磬銘文刻辭中也可得到證實。曾侯乙墓每枚磬上所刻的銘文不僅有編排的數字，同時還刻有“濁姑洗之宫”、“新鐘之巽反”、“穆鐘之羽，姑洗之徵”等格式的銘辭，顯然也是要標示每枚磬在編懸演奏時的樂律位置的。[④] 齊國故城發現的這件有銘石磬雖然是單獨出土，但可以想見，在演奏時絶非僅此一件，而是要與其他衆多樂器配合才能演奏出音樂的，那麽上面所刻的銘文具有標示音律位置的作用就不難理解了。因爲樂器製成後，在每場演奏中應當是放置在相對固

① 陳劍：《釋𡱂》，《追尋中華古代文明的踪迹——李學勤先生學術活動五十年紀念文集》，第49～56 頁。

② 徐在國：《釋“貨”》，《古典文獻與文化論叢》第 2 輯，杭州大學出版社，1999 年，第 153～159 頁。

③ 于省吾：《雙劍誃古器物圖録》，中華書局，2009 年，第 139～150 頁。

④ 湖北省博物館：《隨縣曾侯乙墓鐘磬銘文釋文》，《音樂研究》1981 年第 1 期，第 5～18 頁。

定的位置的。而如果某次演奏需要將樂器轉移場地,則在演奏之前就需要樂師事先安排好各個樂器的編懸位置。這時石磬上所刻銘文就能夠派上用場了,樂師根據石磬上的銘文就可以很快安排好每件樂器的位置。若是石磬上不刻銘文,則位置一經擾動就有可能造成樂器編懸混亂,導致樂聲失調。

雖然石磬銘文二字讀爲"樂殿",但是我們認爲其含義解釋仍當從上引何琳儀先生意見將"殿"訓爲"止也"。上引陳劍先生之文以爲"鉠"與"展"古音極近,並舉睡虎地秦簡"展"作"屭"、"殿"作"殿"爲例,兩個字皆是以"典"充當聲符的。[①] 而"典"聲系與"真"、"㐱"聲系可以相通。如《儀禮・燕禮》:"寡君有不腆之酒。"鄭注:"古文腆皆作殄。"《詩・邶風・新臺》:"籧篨不殄。"鄭箋:"殄當作腆。"《詩・小雅・小宛》:"哀我填寡。"《經典釋文》:"填,《韓詩》作疹。"《詩・鄘風・君子偕老》:"鬒發如雲。"《説文》引"鬒"作"㐱"。《汗簡・上》:"鬒,古《毛詩》作㐱。"[②]因此,石磬銘文第二字雖然釋爲"殿",但仍然可以讀爲"填",訓爲"止也"。"填"又可讀爲"寘",訓爲"止",此義在語源上實又與"定"義有關。朱駿聲《説文通訓定聲》説"填"可假借爲"奠",而古籍"奠"常訓爲"定"。段玉裁《説文解字注》"定"下云"古亦叚(假)奠字爲之";則"填"字亦可讀爲"定",與"止"義相近。"殿"字常訓爲"後",同時也含有"定"義。如俞樾《諸子平議・墨子一》"以勞殿賞"下按語云:"殿者,定也。殿與定一聲之轉。奠亦定也。殿、奠文異而義同。"朱駿聲《説文通訓定聲》亦以爲"殿"假借爲"鎮",而"鎮"亦有"定"義。[③] 以上諸字音近義通,在語源上都與"定、止"之義有關。貨幣上的文字即使本當如陳劍先生所論釋爲"展",仍然可以從原來考釋者意見讀爲"傎"。這種寫法的字很有可能是因爲"聲化"而寫成類似"真"字形的。

上面已經説明,此石磬銘文最有可能是標示其在演奏時的音律位置所在。我們將這兩個字釋讀爲"樂殿",或可讀爲"樂填"、"樂寘",訓爲"樂定"、"樂止",意思就是説此石磬是用於演奏樂曲時"定音止樂"的樂器就順理成章了。古代石磬分編磬和特磬,特磬單獨懸掛,有"止樂收韻"的功用。如《孟子・萬

① 陳劍:《釋展》,《追尋中華古代文明的踪迹——李學勤先生學術活動五十年紀念文集》,第49～56頁。

② 高亨、董治安:《古字通假會典》,齊魯書社,1989年,第89～94頁。

③ 宗福邦、陳世鐃、蕭海波主編:《故訓匯纂》,商務印書館,2003年,第1201頁。

章下》"孔子之謂集大成。集大成也者,金聲而玉振之也。金聲也者,始條理也,玉振之也者,終條理也"一句,朱熹《四書章句集注》於其下注云:"玉,磬也。振,收也。……先擊鎛鐘以宣其聲;俟其既闋,而後擊特磬以收其韻。"《朱子語類》卷九二:"衆樂未作,先擊特鐘以發其聲;衆樂既闋,乃擊特磬以收其韻。"清朝乾隆年間編纂的樂書《御製律吕正義後編》卷六二也記載:"《周禮注》:'特磬十二,依辰次陳之,以應其方之律。'朱子云:'鐘磬有特懸者,器大而聲宏,故於起調畢曲之時擊之,以爲作止之節。'此皆言'特磬',即《孟子》所謂'玉振'是也。"卷八六記載:"特磬固應不出本均(韻),與編磬相應爲樂節也。"卷九二:"一請設特鐘特磬以爲樂節。……若並以銅爲之,又恐各廟正懸鐘磬混同疑似。且特鐘特磬之設,不過取爲樂節耳,似莫若揭燈於竿以爲樂之作止,則不動聲色,望而可知,比之鐘磬尤爲静治。從之。"《皇朝文獻通考》卷一五六:"樂闋,擊特磬一。"《欽定續文獻通考》卷一〇七:"餘如宫懸之制,方其未奏也,則先擊特鐘以宣其聲;及其既奏也,則後擊特磬以收其韻。孟軻氏所謂'金聲而玉振之'者也。"今曲阜孔廟祭祀孔子演奏樂曲所用的樂器仍然使用獨立懸掛的"特磬",在樂章結束時擊之以收聲。齊國故城發現的這件有銘石磬單獨出土,也許可以從側面證明其原本就是屬於單獨懸掛的"特磬"。特磬在樂曲演奏中具有作爲樂止之節、定音收韻的功能,與我們將這件石磬上兩個字釋讀爲"樂殿"、訓爲"樂定、樂止",其實際功能與銘文所記也是相符合的。

原載《勵耘學刊》(語言卷)2010 第 2 輯,學苑出版社,2011 年 1 月。

《老子》"如嬰兒之未孩"解

今傳王弼注本《老子》第二十章云：

> 絶學無憂。唯之與阿，相去幾何？善之與惡，相去若何？人之所畏，不可不畏。荒兮，其未央哉！衆人熙熙，如享太牢，如春登臺；我獨泊兮其未兆，**如嬰兒之未孩**；儽儽兮，若無所歸。衆人皆有餘，而我獨若遺。我愚人之心也哉，沌沌兮！俗人昭昭，我獨昏昏；俗人察察，我獨悶悶。澹兮，其若海；飂兮，若無止。衆人皆有以，而我獨頑似鄙。我獨異於人，而貴食母。

其中"如嬰兒之未孩"的"孩"字，歷來大多數注釋者都是根據《説文》"咳，小兒笑也。从口、亥聲。孩，古文咳从子"之説，以"孩"爲"咳"之或體，訓爲"小兒笑"。

"孩"字還出現在第四十九章：

> 聖人無常心，以百姓心爲心。善者吾善之，不善者吾亦善之，德善。信者吾信之，不信者吾亦信之，德信。聖人在天下，歙歙，爲天下渾其心。百姓皆注其耳目，**聖人皆孩之。**

此章中的"孩"字，歷來注家亦多以"小孩"、"嬰孩"之義爲訓。

對於上引兩章中的"孩"字，于省吾先生獨闢蹊徑，創爲新解：

> 按近人有以《説文》義訓《老子》此語者。嬰兒生數月即能笑，豈待二三歲乎？且訓爲如嬰兒之未笑，俚淺無謂。若讀"孩"如字，如嬰兒之未孩，嬰兒豈不可稱"孩"乎？至"聖人皆孩之"，尤爲不辭。按古从亥从其之字每音近字通。……"如嬰兒之未咳"，應讀作"如嬰兒之未期"，言嬰兒尚未期年，天真未漓也。上言"衆人熙熙，如享太牢，如春登臺，我獨泊兮其未兆"，此言"如嬰兒之未期"，自言其似未期年之幼兒，不與於衆人之所樂也。"聖人皆咳之"，應讀作"聖人皆期之"，期謂期會。《廣雅·釋詁》："期，會也。"上言"聖人在天下，歙歙，爲天下渾其心，百姓皆注其耳目"，猶言百姓引領以待，聖人皆期會之，使其如願以償也。[①]

于省吾先生讀"如嬰兒之未孩"的"孩"爲"期"，以"期年"爲訓，確實優於古人以"小兒笑"爲訓者。因爲嬰兒什麽時候能笑，並不是一個固定的時間概念，因此也就代表不了嬰兒某個顯著的發育階段，更與上文"未兆"之義不相符合。如以"期年"爲訓，嬰兒至"期年"而滿周歲，這確實是一個固定的時間概念。不過，此説亦有可疑之處。嬰兒即便滿周歲之後，同樣也是未離天真，純潔無邪，《老子》爲什麽要以"嬰兒未滿周歲"來比擬"未兆"呢？這個問題恐怕亦不易索解。

馮勝君先生在于省吾先生之説的基礎上更立新解。他根據楚簡文字中的"娩"字形很容易被誤釋爲"孩"字的現象，指出今本《老子》的"孩"字很有可能也是"娩"字的誤釋，從而將上引的兩個"孩"字改釋爲"娩"。這樣一來，第二十章"如嬰兒之未娩"可以解釋爲"我的精氣、聰明尚未萌兆，就像在母體中尚未分娩的嬰兒一樣"。同時，他認爲第四十九章的"孩"也應改釋爲"娩"，在句中讀爲"蒙"。"百姓皆注其耳目，聖人皆娩（蒙）之"，是説百姓用其耳目之聰明，聖人則使之盲瞽。[②]

很明顯，馮勝君先生以嬰兒"分娩"爲説，在"如嬰兒之未孩"一句文義的理

---

① 于省吾：《雙劍誃諸子新證·雙劍誃老子新證》，上海書店出版社，1999 年，第 340 頁。

② 馮勝君：《從出土材料談今本〈老子〉中"孩"字的釋讀問題》，《古籍整理研究學刊》2005 年第 2 期，第 27～29 頁。

解上確實比于省吾先生的説法更爲允洽。嬰兒在分娩之後開始呼吸人世間的空氣,“分娩”自然是一個極其重要的時間分界點,而且也與上文的“未兆”較爲符合。

不過,馮勝君先生的新説是建立在楚簡文字的字形可能被後人誤認的基礎之上的。在楚簡文字中,“娩”字的寫法是下部从“子”作,這種寫法的“娩”字確實有與同樣从“子”作的“孩”相混的可能。但是,《老子》中的兩個“孩”字,《經典釋文》皆云:“咳,本或作孩。”我們知道,《經典釋文·老子音義》所依據的底本就是王弼注本,由此可知王弼注本中的兩個“孩”字原本均當作“咳”,作“孩”爲或本。而且,出土的馬王堆漢墓帛書本《老子》中對應的兩個字也皆寫作“咳”字。[①] 既然字形很可能原本都不从“子”作,則認爲《老子》中的“孩”字是“娩”字之誤釋的看法恐也值得商榷。

再者,《老子》這段話的用韻情況,按照江有誥《老子韻讀》之説,一般認爲是這樣的:

> 阿、何韻(歌部),惡、若韻(魚部),畏、畏韻(脂部),哉、熙、臺、孩韻(之部),歸、遺韻(脂部),昏、悶韻(文部),晦、止、以、鄙、母韻(之部)。

對於江有誥之説,楊樹達先生以爲“江韻得之”。[②] 也即,多數意見認爲此段中“孩”與上文的“哉”、“熙”、“臺”同押之部韻,則“孩”讀爲“骸”仍屬之部韻字。而馮勝君先生將字改釋爲“娩”,以爲是與下文協韻(“娩”與“歸”、“遺”、“沌”、“昏”、“悶”是脂、文合韻),雖然亦能自圓其説,然未免有迂曲之感。

同時,從醫學角度講,還有“遺腹子”(此處專指母體死亡之後而出生的嬰兒,民間俗稱“棺材子”)之説。也就是説,嬰兒在母體中是否發育成熟並不能以是否分娩作爲絶對標準。在分娩之前的短時期裏,嬰兒其實已經發育成熟,與分娩之後的嬰兒並没有太大區别。所以,認爲《老子》以嬰兒尚未分娩來比擬“未兆”,於文義恐亦有未安。

---

① 國家文物局古文獻研究室編:《馬王堆漢墓帛書(壹)》,文物出版社,1980年,第4、96頁。

② 朱謙之:《老子校釋》,中華書局,1984年,第86頁。

我們認爲,“如嬰兒之未孩”的“孩”當讀爲“骸”,訓爲“骨”。《説文》:“骸,脛骨也。从骨、亥聲。”段玉裁注:“字从亥者,亥,荄也。荄,根也。《公羊傳》注:‘骸,人骨也。’則引伸爲凡人骨之偁。”《廣雅·釋器》:“骸,骨也。”《老子》“如嬰兒之未骸”一句,意思是説如同嬰兒在母體中尚未長骨也。

馬王堆漢墓出土的帛書《胎産書》記載:“七月而木受(授)之,乃始成骨。”[①]傳世的古醫書如《醫心方》引《産經》、《諸病源候總論》也有胎兒七月成骨的説法。而傳世典籍又有胎兒七月成形的記載。如《文子·九守》:“六月而骨,七月而成形。”《淮南子·精神訓》與《廣雅·釋親》均作:“六月而骨,七月而成。”諸書記載容有參差,但古人將胎兒長出骨頭與成形看作時間差不多的兩個階段却是其共通之處。《老子》所言的“如嬰兒之未骸”,“骸”訓爲“骨”,句意就是説如同嬰兒在母體中尚未長出骨頭,也就是説嬰兒尚未發育成“人”形之時。這樣理解恰好與上文的“未兆”之義密合無間。“兆”即徵兆、兆頭,也就是事物開始的苗頭。“我獨泊兮其未兆”的“泊”,傳本或作“怕”。[②]《説文》:“怕,無爲也。”論者多以“怕”字此訓來解《老子》中的這句話。這樣,《老子》中這段話的意思就是説:

> 衆人熙熙然悦樂,恣縱口腹耳目之情欲,如享太牢之味,如登春臺而觀,逐外失真而不自覺。我獨淡泊無爲,淡然無欲,心裏没有産生任何恣縱情欲的思想苗頭,思慮静居不動就像嬰兒在母體中尚未長出骨頭(尚未發育成“人”形)的時候那樣。

嬰兒在母體中尚未長出骨頭也即還没有發育成“人”形的時候,才是真正的無知無覺、混沌蒙昧的狀態,這顯然也更爲符合老子所要比擬的“未兆”之態。

“骸”字訓爲“骨”,從語源上説當與植物果實的“核”有關。王力先生《同源

---

① 魏啟鵬,胡翔驊:《馬王堆漢墓醫書校釋(二)》,成都出版社,1992 年,第 83 頁。
② (南宋)范應元集注,曹聚仁增訂:《老子集注》,梁溪圖書館,1926 年,第 59 頁。

字典》即認爲"骸"與"核"是同源字。[①]《説文》"核"字，段玉裁注云："今字果實中曰核而本義廢矣。按許不以核爲果實中者，許意果實中之字當用覈也。……《周禮》'其植物宜覈物'，覈猶骨也。《廣韻》云：'槅，果子槅也，出《聲譜》，户骨切。'此字近是。《玉篇》亦云：'核，户骨切，果實中也。'"朱駿聲《説文通訓定聲》云："核，叚借爲骸。《爾雅・釋木》：'桃李醜，核。'按：如人之有骨也。……《文選・典引》'肴覈仁義之林藪'，注：'肉曰肴，骨曰覈。'"《廣雅・釋器》："骸，覈，骨也。"王念孫《廣雅疏證》云："骨之言覈也。《説文》：'骨，肉之覈也。'覈與核同。骸之言亦核也。"[②]《爾雅・釋木》："桃李醜，核。"郭璞注云："子中有核人。"郝懿行《爾雅義疏》云："核者，人也。古曰核，今曰人。"其中的"人"字即今所謂的"仁"字。可見，古人常將人之"骨"比作果實之"核"，又以"人(仁)"稱"核"，則引伸之，嬰兒只有長骨之後才能被稱爲"人"也就可得而知了。植物的果實開始長"核"正是這種果實開始成熟的標誌，老子用尚未長骨處於渾沌無知狀態還不能被稱爲"人"的嬰兒來比擬思慮淡泊之"未兆"，與前後文意正相吻合。

又，傳世字書中除《廣韻》外還有一些收有"槅"字者。作爲"核"字的異體，从"木"从"月(肉)"从"骨"作。[③]《字彙補》以之爲"古文核字"。[④] 若"槅"爲"核"字古文之説可信，或者説"槅"字來源較古的話，則"槅"字的造字本義很有可能是以"肉中之骨"來表示"核"字，其字形本身對於《老子》第二十章中的"孩"字當讀爲"骸"訓爲"骨"也是一個很好的旁證。

至於第四十九章中"聖人皆孩之"的"孩"字，高亨先生曾提出"孩"讀爲"閡"訓爲"外閉"的説法：

> "孩"借爲"閡"。《説文》："閡，外閉也。"……"聖人皆孩之"者，言聖人皆閉百姓之耳目也。上文云："歙歙爲天下渾其心。"即謂使天下人心胥渾

① 王力：《同源字典》，商務印書館，1982年，第249頁。
② （清）王念孫：《廣雅疏證》，中華書局，2004年，第245頁。
③ 徐在國：《傳抄古文字編》，綫裝書局，2006年，第576頁。
④ （清）張玉書、陳廷敬等編纂：《康熙字典》，中華書局，1958年，第559頁。

> 渾噩噩，而無識無知也。此文云：“百姓皆注其耳目，聖人皆閡之。”即謂閉塞百姓耳目之聰明，使無聞無見也。①

將“孩”讀爲“閡”，訓爲“外閉”，與《老子》一書的思想旨趣亦非常切合。聖人對於恣縱耳目聰明的普通百姓來説，要想閉塞他們耳目之聰明，只能是從外部着手的“外閉”，因爲普通百姓無法做到像聖人那樣自發主動的棄絶追求耳目之聰明的“内閉”。

不過，參考《老子》第二十九章中“聖人無爲”的思想，我們認爲或許可以將“百姓皆注其耳目，聖人皆閡之”一句理解成：普通百姓皆恣縱耳目之聰明，而聖人却與普通百姓相反，從内心自發主動的閉目塞耳，棄絶追求耳目之聰明，使自己無聞無見。也即，將“聖人皆閡之”的“之”理解爲“聖人自己的耳目”，似乎更爲符合《老子》一書中的思想。

最後，附帶談談《莊子》一書中的“孩”字之義。《莊子・天運》云：

> 舜之治天下，使民心競，民孕婦十月生子，子生五月而能言，不至乎孩而始誰，則人始有夭矣。

于省吾先生亦將此處的“孩”讀作“期”，將“不至乎孩而始誰”解釋爲“未至乎期年而知别人也”。② 或許是受到《莊子》中此段文字的啓發，于先生才將《老子》“如嬰兒之未孩”的“孩”讀爲“期”，訓爲“期年”。因爲《莊子》中的“孩”明顯是在“子生五月而能言”之後，也就是説“孩”字所表示的意義應該是指小孩子滿五個月能説話之後的某個階段。若從此段文字反推，似乎以上我們將“如嬰兒之未孩”的“孩”讀爲“骸”訓爲“骨”，將《老子》“如嬰兒之未骸”解釋爲如同嬰兒在母體中尚未長骨難以成立。其實不然，《老子》與《莊子》作爲成書時代不同的兩部古書，其中所用的“孩”字之義亦略有區别，這可以用詞義引申的現象加以説明。我們不妨首先對古書中“孩提”一詞的意義進行一番探討。《孟

① 高亨：《重訂老子正詁》，開明書店，1948 年，第 105 頁。
② 于省吾：《雙劍誃諸子新證・雙劍誃老子新證》，第 353 頁。

子·盡心上》"孩提之童"趙岐注云:"孩提,二三歲之間,在繦褓,知孩笑,可提抱者也。"《漢書·王莽傳上》"孩提之子"顔師古注曰:"嬰兒始孩,人所提挈,故曰孩提也。孩者,小兒笑也。"將"孩"解釋爲"小兒笑"之不可信已見上文所論。又《白虎通德論·姓名》云:"人生三月,目煦,亦能[咳]笑,與人相更答。"將小孩笑的時間定在出生三月之時,時間與《莊子》書中的"五月"之後相差甚遠,更可證明古人將"孩"解釋爲"小兒笑"之不可信。因此,趙岐將"孩提"看作"二三歲之間",又用"知孩笑"來解釋"孩提",顔師古將"孩"解釋爲"小兒笑",恐皆難以讓人信服。不過,二人用"可提抱"、"人所提挈"來解釋"孩提",對於理解"孩"字之義還是很有參考價值的。我們以爲,"孩提"之"孩"仍可讀爲"骸",其本義仍當是指長骨,不過引申是指小孩的骨頭成長到可以行走的階段,即剛學會走路的時候罷了。古書中的"孩提"即當是指小孩剛學會走路的幼弱階段,由於此時小孩的骨頭發育尚未堅固,行走時仍需要大人的提携牽領,故稱"孩提"。將此義代回《莊子》"不至乎孩而始誰"中,則句意是説小孩還没有學會走路就開始有了分辨是非之心。一般説來,新生兒七八個月就開始學説話,而往往要到一歲左右才開始學步。這種現象正與《莊子》中將"不至乎孩而始誰"放在"子生五月而能言"之後相吻合。而且,説話和走路作爲小孩成長中的兩件大事,也與《莊子》的文意密切相關。《莊子》中的"孩"字意指出生後的小孩骨頭發育成熟剛會走路,與《老子》中的"孩"意指尚在母體中的嬰兒長出骨頭在字義上已經不同,這説明《莊子》成書的戰國時代"孩"字之義已經開始有所引申。

附記:初稿承蒙裘錫圭、蔡偉先生審閲指教,北京中醫藥大學杜鋒先生爲筆者提供了與本文内容相關的傳統醫學文獻,謹致謝忱。

【編按:王凱博先生《〈老子〉"嬰兒之未孩"新解》一文認爲,"孩"應當讀爲"駭",是動的意思,其本字爲"核";"嬰兒之未孩"是説腹内嬰兒尚未胎動,《老子》是用這種人盡皆知的胎動現象發生前的所謂"静止"之態去喻釋聖人"泊"而"未兆"之態的(參王凱博《〈老子〉"嬰兒之未孩"新解》,《語言研究》2017年第

2 期,第 100～102 頁)。若如王說,用來訓解《老子》中的這句話確實較其他諸說爲優。然從字形角度結合典籍用字情況來分析,所謂的本字"孩"訓"動"實不無疑問。我們很是懷疑其所引材料(主要見於字書)中所謂的"孩"字其實當是"振"字之誤。此問題擬另文解釋,此從略。】

初稿首發於復旦大學出土文獻與古文字研究中心網站,2011 年 9 月 19 日;修改增訂稿正式刊載於《第二十三次全國醫古文研究學術交流會論文集》,2014 年。

由魯國厚氏諸器談金文"厚柲"之義

在目前已經著録的先秦青銅器銘文中,可以確定與春秋時期魯國的厚氏有關的諸器如下:

1. 魯伯厚父盤:"魯伯厚父乍(作)仲姬俞賸(媵)般(盤)。"

《集成》10086

2. 魯大司徒厚氏元簠(三件):"魯大嗣(司)徒厚氏元乍(作)善(膳)匿(簠),其眉壽萬年無疆,子子孫孫永寶用之。" 《集成》4689、4690、4691

3. 魯大左司徒元鼎(兩件):"魯大左嗣(司)徒元乍(作)善貞(鼎),其萬年眉壽,永寶用之。" 《集成》2592、2593

4. 魯大司徒元盂:"魯大嗣(司)徒元乍(作)飲盂,萬年眉壽,永寶用。"

《集成》10316

魯伯厚父盤是傳世器,出土情况不明。原器最初曾由清人曹載奎收藏,現藏北京故宫博物院。銘文最早著録於曹氏所撰的《懷米山房吉金圖》。[①] 魯大司徒厚氏元簠傳世共六器,皆是1932年山東曲阜林前村出土。[②]《殷周金文集成》收録了三件器銘,銘文内容基本相同,僅4689器"子孫"二字下没有重文符號,當是範鑄過程中偶然疏失或後來磨損所致。[③] 魯大左司徒元鼎傳世共兩

① 中國社會科學院考古研究所編:《殷周金文集成(修訂增補本)》第七册,中華書局,2007年,總第6162頁。

② 馬承源主編:《商周青銅器銘文選》第四卷,文物出版社,1990年,第519頁。

③ 《殷周金文集成(修訂增補本)》第四册,總第3453頁。

件，其中一器現藏上海博物館，另一器下落不明，僅有拓片著録於《商周金文録遺》。兩器銘文相同，惟上海博物館所藏之器的銘文拓片模糊不清，另外一器的銘文相對清晰但殘缺首字，兩器銘文正好可以互相補足。[①]《殷周金文集成》的編者懷疑魯大左司徒元鼎與 1932 年山東曲阜林前村出土的魯大司徒厚氏元簠、豆等屬於同一組器，[②]很有可能是正確的。魯大司徒元盂也是 1932 年山東曲阜林前村出土，現藏山東省博物館，與魯大司徒厚氏元簠自然應屬於同一組器。[③] 由銘文内容分析，魯大司徒厚氏元簠、魯大左司徒元鼎和魯大司徒元盂器主名相同，官職名也相同，可以斷定是同一個人所作之器。而魯大司徒厚氏元簠又記載此人以“厚”爲氏，因此，魯大左司徒元鼎和魯大司徒元盂也自然是屬於厚氏之器。

對以上諸器時代的判斷，學者們的意見亦不統一。《殷周金文集成》的編者將以上諸器的時代都定爲春秋早期。馬承源先生主編的《商周青銅器銘文選》將魯伯厚父盤的時代定在西周晚期，而將魯大司徒厚氏元簠、魯大左司徒元鼎和魯大司徒元盂定在春秋中期。[④]

對以上諸器銘文内容的研究，以清人方濬益《綴遺齋彝器考釋》中對魯伯厚父盤銘文的考釋爲最早最詳。方氏考釋云：

此伯厚父即魯公子鞏字厚謚惠伯者也。何以言之？《檀弓》“后木”，鄭注曰：“魯孝公子惠伯鞏之後。”正義曰：“《世本》：‘孝公生惠伯革，其後爲厚氏。’《世本》云‘革’，此云‘鞏’，《世本》云‘厚’，此云‘后’，其字異耳。”王伯申尚書（引者按：尚書是王引之的官名）曰：“按革乃鞏之脱文。后讀爲厚。鞏，堅厚也。《爾雅》：‘鞏、篤、掔，固也。’‘篤、掔，厚也。’鞏、篤、掔同義。篤、掔訓爲厚，鞏亦得訓爲厚也。”錢辛楣少詹（引者按：少詹是錢大昕的官名）論轉韻曰：“鞏與固相近，故《瞻卬》詩以鞏與後韻。”（引者按：

---

① 馬承源主編：《商周青銅器銘文選》第四卷，第 520 頁。
② 《殷周金文集成（修訂增補本）》第二册，總第 1657 頁。
③ 《殷周金文集成（修訂增補本）》第七册，總第 6181 頁。
④ 馬承源主編：《商周青銅器銘文選》第三卷，文物出版社，1988 年，第 337 頁；馬承源主編：《商周青銅器銘文選》第四卷，第 519～520 頁。

> 所引述的内容見錢大昕《十駕齋養新録·卷一·毛傳多轉音》)濬益按:據此説,是名鞏字厚,不惟義同,聲亦相近。《左·襄公十四年傳》:"夏,衛獻公出奔齊,公使厚成叔弔於衛。"又《昭公二十五年傳》"郈昭伯",《古今人表》作"厚昭伯"。是魯公族有厚氏。以《世本》證之,成叔、昭伯、后木皆惠伯之裔,以王父字爲氏者。郈即后,古今字也。《史記·魯周公世家》:"宣王殺伯御而立孝公。"稱惠伯爲孝公子,其作器媵女,當爲大夫時,應在惠公之世。①

方氏在考釋中引用了王引之《經義述聞·春秋名字解詁》"魯公子鞏字后"條的意見。其實,王引之在《經義述聞·春秋左傳述聞》"季郈　郈氏　郈昭伯　郈孫"條中對"厚氏"還有更爲詳細的論述,亦可參考。② 從方氏的論述中可以看出,其考釋意見相當精審,非常圓滿地解决了魯伯厚父盤的器主及時代問題。即,魯伯厚父就是魯孝公子名鞏字厚謚惠伯者,是厚(后、郈)氏的始祖,《左傳》所見的"厚成叔"、"郈昭伯"、《禮記》所見的"后木"都是他的後裔。魯伯厚父盤既然是其媵女之器,推測其器作於惠公之世,時代在春秋初期。對於自己的説法,方氏也很自信,在上面的考釋文字之後又補充説:"古器見於後世者多矣,其人名字恒經傳所不載。春秋至戰國時器猶或遇之,春秋前則殊罕覯。今得此盤與虢文公子鼎、召伯虎敦三器銘,皆宣王中興以後,文獻之信而有徵者,亦考古之深幸也。"③

後來郭沫若先生撰《兩周金文辭大系圖録考釋》,也許是没有看到方氏的考釋意見,竟根據傳世的魯伯大父簋銘文"魯伯大父乍(作)仲姬俞賸(媵)簋,其萬年眉壽,永寶用亯"與魯伯厚父盤一樣都是爲"仲姬俞"所作之媵器,從而推斷"伯厚父與伯大父當是兄弟行,以伯爲氏者也"。④ 馬承源先生主編的《商

---

① (清)方濬益:《綴遺齋彝器考釋》,劉慶柱、段志洪、馮時主編:《金文文獻集成》第十四册,綫裝書局,2005年,第129頁。

② (清)王引之:《經義述聞》,江蘇古籍出版社,2000年,第527、467頁。

③ (清)方濬益:《綴遺齋彝器考釋》,《金文文獻集成》第十四册,第129頁。

④ 郭沫若:《兩周金文辭大系圖録考釋》,《郭沫若全集·考古編》第八卷,科學出版社,2002年,第418頁。

周青銅器銘文選》也采用此説，認爲"伯厚與伯大父應是兄弟輩，以伯爲氏"。[①]

對於"伯厚父"與"伯大父"以"伯"爲氏的説法，參照青銅器銘文中所見的"魯伯愈父"、"魯侯"、"魯伯者父"等人名稱呼，[②]恐不可信。上引王引之《經義述聞·春秋左傳述聞》"季郈　郈氏　郈昭伯　郈孫"條中已經提到《潛夫論·志氏姓》篇記載"魯之公族有后(厚、郈)氏"，而魯之公族見於記載者並沒有"伯氏"。同時，《潛夫論·志氏姓》還記載，"伯氏"源出春秋時期晉國的伯宗。伯宗被殺，其子伯州黎奔楚，以父字爲氏，稱"伯氏"。而伯宗本屬晉之公族郤氏之別支，與魯國公族同爲姬姓。古人立"氏"的目的就是"别其子孫之所自分"(見《通鑑外紀》)，既然姬姓晉國的公族分化出"伯氏"，同爲姬姓的魯國公族自然不宜再有"伯氏"。可見，認爲"伯厚父"與"伯大父"是以"伯"爲氏的説法實不可信。現在學術界對"魯伯厚父"這一名稱的分析，也多采取方濬益的看法，以爲是"由國名、爵稱和字三個成分組成"。[③] 趙誠先生更是將方濬益的説法看作是清人金文研究的經典考釋範例。[④]

既然魯伯厚父盤的器主和時代問題可以斷定，而從中又知道此盤器主爲厚氏始祖，則其餘厚氏元所作諸器的時代亦可根據其官職"大司徒"大致作一番推論。我們知道，自春秋中期開始，"三桓"專魯國之政，魯國重要的官職幾乎都由三家擔任。《左傳·昭公四年》記載杜洩對季孫氏説："吾子(引者按：指季孫氏)爲司徒，實書名；夫子(引者按：指叔孫氏)爲司馬，與工正書服；孟孫爲司空，以書勳。"既然當時司徒之職是由權勢最大的季孫氏擔任，則厚氏元擔任"大司徒"之職必然是在三家專政之前。因爲《左傳·昭公二十五年》記載"孟氏執郈昭伯，殺之于南門之西"，郈昭伯被殺以後，厚氏自然是淡出了魯國的政壇，更不可能出任如此要職了。因此，厚氏元諸器的時代就可以定在春秋早期，大致在魯惠公之後至僖公、文公之世這段時期内。

以上就是由厚氏諸器銘文所能考證推論出來的一些内容。

---

① 馬承源主編：《商周青銅器銘文選》第三卷，第336頁。
② 張亞初：《殷周金文引得》，中華書局，2001年，第853～854頁。
③ 吴鎮烽：《金文人名研究》，見氏著：《金文人名彙編(修訂本)》，中華書局，2006年，第459頁。
④ 趙誠：《晚清的金文研究》，《古漢語研究》2002年第1期，第15頁。

在方濬益氏的考釋中,有個很值得注意的説法,就是"名鞏字厚,不惟義同,聲亦相近"。我們知道,古人的名與字往往意義相因。魯公子名鞏字厚,"鞏"與"厚"二字"義同",這很好理解,王引之《經義述聞・春秋名字解詁》中已論之甚詳。同時,方氏又認爲兩個字"聲亦相近"。我們還知道,先秦典籍中聲同聲近之字往往可以互相假借。依方氏此説,則"鞏"與"厚"亦可以通假。方氏的這一説法實際上爲我們探討"厚"字之本義提供了重要綫索。

"厚"字之本義,前人多有討論。《説文》:"厚,山陵之厚也。从𣆪、从厂。垕,古文厚,从后土。(胡口切)""𣆪,厚也。从反亯。(胡口切)"所説形義驗之於古文字材料皆不可信。不過,"厚"字"厂"下的部分"𣆪"能够獨立作爲聲符却是可以肯定的,在古文字中常作""形。據《説文》及古文字形,"覃"字下部即從"𣆪"作。郭沫若先生《釋覃》一文中認爲:"(覃下部所从的𣆪形)必爲器皿之象形,……此字古音讀在侯部,以聲類求之,蓋豆字之異。古當有尖脚之豆以蹲於有穴之座,如宋甕之尖底碗然者。……於皿若豆中盛果實以供食,自可得'長味'之義。"[①]唐蘭先生不承認郭沫若先生以"𣆪"爲"豆"之異的説法,認爲"其字(引者按:指𣆪,也即《説文》厚字下部所从的𣆪)本象巨口狹頸之容器","余疑𣆪……,乃壜之本字,《廣韻》:'壜,甒屬。'今字作罈、墰"。[②] 季旭昇先生認爲"𣆪"可能是裝鹽的器皿(罈子),鹽味厚,因此"𣆪"字有"厚"的意思。[③] 諸家的意見雖有差别,但在認爲"𣆪"字是器皿之象形這點上却是一致的。

關於"𣆪"字的本義還有一種看法,是由朱芳圃先生提出的。其説云:

> 字象短頭長頸鼓腹之器,當爲瓨之初文。《説文・瓦部》:"瓨,似罌,長頸,受十升。从瓦、工聲。讀若洪。"《急就篇》:"甀甇甂甌瓨甖盧。"顔注:"瓨,短頭長身之罃也。"此正其形象矣。從音理言之,𣆪與瓨,古讀匣紐雙聲,侯東對轉。形既相符,音亦切合,𣆪爲瓨之初文,昭然若揭矣。[④]

① 郭沫若:《釋覃》,氏著:《金文叢考》,人民出版社,1954年,第226頁。

② 唐蘭:《釋𣆪𡨦𤞞𦎫厚》,氏著:《殷虚文字記》,中華書局,1981年,第32頁。

③ 季旭昇:《談覃鹽》,《龍宇純先生七秩晋五壽慶論文集》,臺灣學生書局有限公司,2002年,第255~262頁;季旭昇:《説文新證》上册,藝文印書館,2002年,第455頁。

④ 朱芳圃:《殷周文字釋叢》,中華書局,1962年,第123頁。

朱芳圃先生所提出的這個説法没有引起古文字學界足够的重視。推測其中緣故,也許是其説以𣆪爲瓨之初文,一般説來"初文"與其後起分化字往往音義皆同,而實際上𣆪、瓨二字韻部爲侯東對轉,并非完全密合,因而容易引起質疑吧。

爲此,我們可以在朱芳圃先生這個説法的基礎上變换成另外一種表述:𣆪爲缿之初文。這樣一來,厚、缿二字上古音同屬匣紐侯部,聲韻就完全密合了。

而且,將此變换後的説法驗之於傳世典籍及朱芳圃先生原説,同樣密合無間。"瓨"从"工"得聲,"缸"字也从"工"得聲,《説文》:"缸,瓨也。从缶、工聲。(下江切)""瓨也",大徐本原作"瓦也",此據段注本訂正。段注於"缸"字下曰:"缸與瓨音義皆同也。"現在仍然十分常用的"缸"字即當是來源於"瓨"。又據典籍記載,"缿"之形制與"瓨"相同。《説文》:"缿,受錢器也。从缶、后聲。古以瓦,今以竹。(大口切。又,胡講切)"《玉篇·缶部》:"缿,胡講切。如瓨,可受板書筩,令密事。亦受錢器也。又,大口切。"《漢書·趙廣漢傳》:"又教吏爲缿筩。"顔師古注引蘇林曰:"缿,音項。如瓶,可受投書。"注引孟康曰:"筩,竹筩也,如今官授密事筩也。"顔師古曰:"缿,若今盛錢臧瓶,爲小孔,可入而不可出。或缿或筩,皆爲此制,而用受書,令投於其中也。"其中,《玉篇》解釋"缿"字"如瓨",則"缿"與"瓨"器物形制吻合;其讀音"胡講切",正與蘇林音"項"吻合,且"項"也是从"工"得聲的字。可見,"缿"字分化有二音:一从侯部的"后"得聲,一从東部的"工"得聲。"缿"與从"工"得聲的"瓨"聲韻皆近,二者作爲器皿又形制相同,或可認爲二字本來就是出一字分化,兩者可以相通是没有問題的。

再從文獻通假例證看,"后"聲字與"工"聲字亦有通假例。如《淮南子·説林訓》:"項託使嬰兒矜。""項託",《童子逢聖碑》作"后槖"。[①] 按:上引的《童子逢聖碑》當作《童子逢盛碑》,"后槖"原碑文作"后囊"。宋人洪适《隸釋》於此碑文"才亞后囊當爲師楷"下注曰:"甘羅曰:'項槖七歲爲孔子師。'《董仲舒傳》孟

① 張儒、劉毓慶:《漢字通用聲素研究》,山西古籍出版社,2002年,第288頁。

康以'逵巷黨人'爲項橐,《趙廣漢傳》'缿筩'之'缿'音'項'。碑以童子當爲師楷,故比之項橐。'后'、'缿'偏旁相類,'缿'有'項'音,故借'后'爲'缿',又借'缿'爲'項'也。"[①]據此説,則傳説中七歲爲孔子師的項橐也當是厚(后)氏族人。錢穆先生在《項橐考》一文中認爲"《天中記》引《圖經》云'橐,魯人,十歲而亡,時人尸而祝之,號小兒神'"之説是"更出後代傳言,無可爲信"。[②] 若項橐如上所考果真是厚(后)氏族人的話,則至少《圖經》認爲項橐是"魯人"這點應該是可信的。如此,則"厚(后)"氏與"項"氏本是同源,而"后(厚)"聲之字與"工"聲之字可以通假亦可斷言。由此也可證明,我們所説的𠂤爲缿之初文與朱芳圃先生以𠂤爲瓨之初文從根本上講是一致的,而方濬益氏所説的"名鞏字厚,不惟義同,聲亦相近"亦爲信而有徵之論,因"鞏"字本从"工"得聲也。

以上的認識可以幫助我們解決一個青銅器銘文中久懸未决的問題。

在西周中晚期青銅器銘文中,常見"戈琱㦰(戟)歞必(柲)彤沙"一語,是用以描述賞賜的物品"戈"之性狀的。經過衆多學者的研究,此語的意思現在已經基本弄清楚了。惟其中"歞必(柲)"一詞的解説,學術界的意見很不一致。郭沫若先生將"必"讀爲"柲",以爲是指戈柄,獲得學界公認。[③] 對於"歞"字,雖然知道它是从左邊的"㫗(厚)"得聲,但究竟作何解釋,各家看法不一。張政烺先生認爲:"厚在此讀爲緱。《説文》:'緱,刀劍緱也。从糸、侯聲。'原本《玉篇》:'緱,故溝反。《説文》:"釰維也。"《蒼頡篇》:"刀劍首青絲扁纏也。"'《六書故》:'刀劍柄當把處以索纏之,爲其血染漬而滑也。'按今京劇舞臺上所用槍柄猶多以青色絛帶纏之。"[④]現在學術界多采取張政烺先生的這個看法,讀"㫗(厚)"爲"緱",解釋爲"以絲索纏柲"或者"戈柄上纏繞的絲"。[⑤]

張政烺先生的這個説法用來解釋"厚柲"一詞確實非常通順。不過,此説也有可疑之處。"緱"字《説文》明確解釋爲"刀劍緱也",即是説古代刀劍把握

---

① 洪适:《隸釋》卷第十,中華書局,1986年,第114頁。

② 錢穆:《項橐考》,氏著:《先秦諸子繫年》,中華書局,1985年,第54頁。

③ 郭沫若:《戈琱㦰𠷎必彤沙説》,氏著:《殷周青銅器銘文研究》,科學出版社,1961年,第163頁。

④ 張政烺:《張政烺文史論集》,中華書局,2004年,第624頁。

⑤ 張世超等撰著:《金文形義通解》,[日]中文出版社,1996年,第1387頁;吴紅松:《金文兵器飾件考釋二則》,《宿州學院學報》2008年第1期,第27頁。

之處常用絲索纏繞，古人將把握之處稱爲“緱”，引申之又可以將纏繞在把握處的絲索稱爲“緱”。而“緱”字在古代典籍中從來没有用於指戈戟類長柄兵器的柲部者，這點不能不讓人懷疑。從語源上考察，我們認爲“緱”字應該是受名於“喉”。《説文》：“喉，咽也。”“咽，嗌也。”“嗌，咽也。”楊樹達先生《釋嗌》一文認爲“咽喉道狹，引申於地理”而有“隘”（關隘、狹隘）字。[①] 刀劍之“緱”部作爲把握之處相對刀劍全體來説正是最狹的地方，相當於人體之“喉”部，因此而有“緱”名。而作爲長柄兵器的戈戟，其柄部是最長的部分，與人體之“喉”部全然不類，恐怕無由得“緱”之名。

通過上面的考察，我們已經得出“厚（后）”聲之字可以與“工”聲之字通假的結論。由此出發，我們就可以將青銅器銘文中的“厚柲”讀爲“鞏柲”。《説文》：“鞏，以韋束也。《易》曰：‘鞏用黄牛之革。’从革、巩聲。”“韋，相背也。从舛、囗聲。獸皮之韋，可以束枉戾相韋背，故借以爲皮韋。”“韋”是皮革經過加工而製成的熟皮，較爲柔軟，古人常用來捆扎纏束東西。“鞏”解釋爲“以韋束”，即是説用這種經過加工的皮革來纏束，較之張政烺先生讀“厚”爲“緱”進而解釋爲“以絲索纏柲”，也許更爲符合古人纏束戈柲之實際情況。《説文》：“弟，韋束之次弟也。”從甲骨文、金文中的字形來看，“弟”字正象戈柲外纏以韋索之形，引申而有次第之義，又引申爲兄弟。[②]《説文》解“鞏”爲“以韋束”，解从“必（柲）”作的“弟”又言及“韋束”，可見古人纏束戈柲以用“韋”爲常。如此，“鞏柲”即用韋纏束的戈柲，放回到青銅器銘文中自然順暢無礙。

以上就是由對厚氏諸器的考釋而附帶得出的一個看法。雖然此説在具體解釋上與張政烺先生的意見相差無幾，但相對來講，讀爲“鞏柲”而解釋爲古人用韋纏束戈柲更符合實際情況。古人之“絲”得來不易，在當時的生産條件下必爲相當貴重之物；而軍隊使用的戈甚多，戈柲又甚長；因此，用“絲”來纏束刀劍之“緱”有可能，用來纏束戈柲恐怕没有可能。而且，“鞏”字本从“革”作，“革”與“韋”爲同類物品，視字形即可知字義，用來解釋青銅器銘文自然尤爲允洽。

最後，再補充一個在前輩學者對“厚柲”的研究中發現的“后”聲字與“工”

---

① 楊樹達：《釋嗌》，氏著：《積微居小學述林全編》，上海古籍出版社，2007年，第42頁。

② 季旭昇：《説文新證》上册，第477頁。

聲字通假的例證。我們將青銅器銘文中“厚柲”的“厚”隸定作“歨”，即將右部看作“欠”旁，是采取于省吾先生的説法。[①] 張世超等先生編撰的《金文形義通解》也認同于省吾先生將右部看作“欠”旁的説法，并進一步認爲：“字从欠𣅀聲，當即‘㖃’之古字，《説文》：‘㖃，厚怒聲也，从口后，后亦聲。’典籍亦作‘呴’，今通作‘吼’。”[②]即是説，“吼”是“㖃”的後起分化字，則二者可以相通假。而“吼”从“孔”聲，“孔”與“空”在古代典籍中恒相通假，[③]則从“后”得聲的“㖃”與“空”可以相通，而“空”从“工”聲，由此自然可以證明“后”聲之字與“工”聲之字可以通假。

原載《殷都學刊》2014年第4期。

---

① 于省吾：《雙劍誃吉金文選》，中華書局，1998年，第265頁。
② 張世超等撰著：《金文形義通解》，第1385～1386頁。
③ 張儒、劉毓慶：《漢字通用聲素研究》，第331頁。

清華簡《保訓》篇“命未有所次”解義

清華大學藏戰國竹簡(壹)《保訓》篇第10、11簡云：

> 朕聞兹不舊(久),命未有所。今汝祗備(服)毋懈,其有所逌(迪)矣,不(丕)【10】及爾身受大命。敬哉,毋淫!日不足,惟宿不祥。【11】

其中的“”字,原整理者隸定爲“次”,讀爲“延”,注釋云：

> 命,指文王之生命。或説命爲天命,指商朝的天命。《書·召誥》:“我不敢知曰：有殷受天命,惟有歷年;我不敢知曰：不其延,惟不敬厥德,乃早墜厥命。”次,段玉裁《説文解字注》:“俗作涎”,簡文中讀爲“延”,《爾雅·釋詁》:“長也。”①

其實,仔細斟酌簡文,可知原整理者對“”字的釋讀以及對文義的理解都是有問題的。

首先,從字形上説,楚簡文字中本有“延”字,②似乎還没有見到假借“次”爲“延”者。原整理者之所以釋讀此字爲“延”,大概是受到古文字學界已有説法的影響。上海博物館藏戰國楚竹書(三)《周易》第53簡對應今本《旅》卦六二

---

① 李學勤主編:《清華大學藏戰國竹簡(壹)》,中西書局,2010年,第143、147頁。

② 如清華簡(壹)《楚居》簡6即有从“延”聲讀爲“延”之字,參李學勤主編:《清華大學藏戰國竹簡(壹)》,第181頁。

爻辭“旅即次，懷其資”的“資”字，寫作“左从水，右从欠”之形，或有釋其字爲“次”而讀爲“羡”者。[①] 其文中所舉到的一個字形證據，就是上海博物館藏戰國楚竹書(四)《曹沫之陣》“毋愛貨資子女”的“資”字寫作“左从貝，右从次”之形；而楚簡《周易》中這個字的右邊明顯是从“欠”作，比“資”字所从的聲符“次”少寫兩筆，從而爲《周易》中的這個字釋爲“次”提供了字形依據。我們認爲，對《周易》中這個字的釋讀不能僅僅依據字形中是从“欠”還是从“次”。何琳儀先生曾指出，楚系文字“欠”字或作“次”形，則屬繁化；“次”在偏旁中或省“二”作“欠”形，與“欠”或作“次”形，交相繁省，惟據偏旁組合關係、相關辭例予以區別。[②] 驗之於楚簡文字，可知其説可信。比如，楚簡《周易》第26簡出現了四個“欽”字，其中有一個“欽”字所从的“欠”旁多寫兩筆而成了“次”字，正可證明何琳儀先生説法之精確。由此，我們認爲楚簡《周易》第53簡中的這個“次”字，雖然右部是从“欠”作，但仍應當看作是“次”之省體，分析爲“从水，从次省聲”，從而讀爲“次(資)”字。我們之所以這樣釋讀，還有一個重要原因，那就是《周易》中的卦爻辭包含大量的押韻現象，《周易》中這句爻辭本來也是押韻的。將“次”字釋爲从“次”聲之字而讀爲“資”，恰好與上一句“旅即次”的“次”押韻，兩字古音皆屬脂部。而若將字釋爲“次”讀爲“羡”，古音在元部，則屬失韻。

根據上述意見再看《保訓》中的“”字，其右部正是从“次”作(與《保訓》篇第5簡“欲”字右部所从的“欠”相比明顯多寫兩筆)，嚴格隸定的話應該是“左从水，右从次”，即“澬”。如果將對《曹沫之陣》中“資”字形的分析“从貝，次聲”移用到這裏的話，此字就可以分析成“从水，次聲”，讀爲“次”字就順理成章了。

其次，從辭例文義上説，讀爲“次”也更爲合理。若根據原整理者釋讀爲“延”的意見來解釋，於簡文實多有不通。如有人將“朕聞兹不久，命未有所延”這句話解釋爲：這句是文王説我知道這些的日子不長，天命未能有所伸張。文王在位五十年，而受命僅爲最後九年，未能戰勝殷商，故言“命未有所延”。並舉典籍文獻中的相似例句爲證：《尚書・召誥》：“我不敢知曰：有夏服天命，

① 陳劍：《上博竹書異文選釋(六則)》，《文史》2006年第4輯，第5～20頁。
② 何琳儀：《戰國古文字典》，中華書局，1998年，第1255頁。

惟有歷年；我不敢知曰：不其延。惟不敬厥德，乃早墜厥命。”①在《召誥》原文中，緊接這段話之後還有類似結構的幾句：“我不敢知曰：有殷受天命，惟有歷年；我不敢知曰：不其延。惟不敬厥德，乃早墜厥命。今王嗣受厥命，我亦惟兹二國命，嗣若功。”這句話提到殷商，更便於比較，我們不妨以此作爲參考文句。仔細分析《召誥》這段話的本意，和《保訓》所表達的文意實有很大出入。這裏的“不其延”是承上句話而來，指殷商的天命不得延伸；而前面冠之以“我不敢知曰”，意即“我不敢探知天之意圖，也不敢對此予以評説”，這體現出召公對天命的尊重和敬畏。隨後的“惟不敬厥德，乃早墜厥命”，却是説話者召公敢知敢説的話。全句的意思是説：天命在殷商那裏經歷了這麽長時間，爲什麽上天後來不延長殷商的命數，這些是上天的決定，我不敢探知也不敢評説。我唯一知道的是：商紂不敬修自己的德行，所以過早地喪失了他的天命。因爲夏商兩代都是“惟不敬厥德，乃早墜厥命”，所以周人要想“受天永命”（獲得永久的天命），召公便提出了統治者“敬德”的要求。《召誥》裏兩次出現的“不其延”指的是夏商兩代的天命不得延伸，文中的思想脈絡是很清晰的。

我們再看《保訓》篇裏所謂的“延”字的解釋。首先，“朕聞兹不久”的“兹”在這裏可以肯定是有所指的，若據原整理者的句讀，則可以認爲是指隨後的“命未有所延”一句。那麽，這裏“未有所延”的“命”究竟何指呢？是指殷商所受的“天命”呢？還是西周所受的“天命”呢？結合第一句“惟王五十年”來看，當時文王已經“受命”。既然文王已經“受命”，他應該祈求“受天永命”才是，怎麽會説出“命未有所延”（西周所受的天命未能有所延長）這樣的話呢？原因很明顯，《保訓》上文已經説到成湯“用受大命”。而成湯在“受命”之後，他手裏的“天命”並非隨着他的去世而終結，他是可以傳給子孫後世的。成湯傳給子子孫孫這麽多代，經歷這麽多年，即如《召誥》所説的“有殷受天命，惟有歷年”。文王此時病重，即便去世，還有武王繼任大統，承擔起上天授予西周的統治天下的大命，他怎麽會説“命未有所延”呢？若是如此理解，這句話就變成了文王認爲上天授予他的“天命”因他的去世而終結了，這是無論如何都解釋不通的。

① 子居：《清華簡〈保訓〉解析》，復旦大學出土文獻與古文字研究中心網站，2009年7月8日。

再者,若是如此理解,前一句"朕聞兹不久"(我聽説這件事的時間不是很長)尤屬不詞:天命在西周是否能得以延伸這種事,怎麽會成爲他聞知的内容呢?他要是當時就預言"天命"在西周不能得以延伸賡續,那武王也就不必有所作爲了,也就不會出現後來的甲子伐紂之事了。而且,《召誥》篇也明明説"今王嗣受厥命"(如今成王繼承了天命),這個"天命"難道不是從文王、武王那裏延續繼承下來的嗎?要是如文王所説"命未有所延",那成王所受的"天命"是如何得來的呢?所以,將"命"理解爲西周所受的"天命"是説不通的。原整理者或以爲這裏的"命"是指文王之生命,這又與簡文中"用受大命"的"命"用字不統一。《尚書》裏出現的"命",除了作爲"命令"外,其他的幾乎都是指"天命"而言。而且,文王自己的生命不能延長,也不可能是他"聞兹不久"的"兹"所指代的内容。因此,這裏的"命"只能是指"天命"而言。原整理者又或以爲這裏的"命"是指商朝的天命;或有以爲"命"是指殷商所受的"天命",指商朝的命運,並將"命"字屬上讀者。[①] 我們姑且認爲文王是想表達這種意思,那麽,"朕聞兹不久命"這句話裏的指示代詞"兹"就應當是指殷商而言了。這就産生一個問題:殷商作爲與西周敵對的大邦,文王提及殷商,是否有可能用"兹"這個指示代詞?《召誥》裏兩次出現的"不其延",用指示代詞"其"分别來指夏和商,而且還是在前面已經提到夏和商的情況下。"朕聞兹不久命"這句話,在前後文都没有提到殷商的語境裏,驀然用"兹"來指殷商,未免太過突兀,恐在當時的行文中不應如此表達。即便讀爲"朕聞兹不久,命未有所延",而認爲"命"是指殷商所受的"天命",也同樣有指示代詞使用不當的問題。再對比《召誥》篇的語境,當時周已滅商,而召公猶言"我不敢知曰"。如果文王話語裏的"命"是指殷商所受的"天命",這就與《召誥》所表達的天命思想有矛盾:"朕聞兹不久命,未有所延"即是説"我聽説(知道)殷商不能久有天命,天命在殷商那裏未能有所延長";而在武王還没有伐紂滅商的時候,文王即便已經"受命",對比召公的"我不敢知曰"(含有對天命敬畏而不敢妄加評論之意),恐也不會説出隨意評價殷商之於天命如何如何的話來。因此,這句簡文裏的"命"既不當是特指殷

① 陳偉:《〈保訓〉詞句解讀》,簡帛網,2009年7月13日。

商所受的“天命”，也不能是特指西周所受的“天命”，而應當是指通常意義上的“天命”。既然是通常意義上的“天命”，則“命未有所延”（天命未能有所延長）這句話就失去了意義：天命是在哪里（是在殷商還是在周邦）未能有所延長呢？又是什麽原因導致其未能有所延長的呢？都成了不可解説的問題。可見，從文意上説，將這個字釋讀爲“延”實難講通簡文。

而將字釋讀爲“次”，以“命”指通常意義上的“天命”則文從字順。次，有舍止、駐留、止息之義。如《尚書·泰誓中》：“惟戊午，王次於河朔。”孔安國傳：“次，止也。”孔穎達疏：“次，是止舍之名。”《穆天子傳》卷六：“五里而次。”郭璞注：“次，猶止也。”《左傳》莊公三年“過信爲次”，孔穎達疏：“次，亦止舍之名。”《廣雅·釋詁四》：“次，舍也。”王念孫疏證：“次爲舍止之舍。”①

“命未有所次”即“天命不是駐留停止在某個地方一成不變的”。這與《尚書·康誥》所説的“惟命不于常”（鄭玄注曰：“命，天命也。天命不于常，言不專佑一家也。”即天命不是恒久不變的），以及《詩·大雅·文王》所説的“天命靡常”（天命無常）正相符合。驗之於《保訓》全篇文義，上文已經説到成湯“用受大命”，則文王未受命之前，仍當是殷商王朝執有天命。而文王既受命之後，天命就轉移到了西周。文王即將去世，受天命不到十年，所以説“朕聞兹不久”。這裏的“兹”是指“命未有所次”這個道理，“不久”應該是從文王受天命之時算起。既然“命未有所次”（天命不是駐留停止在某個地方一成不變的），而是運行不止的，這就爲殷商王朝原本執有天命而爲什麽現在轉移到了西周，變成文王執有天命，提供了理論依據。天命的轉移，又是以君王是否有德爲標準的，所謂“天命有德”（《尚書·皋陶謨》）、“皇天無親，惟德是輔”（《尚書·蔡仲之命》，又見《左傳》僖公五年所引），夏商兩代都是“惟不敬厥德，乃早墜厥命”（《尚書·召誥》）。而《保訓》中説到成湯之所以“用受大命”，前提是“祗服不解”（敬於政事而不懈怠），正是有德者的表現。所以，文王緊接着也要求武王“今汝祗服不解”，因爲只有這樣才能“身受大命”，其言辭中所反映的天命觀與文獻記載是一脈相承的。

① 宗福邦、陳世鐃、蕭海波主編：《故訓匯纂》，商務印書館，2003年，第1168～1169頁。

用“次”字來指“天命”之於某個人，在典籍中也是可以見到的。如皇侃《論語義疏》注解《論語・堯曰》“天之歷數在爾躬，允執其中”云：

> 天，天位也。歷數，謂天位列次也。爾，汝也。躬，身也。堯命舜曰：天位列次，次在汝身，故我今命授與汝也。……言天信運次既在汝身，則汝宜信執持中正之道也。①

“次在汝身”的“次”，用法正同於《保訓》簡文裏的“次”字。

又如，《孔叢子・答問》記載，陳王涉使周章爲將，西入關，將以誅秦，秦使大將章邯拒之。而陳王以秦國之亂，在心理上很輕視秦國，勢若有餘而不設敵備，太師孔鮒因此進諫曰：

> 章邯，秦之名將，周章非其敵也。今王使章，霈然自得而不設備，臣竊惑焉。夫雖天之所舍，其禍福吉凶，大者在天，小者由人。今王不修人利以應天祥，若跌而不振，悔之無及也。②

其中“天之所舍”的“舍”字，其義也正同於《保訓》簡文裏的“次”字。

綜上所述，《保訓》簡文中的“”字，當隸定爲“洓”，釋讀爲“次”，訓爲“止、舍”。“朕聞兹不久，命未有所次”意爲：我聞知這個道理的時間不是很久，天命不是駐留停止在某個地方或某個人身上一成不變的。如此解釋，驗之於《保訓》原文才能文從字順。

原載《古籍研究》（總第 61 卷），鳳凰出版社，2015 年 5 月。

---

① （梁）皇侃：《論語義疏》，《叢書集成初編・論語集解義疏》，商務印書館，1937 年，第 277 頁。

② （秦）孔鮒：《孔叢子》，《漢魏叢書》，吉林大學出版社，1992 年，第 349 頁。

古文字中的“助”字補説

古文字材料中見有如下字形：

甲骨文(僅選取其中有代表性且辭例相對明確者)：

(1) 貞：南庚弗父乙害王?

　　南庚父乙害王?

　貞：祖丁父乙　　《合集》5532

(2) ……叀(惟)令取射……　　《合集》5758

(3) 丁卯卜，争貞：呼雀戎𣏟?九月。　　《合集》6946

(4) ……卜，宁不叀(惟)史令……　　《合集》27736

(5) 叀(惟)可日呼□(?)羌方、𢁉方、𤔲方　　《合集》27990

(6) 𤔲方虘方作戎　　《合集》27997

(7) 丁丑卜，才(在)京：子其舞戉，若。不用。

　子弜舞戉，于之若。用。多万又(有)巛(災)，引棘。

　　《殷墟花園莊東地甲骨》206

(8) 多子其伐　　《殷墟甲骨輯佚》573

金文(僅選取其中辭例較爲明確者)：

(1) 九年衛鼎：付裘衛林𦣻里，則乃成夆(封)四夆(封)，顏小子俱夆(封)。　　《集成》2831

(2) 禹鼎：于將朕肅慕,(摹本)西六師、殷八師伐鄂侯馭方。

《集成》2833

(3) 毛公鼎：女(汝)毋敢妄(荒)寍(寧),虔夙夕我一人。

《集成》2841

(4) 录伯𢦚簋蓋：右闢四方,䚄(長)天命。 《集成》4302

(5) 師訇(詢)簋：令女(汝)雝我邦小大猷。 《集成》4342

(6) 何尊：敬享哉！(摹本)王龏德裕天,訓我不敏。 《集成》6014

(7) 子湯鼎：襄子湯之□(?),子子孫孫永保用之。

《商周青銅器銘文暨圖像集成》四・02039

(8) 四十三年逨鼎：令(命)女(汝)官司歷人,母(毋)敢妄(荒)寧,虔夙夕雝我邦小大猷。 《商周青銅器銘文暨圖像集成》五・02504

戰國楚簡文字：

(1) 以【2】乒(厥)辟,堇(勤)卹王邦王家。 清華簡《皇門》2—3

(2) 是人斯王共(恭)明祀。 《皇門》4

(3) 是人斯既乒(厥)辟,堇(勤)勞王邦王家。 《皇門》5

(4) 卑(俾)王之亡(無)依亡(無)。 《皇門》9

(5) 朕遺父兄眔朕俸(蓋)臣,夫明尔(爾)悳(德),以余一人憂。

《皇門》12

(6) 有凰將起今兮,余教保子今兮。 上博八《有皇將起》1 上

(7) ……大路今兮,斁蔵與楮今兮。慮余子其速長【3】今兮,能與余相今兮。可幾成夫今兮,能爲余拜楮柧今兮。【1下】

上博八《有皇將起》3+1 下

以上保留原篆的諸字形,確定無疑當是同一個字(以下用"△"代替)。對於此字的考釋,學界經歷了一個漫長的認識過程。

唐蘭先生將"△"釋爲"叀",認爲：

> 叀之得爲語詞者，叀古讀當如惠，故金文多以叀爲惠，而惠从叀聲。惠字古用爲語辭。……其義當與惟字同。[①]

也即，唐蘭先生將古文字中的“△”與“叀”看作是同一個字。唐蘭先生的看法得到學術界的普遍認同。如郭沫若先生即將“△”視爲“叀”字異體；後來編著的《甲骨文編》、《新甲骨文編》、《金文編》、《新金文編》、《新見金文字編》等，都是將以上甲骨文、金文中諸“△”字形列在“叀”字頭下。[②]

古文字材料中，明確的“叀”字形如下（僅選取具有代表性的典型字形）：

甲骨文：

(1) 《合集》614　《合集》23712

(2) 《合集》26899　《懷》1402

(3) 《合集》32192　《懷》1628　 H11：174

(4) 《合補》6615

金文：

(1) “叀”：史牆盤　虢弔旅鐘　蔡姞簋　哀成弔鼎

(2) “惠”所从：裘衛盉　善夫沙其簋　㝬簋　中山王嚳壺[③]

戰國楚簡文字：

(1) 郭店楚簡《忠信之道》5

---

① 唐蘭：《天壤閣甲骨文存考釋》，輔仁大學，1939年，第33頁。

② 郭沫若：《釋叀》，氏著：《金文叢考》，人民出版社，1954年，第226頁；中國社會科學院考古研究所：《甲骨文編》，中華書局，1965年，第194頁；劉釗、洪颺、張新俊編纂：《新甲骨文編》，福建人民出版，2009年，第249～250頁；容庚編著，張振林、馬國權摹補：《金文編》，中華書局，1985年，第271頁；董蓮池：《新金文編》，作家出版社，2011年，第461～462頁；陳斯鵬、石小力、蘇清芳編著：《新見金文字編》，福建人民出版社，2012年，第127頁。

③ 劉釗、洪颺、張新俊編纂：《新甲骨文編》，第249～250頁；董蓮池：《新金文編》，第461～463頁。

(2)“惠”所从：郭店楚簡《尊德義》32　上博二《從政》乙 1

上博六《用曰》16　上博六《平王問鄭壽》7

(3)“惠”所从：清華簡(壹)《皇門》8　清華簡(壹)《楚居》13

因爲以上所列的“△”字無論是在形體上還是辭例上都與“叀”字存在差異，而且甲骨文第(2)、(4)、(5)例中“叀”與“△”見於同版卜辭，清華大學藏戰國竹簡(壹)《皇門》篇中从“叀”的“惠”字與“△”同出，寫法各異，且從辭例上以及與傳世本對讀的角度看兩者顯然當是二字，所以在漫長的研究過程中也有學者認爲“△”與“叀”有别，應當分開。較早的如余永梁指出，二者“字形顯别，其義亦有分”；李孝定先生亦指出甲骨文中“”、“”二者非爲一字，但其仍從羅振玉之説將“”字釋作“𢆶”，且仍將金文中的“△”字混同於“叀”。① 又如姚孝遂先生在其主編的《殷墟甲骨刻辭類纂》中，將甲骨文中的“叀”與“△”明確分開。在隨後出版的《甲骨文字詁林》中，將“叀”列爲 2953 號字頭，將“△”列爲 2960 號字頭，在 2960 號字頭下又指出：

> 按：《合集》八八五五辭云：“……未卜，㱿……令取”足證“”、“”有别，不得視爲同字。在此爲人名，或用爲動詞，其義不詳。②

徐中舒先生主編《甲骨文字典》亦指出，“△”字“自辭例觀之，與叀當非一字”。③ 李學勤先生在《試論董家村青銅器群》文中亦曾指出：“金文字均爲協助之意，見何尊、禹鼎等器，待詳考。”則是亦認爲“△”與“叀”非一字。不過，李學勤先生後來又認爲甲骨文中的“△”即“蕙”字，从“惠”聲，應讀爲“偕”，似乎又回歸到唐蘭先生的看法。④ 此外，也有一些學者雖然同意將“△”字釋作

---

① 李孝定：《甲骨文字集釋》第四，中研院歷史語言研究所，1970 年，第 1417、1431～1433 頁。

② 姚孝遂、肖丁主編：《殷墟甲骨刻辭類纂》，中華書局，1989 年，第 1138、1144 頁；于省吾主編：《甲骨文字詁林》，中華書局，1996 年，第 2979、3007 頁。

③ 徐中舒主編：《甲骨文字典》，四川辭書出版社，1989 年，第 566 頁。

④ 李學勤：《試論董家村青銅器群》，氏著：《新出青銅器研究》，文物出版社，1990 年，第 105 頁；李學勤：《〈殷墟甲骨輯佚〉序》，段振美、焦智勤、黨相魁、黨寧編著：《殷墟甲骨輯佚：安陽民間藏甲骨》，文物出版社，2008 年，第 2 頁；又可參李學勤：《文物中的古文明》，商務印書館，2008 年，第 140 頁。

“叀”，但同時也意識到這類所謂的“叀”字在構形及釋義上與典型的“叀”字是有區别的。如宋華强先生認爲，賓組卜辭中有一種形體特殊的“叀”字（引按：實即“△”字形）應是連詞，與卜辭“眔（暨）”義近；至於“△”與“叀”共見一辭的現象，可以用李學勤先生所説的“同辭同字異構”來解釋。① 倪德衛先生《論毛公鼎之真僞》將毛公鼎、何尊、禹鼎等銘文中的“△”英譯爲“help(hui 惠)”，即將“△”字訓爲“助”。② 何樹環先生《金文“叀”字别解》認爲見於毛公鼎、師訇簋、何尊等青銅器銘文中的“叀”字（引按：即“△”字）應訓爲“助”。③ 黄天樹先生同意何樹環先生的訓釋，在認同“△”與“叀”是一個字的前提下，進一步指出：

> “叀”字疑象紡塼，異構甚多，爲便於稱引，可依字形特徵分爲兩組。一組以“”爲代表，象上端帶一緒的紡塼；另一組以“”爲代表，象上端帶三緒的紡塼。……
>
> ……總之，一緒的“”（叀）和三緒的“”（叀），在甲骨、金文中用法判然有别。前者是虚詞，作用跟“唯”相似，古文字學者大都認爲這個字應該讀爲“惠”，當可信。後者是實詞，如上所論（引按：指“△”字作動詞，應訓爲“助”）。④

《清華大學藏戰國竹簡（壹）》公布後，其中的《皇門》篇出現了五個从“△”之字（已見上引），且此字正對應今傳本《逸周書·皇門》篇的“助”字，爲此字的釋讀提供了新的綫索。清華簡原整理者將此字隸定爲“蘉”，指出：“蘉字今本皆作‘助’。李學勤云：‘金文字均爲協助之意，見何尊、禹鼎等器。’（《試論董

① 宋華强：《釋賓組卜辭“叀”字的一種特殊用法》，見宋華强《甲骨文疑難語辭例釋》，鄭州大學碩士學位論文（指導教師：王蘊智教授），2002 年，第 34～37 頁；李學勤：《甲骨文同辭同字異構例》，《江漢考古》2000 年第 1 期，第 30～32 頁。

② 轉引自邵東方《〈水經注〉引〈竹書紀年〉“同惠王子多父伐鄶克之”條考辨》，氏著：《竹書紀年研究論稿》，高等教育出版社，2011 年，第 256～269 頁。按：據邵東方先生之引文可知，周勛初、譚優學先生《禹鼎考釋》（《南京大學學報》1959 年第 2 期）很早就提出禹鼎中所謂的“惠”字爲“幫助”之義。

③ 何樹環：《金文“叀”字别解》，逢甲大學中國文學系主編《文字的俗寫現象與多元性：通俗雅正，九五經典：第十七届中國文字學全國學術研討會論文集》，聖環圖書股份有限公司，2006 年，第 319～334 頁。

④ 黄天樹：《禹鼎銘文補釋》，張光裕、黄德寬主編《古文字學論稿》，安徽大學出版社，2008 年，第 65～67 頁。

家村青銅器群》,《新出青銅器研究》,文物出版社,一九九〇年,第九十八——一〇五頁)黄天樹則將字釋作‘叀’,訓爲‘助’(《禹鼎銘文補釋》,見張光裕、黄德寬主編《古文字學論稿》,安徽大學出版社,二〇〇八年)。䔷字所从與此字相類。”並在附録的“漢語拼音檢索表”中將“䔷”字注音爲“zhu”。[①] 清華簡整理者的釋讀意見引起了一些學者的質疑。如復旦大學出土文獻與古文字研究中心研究生讀書會《清華簡〈皇門〉研讀札記》所作釋文中即在“䔷”字後括注“惠”,仍維持原來唐蘭先生的説法。[②] 但此字與“助”存在密切聯繫的現象再次引起學者們的關注。

劉雲先生指出,子湯鼎中有字,顯然就是《皇門》篇中所从之偏旁。《皇門》篇中之字以“力”爲形旁,可能就是“助”字異體,也就是説,、與“助”古音相近。[③]

楊安先生基本贊同劉雲先生的看法,發表文章進一步指出,“叀”和“”其實是可以很清楚地分開的,二者就是兩個不同的字;但是恐怕子湯鼎中的字,就是已經增加了意符的字,更原始的形體就應該是形;就是“助”的本字,或説是會意的寫法,從子湯鼎中加“肉”旁來看,可能是和人的身體有關,清華簡中又从力旁,可能是會“幫助需要外力”意的另一個意符,和秦文字的“助”的構形相同;結合新出材料,將其釋爲“助”或是讀音和“助”相近的字,應該是不錯的;可以將“叀”和“助”從字形上嚴格區分開,作形,没有上部兩爪形且中間框内爲十字形的是“叀”,有兩爪形且中間框内做交叉狀和爪形相連的是“助”。同時,楊安先生還對《説文》“惠”字古文、楚簡中寫作類似“△”形的“叀”字(引按:指上引戰國楚簡文字第(2)類“惠”所从的“叀”字形)、傳抄古文中如《集篆古文韻海》、《歷代鐘鼎彝器款識法帖》中著録的所謂“惠”字、《尚書·多方》“爾曷不惠王熙天之命”中的“惠”字等特殊情況也進行了具體辨析,[④]所論皆甚精當可信。

① 李學勤主編:《清華大學藏戰國竹簡(壹)》,第166、270頁。

② 復旦大學出土文獻與古文字研究中心研究生讀書會:《清華簡〈皇門〉研讀札記》,復旦大學出土文獻與古文字研究中心網,2011年1月5日。

③ 參上注所引復旦讀書會《清華簡〈皇門〉研讀札記》文後的“學者評論”,2011年1月10日。

④ 楊安:《“助”字補説》,復旦大學出土文獻與古文字研究中心網站,2011年4月26日。此文修訂後題爲《“助”、“叀”考辨》,發表於《中國文字》新37期,藝文印書館,2011年,第155~169頁。

然而,楊安先生由於在最初發表的文章中没有對他釋爲“助”之字的造字本意進行分析,只是説明“這類字形的造字本意還不清楚”、“但是其字形本意我們一時還找不到好的説法,暫時存疑”,結果其觀點提出後仍然引起了一些學者的質疑,可參其文後的“學者評論”。但是,楊安先生提出的“△”字可以直接釋爲“助”的看法還是逐步進入到學者們的研究視野中。

事情的轉機出現在《上海博物館藏戰國楚竹書(八)》公布之後。上博八《有皇將起》篇出現了兩個“△”字(已見上引),原整理者將其釋爲“叀”,並將第1簡上的“叀”看作語氣詞,認爲同“惟”;將第1簡下的“叀”讀若“惠”,訓爲“仁愛”。[①] 然據辭例看,簡文中出現的兩個“△”字顯然釋讀爲“助”字於文意比較通順。復旦吉大古文字專業研究生聯合讀書會即指出:

> 𬺷字作形,當爲清華簡《皇門》所見字的省體,以前有學者直接釋爲“助”,若此處讀爲助,可謂文從字順。[②]

隨即,馬楠、高佑仁先生指出,《有皇將起》篇“簡3”應與“簡1下”綴合,[③]此説可信。調整簡序後的釋文如下:

> …大路今兮,敂蔵與楮今兮。慮余子其速長【3】今兮,能與余相今兮。可幾成夫今兮,能爲余拜楮柧今兮。【1下】

這樣一來,其中的一個“△”字就成了韻脚字,前後文押韻的情況如下:

> …大路(鐸部)今兮,敂蔵與楮(魚部)今兮。慮余子其速長(陽部)【3】今兮,能與余相今兮。可幾成夫(魚部)今兮,能爲余拜楮柧(魚部)今兮。【1下】

---

① 馬承源主編:《上海博物館藏戰國楚竹書(八)》,上海古籍出版社,2011年,第273、274頁。

② 復旦吉大古文字專業研究生聯合讀書會:《上博八〈有皇將起〉校讀》,復旦大學出土文獻與古文字研究中心網站,2011年7月17日。

③ 參上注所引復旦吉大讀書會《上博八〈有皇將起〉校讀》文後馬楠、高佑仁先生的評論。

據本篇簡文的行文體例,“△”字作爲入韻字,亦當是一個魚鐸部或陽部字,將其釋讀爲魚部的“助”字,正好符合這個條件。至此,楊安先生提出的“△”字應該釋爲“助”字或者是讀音與“助”相同或相近的字,終於有了較爲確切的證據。

楊安先生在修訂後正式刊發的文章中,也對上博八《有皇將起》篇中的押韻情況進行了分析,指出將“”讀爲“助”則押魚部韻,在簡文中是非常合適的;最後,楊安先生還對“△”演變爲“助”字的過程提出了如下看法:

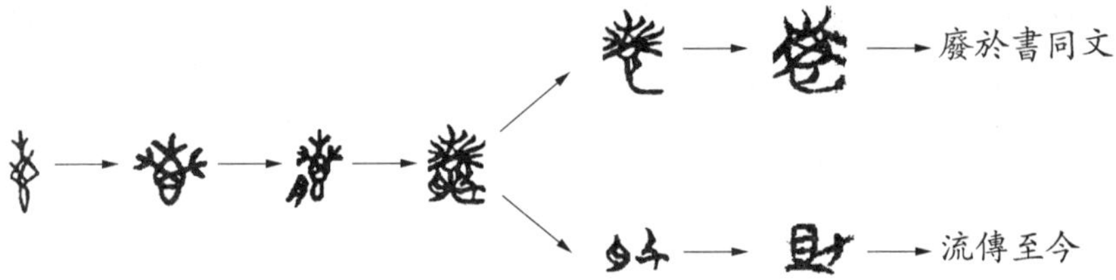

也即,楊安先生認爲秦系文字中的“助”字來源於清華簡中的“”字形除去“”形後剩下的“”;而“”中的“肉”旁變作“助”字中的“且”,應是變形音化的結果。

今案,楊安先生在對古文字材料中的“△”與“叀”進行詳細辨析的基礎上將二者完全區別開來,並將“△”字直接釋讀爲“助”,這些觀點我們完全贊同。但他對“△”演變爲“助”字過程的推測恐有可商;同時,對“△”字原始形體的造字本義也有待於進一步研究。以下我們在楊安先生及諸位學者現有研究成果的基礎上,提出一些個人看法,希望能夠有助於加深對“△”字的認識。

首先,綜合以上諸位學者的研究意見,主要根據時代較早、寫法較爲原始的甲骨文字形來看,可以歸納出“△”與“叀”在構形上的不同之處大致有如下三點:

一、“△”字或在中間主體部分内部的空隙處加有小點;而“叀”字没見過有加小點的。

二、“△”字中間主體部分内部的筆畫皆作兩筆斜交叉的“X”形;而“叀”字中多作垂直交叉的“十”形,少數作“丰”、“丯”形,即橫畫或寫作平行的兩筆或三筆。——“叀”字中幾乎没有寫作斜交叉的“X”形者,至於上引戰國楚簡文字第(2)類“惠”所从的“叀”字形中寫作斜交叉的“Ｘ”形，屬於特殊情況。楊安先生已經指出，這個字形還是“惠”字的訛變，字形中間框中的“＋”形由於快寫慢慢地發生了旋轉而很像“Ｘ”形，其説可信。再者，這類“惠”字其實還有偏旁限制，即上部没有寫作“𡿪”形即所謂“三緒”者，而下部皆从“心”作。

三、“△”字形中間斜交叉的“Ｘ”形上部筆畫大多延伸出框外，在金文和戰國楚簡文字中或許是受到頂部“中”形的類化影響，延伸出框外的筆畫也寫作“中”形，從而在上部形成類似“𡿪”字的形體，即上引黄天樹先生之文所謂的“三緒”；而“叀”字形中垂直交叉的筆畫没有延伸出框外的，因而無論是在甲骨文階段還是在金文和戰國楚簡文字中都没有“三緒”的寫法（至於《説文》“惠”字古文从“𡿪”作，楊安先生之文已指出此種形體就是“惠”的另一種寫法，而不是“△”字），而僅在頂部有一個“中”形，即上引黄天樹先生之文所謂的“一緒”。

“叀”字之本義，學者多認爲是象紡塼之形，説當可信。紡塼是古人用來紡綫的工具，形制簡單，由塼盤和塼杆組成。塼盤一般用陶片製作（用陶土燒製或用廢棄的陶片磨製），呈圓形，中間有穿孔，用來插木質的塼杆。甲骨文中所見的“叀”字形中間的主體部分當是代表紡好的綫團，故内部的筆畫作垂直交叉的“＋”或“丰”、“丰”形，而不作斜交叉的“Ｘ”形。因爲紡好的綫條是按照同一方向順次有規律地纏繞在塼杆上的，而不能胡纏亂繞，否則一團亂綫，根本無法用於紡織。至於“叀”字形僅在頂部留有一緒，也應當是代表紡好的綫條只有一個頭緒。“叀”字中間主體部分的筆畫既然是代表紡好的綫團，空隙處若加有小點則無義可説，故“叀”字没見過加小點的寫法。而“△”字却可以在斜交叉的“Ｘ”形空隙處加有小點，可對比古文字中所見的空隙處加有小點的“鹵”、“𠧪”諸字：

鹵：免盤　戎生編鐘

𠧪：《英》1209　《合》22547　《合》22546

《花東》161　《花東》463[①]

① 董蓮池：《新金文編》，第1579頁；劉釗、洪颺、張新俊編纂：《新甲骨文編》，第315頁。

又及，在甲骨文研究初期階段，“△”與“叀”混而不分之時，羅振玉等人曾經將“△”與“叀”誤釋爲“鬯”，應當就是根據“△”字中加有小點之類的寫法而言。雖然羅釋不確，但也表明他已經注意到“△”字中加有小點之類的寫法與“鬯”近似的現象。所加的小點在“鹵”字中一般認爲是代表鹽粒，在“鬯”字中代表酒液。據此，我們很懷疑“△”字中間所加的小點也是代表鹽粒或液體之屬。若此推測有理，則“△”字中間主體部分的外框很有可能是如同“鹵”、“鬯”諸字那樣表示容器之類，而斜交叉的“ｘ”形或是表示此容器可以用綫繩没有規律地纏繞，寫作三緒或是表示用於纏繞的綫繩可以不限於一緒。

細繹“△”與“叀”在構形上的三點不同之處，結合以上對“△”字形體的初步推測以及此字與“助”字在音義上存在的密切關係（可以釋讀爲“助”字），我們很懷疑“△”字當是“菹”字之表意初文。《説文》：“菹，酢菜也。”段注：“酢，今之醋字。菹須醯成味。《周禮》七菹：韭、菁、茆、葵、芹、𥰭、筍也。鄭曰：‘凡醯醬所和，細切爲齏，全物若䐑爲菹。《少儀》：“麇鹿爲菹。”則［齏］菹之稱菜、肉通。’玉裁謂：‘齏菹皆本菜稱，用爲肉稱也。”

“菹”是用鹽鹵醬醋等調味品醃漬製作而成的酸菜或醬肉。由此出發，以上與“△”字形相關的諸問題都可以得到合理解釋：子湯鼎及清華簡中的“△”字所从的“肉”旁可視爲添加的意符，因醃製的對象亦可是肉類；清華簡中的字形添加“力”旁，當是由於此字很早就假借用作“助”字，如甲骨文中多數字例即讀爲“助”。

至於“△”字和“叀”字的三點不同之處，據釋“菹”之説，可作如下理解：

一、“△”字或在中間主體部分内部的空隙處加有小點，這些小點可視作鹽粒或液體之屬；“叀”字没見過加有小點的，因“叀”字形中間的主體部分是代表紡好的綫團，若加小點則無義可説。此條已見前述。

二、“△”字中間主體部分内部的筆畫皆作兩筆斜交叉的“ｘ”形，因中間主體部分是代表醃製菹菜的容器，醃製時爲隔絶空氣需要對其進行纏繞包裹，而且這種纏繞包裹是以密封嚴實爲目的，並不需要綫繩很有規律地排列，故字形作斜交叉的“ｘ”形，表示用於纏繞包裹的綫繩之類可以有所交叉紊亂。古人醃漬菹菜，需要將容器密閉嚴實，實爲生活常識。如上海博物館藏戰國楚竹書(六)《平王與王子木》簡 4 有“瓮不蓋,酪不酸”之語,陳劍先生通説文意云:“甕/瓮不蓋,酪不酸”當指盛酪漿之甕/瓮平常没有加以覆蓋,導致其揮發而無酸味,故以之調味的“酪羹”也不酸了。① 簡文文意與此字形所表之意可以相互印證。“叀”字中多作垂直交叉的“+”形,少數作“丰”、“丯”形,解釋已見前述。

三、“△”字形中間斜交叉的“X”形上部筆畫大多延伸出框外,或在上部形成“三緒”,或可表示纏繞在容器之外的綫繩頭緒可以有多個,因這種纏繞包裹的目的在於密封嚴實,故不限於一緒;“叀”字僅在頂部有“一緒”,當是代表紡好的綫條只有一個端緒,已見前文所述。

綜上所説,將“△”字釋爲“葅”字之表意初文,在古文字材料中將从“且”得聲的“葅”讀爲从“且”得聲的“助”就順理成章了。古代中國早在二里頭文化層中就出土過青銅酒爵,在甲骨文時代“酉(酒)”字及从“酉(酒)”之字很常見,表明古人很早就掌握了釀酒技術。釀酒與醃漬葅菜原理類似,都是通過發酵,此或可證明古人應當很早就懂得通過發酵製作葅菜。由此,“葅”字在甲骨文中出現就不足爲奇了。《甲骨文合集》16468:“辛未卜,貞:其乍憂。十三月。壬申△。”19675 正:“貞:呼有龍△……”27736:“……卜,宁(貯)△不惟史令……”“……卜,宁(貯)△不史……”31678 正:“丁亥卜,宁(貯)△……”其中的“△”字若釋“葅”不誤,則很有可能是用其本義,卜辭中或當是指製作葅菜、貯存葅菜之事。先秦典籍記載中,《周禮·天官冢宰》下屬有“醢人”、“醯人”、“鹽人”,其職掌皆與“葅”有關係。

最後,根據以上對字形的辨析,我們就可以將古文字材料中所見的“△”字與“叀”字徹底分開了。以上所引的諸文字編“叀”字頭下,凡是符合上述“葅”字特徵者都應當剔除出去,另外單列爲一欄。以後再編纂文字編遇到此字,既可以將其放到“葅”字欄中,同時注明讀爲“助”,也可以直接放到“助”字頭下,因此字早在甲骨文中即多數假借用作“助”字。

---

① 酪,指醋,參何有祖《讀〈上博六〉札記(二)》,簡帛網,2007 年 7 月 9 日;“酸”字的釋讀,參單育辰《佔畢隨録》,簡帛網,2007 年 7 月 27 日;陳劍《釋上博竹書和春秋金文的“羹”字異體》,復旦大學出土文獻與古文字研究中心網,2008 年 1 月 6 日;又參氏著:《戰國竹書論集》,上海古籍出版社,2013 年,第 251 頁。

附記：行文中參考了陳劍先生“古文字形體源流”課程講義中搜輯的資料，初稿承蒙劉剛、何景成等先生審閲指教，謹致謝忱。又，何景成先生審閲拙稿後指出，吉林大學的周忠兵先生亦曾提出與拙稿類似的看法，謹誌以備參。此外，張惟捷《甲骨文研究二題》(《殷都學刊》2013 年第 3 期)、方稚松《關於甲骨文“叀”字構形的再認識》(《故宫博物院院刊》2015 年第 2 期)皆對此字進行專文研究，可以參看。另據方稚松文中所引，可知蔣玉斌先生最早提出此字當釋爲“莤”字。

【編按：此字仍有探討空間，可參看劉洪濤先生《釋勴》一文(待刊；字或作“勴”)，以及其他幾位先生探討此字的新作。古文字材料中，“助”字僅見於秦系文字材料，且相對後出。以上所討論的“△”字當即對應秦系文字中的“助”字，這是目前基本可以肯定的。但“△”字與“助”字之間是何種關係，“△”字如何演變成“助”字？諸如此類的問題，仍需探討。我們懷疑，《説文》“勴”字(也就是以上討論的“△”字)即對應秦系文字中的“助”字；二者之間，從讀音上講是同音(或音近)通假關係(因“勴”字典籍仍有使用)；從形體上講，“助”字當是一個截取分化字，其字形即來源於“勴”字，二者之間是形體繁寫與簡寫的關係；“勴”字左部中間的聲符(即“△”字，劉洪濤先生之文以爲是“鹵”字)後來簡化(或者説截取分化出來)寫成“且”形，就形成了秦系文字的“助”字形。商代族徽文字所見的从“又”从“△”的“”“”[高明、涂白奎編著《古文字類編(增訂本)》，上海古籍出版社，2008 年，第 207 頁]，似當是“勴(助)”字形的來源；在字形演變過程中，大概和“”、“”、“”[《古文字類編(增訂本)》，第 920 頁]諸字還有糾葛(可參裘錫圭《糾正我在郭店〈老子〉簡釋讀中的一個錯誤——關於“絶僞棄詐”》，《裘錫圭學術文集・簡牘帛書卷》，復旦大學出版社，2012 年，第 326～333 頁)；《説文》“勴”字左上部所从的“非”字形，有可能是諸字上部所从的“艸”形之訛變。諸問題擬另文探討，此從略。】

原載李學勤、馮克堅主編《中國文字博物館系列叢書・第五届中國文字發展論壇論文集》，中州古籍出版社，2015 年 10 月。

讀上博(九)脞録

一

《成王爲城濮之行》篇有一字三見,所在的辭例相同:

甲本簡 1:"一日而畢,不～一人" 乙本簡 2:"不～一人"

乙本簡 3:"不～[一人]"

其中,僅乙本簡 2 的字形完整,其餘二形已殘損不全。但由辭例以及字形對比可知,這三個字形是同一個字。原整理者將此字隸定爲"散",讀爲"逸"。[1] 諸家釋讀意見紛紜,如讀爲"抶",讀爲"肆",讀爲"戮"等,[2] 文意雖可講通,然於字形分析似乎皆有不合之處。研究者已指出,本篇簡文内容可以與《左傳・僖公二十七年》的記載合觀。《左傳・僖公二十七年》:"楚子將圍宋,使子文治兵於睽。終朝而畢,不戮一人。子玉復治兵於蔿,終日而畢,鞭七人,貫三人耳。國老皆賀子文,子文飲之酒。蔿賈尚幼,後至,不賀。"其中對應簡

① 馬承源主編:《上海博物館藏戰國楚竹書(九)》,上海古籍出版社,2012 年,第 146 頁。

② 可參季旭昇古文字讀書會,金宇祥執筆《上博九〈成王爲城濮之行〉集釋》,復旦大學出土文獻與古文字研究中心網站,2013 年 1 月 27 日。

文之字爲“戮”，所以研究者在釋讀此字時也多朝這方面考慮。其實，仔細分析兩種文本，可知簡文與《左傳》的記載並不完全相同，在用字上也是很有講究的。《左傳》中子文和子玉二人作對比：子文“終朝而畢，不戮一人”；子玉“終日而畢，鞭七人，貫三人耳”。可見其中的“戮”字並不是“殺戮”之義，而當是“怪罪、羞辱、懲罰”之類的意思。《廣雅・釋詁三》：“戮，辱也。”“戮，辠也。”《國語・晋語七》“魏絳戮寡人之弟”韋昭注：“戮，辱也。”曹方向先生亦指出：“按‘戮’字除了有‘殺’意，典籍中也泛指刑罰，故《荀子》有‘戮之以五刑’之説。”[①]很明顯，《左傳》中子玉“鞭七人，貫三人耳”也是没有“殺戮”一人，若是將子文“不戮一人”的“戮”訓爲“殺戮”，則根本體現不出兩人優劣對比的意味，與前後文意不協。子玉“鞭七人，貫三人耳”顯然是對士卒使用刑罰手段，與子文“不戮（訓爲懲罰）一人”恰好形成鮮明對比。相應地，簡文中子文“一日而畢，不～一人”與子玉“三日而畢，漸（斬）三人”，據文意也當是鮮明對比。綜合辭例及字形考慮，我們認爲簡文中此字當是“鞭”字。

西周青銅器朕匜銘文中的“便（鞭）”字作如下之形：[②]

唐蘭先生解釋字形説：“便字……像用手持鞭鞭人的背，當是鞭的原始字。鞭字从革，是皮鞭，是後起的形聲字。”[③]趙平安先生指出，“便（鞭）”字是一個形聲字，形符部分像手持鞭鞭另一個人，字形右上部“”像冠冕之形，是冕的本字，爲聲符。[④] 説皆可信。比較金文“便（鞭）”字與簡文字形，若將金文“便（鞭）”字右上部像冠冕之形的聲符去掉，就與簡文字形右上部的“伎”完全一樣，可看作从“攴”从“人”會鞭撲人之意。簡文左上部的“口”旁，既可以視爲具

① 曹方向：《上博九〈成王爲城濮之行〉通釋》，簡帛網，2013年1月7日。

② 董蓮池：《新金文編》，作家出版社，2011年，第306頁。

③ 唐蘭：《陝西省岐山縣董家村新出西周重要銅器銘辭的譯文和注釋》，《文物》1976年第5期，第59頁。

④ 趙平安：《金文考釋四篇・四、釋便》，氏著：《金文釋讀與文明探索》，上海古籍出版社，2011年，第92～93頁。

有一定的表意功能,比如表被鞭撲者喊叫之意,也可以看作是增繁的無義偏旁。[①] 下部的“月(肉)”旁,或可表以鞭撲打人之肉體之意。

綜上,簡文中此字可隸定爲“胷”,右上部是以“便(鞭)”的表意初文作爲聲符,字可釋爲“鞭”。簡文中子文“一日而畢,不鞭一人”,子玉“三日而畢,漸(斬)三人”,即子玉治軍對士卒使用極刑,而子文治軍却連較輕微的鞭刑都不曾使用,恰好形成鮮明對比。

二

《靈王遂申》篇中,申成公之子的名字有如下寫法:

A. 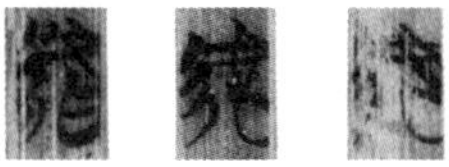 簡 2  簡 3 B.  簡 5

原整理者將此字釋爲“虚”,[②]明顯與字形不合,而且以“虚”作爲先秦人名用字亦甚爲罕見,似於典無徵。此字若據 A 類从虎頭的形體,可釋爲“虎”字;若據 B 類从鹿頭的形體,又可釋爲“鹿”字。而且,A 類形體的下部筆畫屬於楚簡“鹿”字常見的寫法,所以此字釋“虎”或釋“鹿”似乎皆有可能。不過,結合先秦人名用字考慮,我們認爲此字當以釋“虎”爲是。以出現先秦人名較多的《左傳》爲例,以“鹿”爲名者似乎没有一例,而以“虎”爲名者極爲常見,如“纍虎”、“王子虎”、“鍼虎”、“伯虎”、“穀於菟(楚人謂虎於菟)”、“慶虎”、“羊舌虎”、“叔虎”、“罕虎”、“成虎”、“陽虎”、“觀虎”、“子虎”、“微虎”等。推測其中原因,也許是在古人心目中老虎代表勇猛强壯,故常以“虎”爲名;而鹿性情温順,一般是作爲狩獵的對象,故人名少見用“鹿”字。在簡文中“虎”字的兩種寫法尤其是 B 類形體,當是抄手在抄寫過程中率意爲之,導致與“鹿”字訛混而形成的。此外,蘇建洲先生指出新蔡簡中有類似寫法的“虎”字形,[③]可以參看。

① 何琳儀:《戰國文字通論(訂補)》,江蘇教育出版社,2003 年,第 217～218 頁。
② 馬承源主編:《上海博物館藏戰國楚竹書(九)》,第 157、160 頁。
③ 蘇建洲:《初讀〈上博九〉劄記(一)》,簡帛網,2013 年 1 月 6 日。

三

《靈王遂申》簡2“紳(申)城(成)公澫丌(其)子虎未畜”,原整理者將“”字隸定爲“頪”,以爲與“類”相通,作類同或類似解。[1]

今案:此字左下部所从字形明顯不是“犬”,而是楚簡的“犮”字,故此字當隸定爲“頞”,字即“髮”之古文。《説文》“髮”字从“髟”“犮”聲,或體从“首”作,與金文字形相合。[2]《集韻·月韻》:“髮,古作頞。”簡文言“紳(申)城(成)公澫丌(其)子虎未畜(蓄)頞(髮)”,是説虎尚未到留髮的年齡。先秦時期,初生不久的小孩要剃髮。《禮記·内則》記載:“三月之末,擇日翦髮爲鬌,男角女羈,否則男左女右。”稍長大些到十歲左右但還不到加冠及笄年齡的小孩一般不再剃髮,而是將留長的頭髮分兩路紮成兩隻角,稱“總角”。《禮記·内則》:“男女未冠笄者,……拂髦,總角。”又《詩·衛風·氓》:“總角之宴。”《詩·齊風·甫田》:“總角丱兮。”所咏對象皆是年少的孩童。簡文中説“虎未蓄髮”,當是一般地泛言虎尚未加冠成年,還處於孩童階段,據文意推測或在十歲左右。

四

《陳公治兵》簡1“命師徒殺取禽獸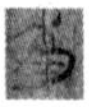”,原整理者將末二字釋讀爲“走逸”,[3]蘇建洲先生以爲應釋爲“夷兔”,讀爲“逸兔”。[4]

今案:蘇先生釋字可信。此二字應隸定作“寔兔”,讀爲“雉兔”。“寔”从“夷”得聲,上古音屬喻母脂部,與定母脂部的“雉”音近可通,且傳世典籍與出土文獻都有通假之例。[5] 尤其是上博簡(五)《競建内之》(後編聯入《鮑叔牙與隰朋之諫》篇)簡2“昔高宗祭,又(有)鴺(雉)孚(雊)于僕(彝)前”中从“夷”聲的“鴺”讀爲“雉”,更是兩字通假的佳證。“雉兔”連言,典籍多見。如《竹書紀

① 馬承源主編:《上海博物館藏戰國楚竹書(九)》,第160頁。
② 董蓮池:《新金文编》,第1300～1301頁。
③ 馬承源主編:《上海博物館藏戰國楚竹書(九)》,第169、170頁。
④ 蘇建洲:《初讀〈上博九〉劄記(一)》,簡帛網,2013年1月6日。
⑤ 高亨、董治安:《古字通假會典》,第531、575頁;白於藍:《戰國秦漢簡帛古書通假字彙纂》,福建人民出版社,2012年,第330、345頁。

年・昭王》:"雉兔皆震。"《墨子・公輸》:"宋所爲無雉兔狐貍者也。"《孟子・梁惠王下》:"雉兔者往焉。"《孔叢子・連叢子下》:"殺禽畜雉兔。"

五

《陳公治兵》簡 13"鉦以左,鈍(錞)釪以右",其中的""字,原整理者疑"鐃"字或體,讀爲"鐃"。[①] 蘇建洲先生指出,所謂鐃字是否李家浩所提酒器"豎"()的訛變或省體? 見《談古代的酒器豎》(《古文字研究》24 輯,中華書局,2002 年,第 454～458 頁)。音"豆"(端侯),可讀爲"鐃"(泥宵)。古籍確實常見"鉦鐃"並提。[②]

今案: 蘇先生以爲此字从"豎"得聲的意見可信。循音以求之,我們認爲此字當讀爲"鐲"。上古音"豎"屬定母侯部,"鐲"屬定母屋部,二字聲母相同,韻部陰入對轉,音近可通。古代典籍中亦有"豎"聲字與"蜀"聲字相通之例。如《晏子春秋・外篇上》有人名"燭鄒",《韓詩外傳》卷九作"斲聚",[③]可爲佐證。《説文》:"鐲,鉦也。从金、蜀聲。軍法: 司馬執鐲。"段玉裁注云:"《周禮・鼓人》:'以金鐲節鼓。'鄭注:'鐲,鉦也。形如小鐘,軍行鳴之以爲鼓節。'""鐲"字《周禮》一書多見,如《夏官司馬》有"辨鼓鐸鐲鐃之用"、"群吏以旗物鼓鐸鐲鐃"、"鳴鐲"等,是一種用作軍事指揮信號的響器,與簡文文意恰好符合。

六

《卜書》簡 2"𠧞(兆)女(如)印(仰)首出止(趾),而屯(純)不困雁(膺)"、簡 4"𠧞(兆)屯(純)深",其中的"屯(純)",原整理者訓爲"皆"。[④]

今案: 我們懷疑兩處"屯(純)"字有可能是名詞,當訓爲"邊緣"。《公羊傳・定公八年》"龜青純"何休注:"純,緣也。"簡文中或當是指卜兆之邊緣。

原載清華大學出土文獻研究與保護中心編、李學勤主編《出土文獻》第 10 輯,中西書局,2017 年 4 月。

① 馬承源主編:《上海博物館藏戰國楚竹書(九)》,第 181 頁。
② 蘇建洲:《初讀〈上博九〉劄記(一)》,簡帛網,2013 年 1 月 6 日。
③ 高亨、董治安:《古字通假會典》,第 347 頁。
④ 馬承源主編:《上海博物館藏戰國楚竹書(九)》,第 294 頁。

讀清華簡(伍)雜志

《清華大學藏戰國竹簡(伍)》收録有《厚父》、《封許之命》、《命訓》、《湯處於湯丘》、《湯在啻門》、《殷高宗問於三壽》六篇簡文,原整理者已經做了很好的研究。我們在閱讀過程中,發現某些釋文注釋或有可以補充修訂之處,今不揣淺陋,將幾條意見形成札記如下,以供讀者參考。其中若有不當及紕繆之處,尚祈方家批評指教。

一、説《厚父》篇的"天命不可忱斯"

《厚父》篇第九簡中有如下一句話,原整理者釋讀句讀作:

> 厚父曰:"於(嗚)虖(呼),天子！天命不可漗,斯民心難測,民弋(式)克共(恭)心芍(敬)愄(畏),畏不恙(祥),保(保)教明悳(德),【9】……

其中所謂的"漗"字,原形作"",原整理者考釋以爲:

> 此字右邊形體近"悤",可隸作"漗",讀爲"撞",指衝撞。也可能是"法"的訛字,"法"常讀爲"廢"。《書·大誥》"予惟小子不敢替上帝命",孔傳:"不敢廢天命。"一説下句"斯"字從上讀,爲句末語氣詞。[①]

① 李學勤主編:《清華大學藏戰國竹簡(伍)》,中西書局,2015年,第110、114頁。

馬楠先生將簡文讀作“天命不可濍(聰)斯,民心難測”,認爲:

> 此處將“斯”字上屬爲句,濍讀爲聰,《兔爰》毛傳“聞也”,《説文》“察也”,謂天命不可知曉察覺。《詩・大明》“天難忱斯”,謂天命不諶,亦以“斯”爲句末語氣詞。
>
> 《詩》、《書》多言天命不諶,上舉《大明》之外,又如《蕩》“天生烝民,其命匪諶”;《大誥》“天棐忱辭”,“亦惟十人,迪知上帝命越天棐忱”;《康誥》“天畏棐忱,民情大可見。小人難保,往盡乃心”;《君奭》“若天棐忱,我亦不敢知曰,其終出于不祥”。(原注:《孔彪碑》“上帝棐諶”。《康誥》“天威棐忱”,《風俗通・十反》作“天威棐諶”,蔡邕《蔡朗碑》“示以棐諶之威”,東漢“忱”多作“諶”。)孫詒讓説“棐”字並當爲“匪”之假借,謂天命無常,不可信也。《厚父》言天命不可知曉察覺,與下“民心難測”相類,與《詩》、《書》習見之天命不諶、小人難保文意稍有别。[①]

程浩先生認爲:

> 簡文中原釋爲“濍”的字“”,與《祭公之顧命》簡15“”字形體略同。《祭公之顧命》中的這個字第一册整理報告隸作“沁”,訓爲“終”,合於傳本《祭公》所用的“畢”義。如果我們將《厚父》中的這個字也理解爲“終結”、“廢止”,那麽簡文這句作“天命不可終(廢)”就很通順了。[②]

根據以上諸家的討論意見,原釋爲“濍”的“”字與《祭公之顧命》簡15“(沁)”字形體類似,則此字當可釋爲“沁”字。再根據以上所引文獻,我們認爲簡文“沁”字當讀爲“忱”(或作“諶”)。上古音“沁”屬清紐侵部,“忱(諶)”屬禪紐侵部,聲母舌齒鄰紐,韻部相同,二字古音極近(中古都是深攝開口三等

① 馬楠:《清華簡第五册補釋六則》,清華大學出土文獻研究與保護中心編、李學勤主編《出土文獻》第6輯,中西書局,2015年,第225～226頁。

② 清華大學出土文獻讀書會:《清華簡第五册整理報告補正》,清華大學出土文獻研究與保護中心網站,2015年4月8日,http://www.tsinghua.edu.cn/publish/cetrp/6831/2015/。

字),當可相通。這樣的話,簡文"天命不可沁(忱)斯"就與《詩・大雅・大明》"天難忱斯"句式文義幾乎完全一致,是謂天命無常難測不可信任,與"民心難測"對文。

二、《命訓》篇的"試其上"解

清華簡(伍)《命訓》篇見於今傳本《逸周書》,兩者内容基本相合,可以互校。其中第八簡有句話,原整理者釋讀作:

> 亟(極)命則民陵(墮)乏,乃宔(曠)命以弋(代)亓(其)上,刣(殆)於嚻(亂)矣。……【8】

考釋云:

> 今本作"極命則民墮,民墮則曠命;曠命以誡其上,則殆於亂"。與簡文相較,今本在首句"墮"字後漏一"乏"字;簡文"乃宔(曠)命",今本作"民墮則曠命"。乏,《莊子・天地》《經典釋文》:"廢也。"簡文之"弋",今本作"誡",簡本爲優。弋,讀爲"代",《左傳》昭公十二年杜注:"更也。"孔晁云:"此下六極謂行之極,其道殆近。"唐大沛云:"此'極'字與上文'極'字不同,竟也,窮也。……此下數節皆言過中之害。"①

細繹原整理者的意見,讀"弋"爲"代",訓爲"更也",則簡文讀爲"代其上"義爲"更其上"似不辭,因在先秦時期恐不會出現民更代其上的現象和做法。我們懷疑"弋"當讀爲"試"。《韓非子・難三》:"且君上者,臣下之所爲飾也。好惡在所見,臣下之飾姦物以愚其君,必也。"《韓非子・外儲説左下》:"陽虎議曰:'主賢明,則悉心以事之;不肖,則飾姦而試之。'"《韓非子・揚權》:"下匿其私,用試其上。"可見作爲臣民而"試其上"是不好的行爲,簡文讀爲"試其上"與

---

① 李學勤主編:《清華大學藏戰國竹簡(伍)》,第125、129頁。

傳世典籍的記載正可互相發明。《漢書·五行志下》"受命之臣專征云試"顔師古注:"試,用也,自擅意也。"即這種用法的"試"字是"自擅、專擅"之義,此點蔡升奕先生早已有專文論及:

> "試"有一個不太常見的意思:自擅、專擅(就是自作主張、自行其是的意思)。《漢書·五行志下》顔師古注:"試,用也,自擅意也。"是其證。《韓非子·揚權》"用試其上",同書《外儲説左下》"不肖則飾奸而試之",都是"試"作自擅解的例子。"試"作自擅解當是由"試"的"使用"、"運用"這一詞義引申來的。[①]

又,蔡先生文中已經指出,《逸周書·命訓解》中"曠命以誡其上,則殆於亂"的"誡"是"試"的假借字,也是自擅、專擅的意思。今由清華簡(伍)《命訓》篇字作"弋"("試"从"弋"聲,故"弋"可以讀爲"試")來看,蔡先生之説可謂有先見之明。

此外,由戰國簡的用字習慣結合上下文意來看,我們還懷疑簡文的"宔命"當讀爲"枉命",今傳本的"曠命"亦當讀爲"枉命",意謂"歪曲命令、違背法令"。

三、説《湯處於湯丘》篇的"春秋改則"

清華簡(伍)《湯處於湯丘》篇第11、12簡云:

> 湯或(又)䎽(問)【11】於少(小)臣:"又(有)顕(夏)之悳(德)可(何)若才(哉)?"少(小)臣畣(答):"又(有)顕(夏)之悳(德),叏(使)貨(過)以惑,萅(春)噘(秋)改則,民人趣(趣)貣(忒),……【12】

清華簡原整理者注釋"春秋改則"云:"春秋改,意云隨時變改。"[②]

---

① 蔡升奕:《説"試"的"自擅"意》,《韶關學院學報(社會科學版)》2001年第11期,第21頁。

② 李學勤主編:《清華大學藏戰國竹簡(伍)》,第135、138頁。

今按，其説似可商。我們懷疑簡文中的“春秋”是代指四時；則，法則、常法。《爾雅·釋詁上》：“則，常也。”郭璞注：“則，謂常法也。”《詩·大雅·皇矣》：“順帝之則。”《大戴禮記·千乘》：“以教民之不則時。”《管子·七法》：“根天地之氣，寒暑之和，水土之性，人民鳥獸草木之生，物雖不甚多，皆有均焉，而未嘗變也，謂之‘則’。”簡文“春秋改則”，當是指變改四時據時節當行之令。《禮記·月令》篇，按照四時時令的順序，記述每月的徵候，以及在遵循自然規律的前提下安排的各種相應的人事活動，如社會生産活動、政府的祭祀禮儀、官府當行之法令、禁令等。若在當行某月之時令時而施行其他時令，如“孟春行夏令，……行秋令，……行冬令，……”、“仲春行秋令，……行冬令，……行夏令，……”、“季春行冬令，……行夏令，……行秋令，……”、“季冬行秋令，……行春令，……行夏令，……”等，就會帶來天災人禍。簡文“春秋改則”似與《禮記·月令》篇這些記載有關，即是説夏桀治理國家，不遵循天地四時的自然規律，隨時變改時節當行之法則、常法，導致法令混亂。又或者，從小的角度理解，“春秋”亦可指四時常祭，則“春秋改則”是説夏邦四時應有的祭祀法則典禮遭到變改，猶如《尚書·牧誓》中周武王數落商王受“昏棄厥肆祀弗答”之比。

四、説《湯處於湯丘》篇的“桀之疾后將君有夏哉”

清華簡(伍)《湯處於湯丘》篇第13、14簡云：

> 湯或(又)𡃕(問)於少(小)臣：“虗(吾)戏(戡)虽(夏)女(如)𠣿(台)?”少(小)臣合(答)：“句(后)古(固)【13】共(恭)天畏(威)，敬祀，㝅(淑)慈我民，若自吏(事)朕身也。傑(桀)之疾，句(后)牆(將)君又(有)虽(夏)才(哉)!”……【14】

清華簡原整理者將“傑(桀)之疾句(后)牆(將)君又(有)虽(夏)才(哉)”作如上句讀，在注釋三五中云：“夏桀之疾，見清華簡《赤鵠之集湯之屋》。”①

① 李學勤主編：《清華大學藏戰國竹簡(伍)》，第135、139頁。

今按,原整理者的句讀及注釋之説恐非是。清華簡《赤鵠之集湯之屋》是一篇具有小説性質的古書,清華簡不是連載小説,似乎不大可能在一篇簡文中出現另一篇小説性質的簡文的情節。我們認爲此句簡文當連讀作“桀之疾后將君有夏哉”。疾,嫉恨之義。這句話是小臣針對商湯所問“吾戡夏如台”而言的,小臣之意大概是説,由於商湯有了如上所述的這些有德之舉,即便商湯不主動去戡伐夏桀,夏桀也會因此而嫉恨商湯之舉將會君有夏邦撫有天下的。傳世僞《尚書・仲虺之誥》篇首言“成湯放桀于南巢,惟有慚德”,仲虺爲此對成湯加以勸解。其中提到成湯滅夏之前的情况,“夏王有罪……式商受命,用爽厥師。簡賢附勢,寔繁有徒。肇我邦于有夏,若苗之有莠,若粟之有秕。小大戰戰,罔不懼于非辜。矧予之德,言足聽聞。”宋人蔡沈《書集傳》於此云:“言簡賢附勢之人,同惡相濟,寔多徒衆,肇我邦於有夏,爲桀所惡,欲見翦除,如苗之有莠,如粟之有秕,鋤治簸揚,有必不相容之勢。商衆小大震恐,無不懼陷于非罪;況湯之德,言則足人之聽聞,尤桀所忌疾者乎?以苗粟喻桀,以莠秕喻湯,特言其不容於桀,而迹之危如此。《史記》言桀囚湯於夏臺,湯之危屢矣。無道而惡有道,勢之必至也。”雖屬後出文獻,然其解釋却很符合情理,可爲上述説法之佐證。【編按:此處所引《書集傳》中的材料,爲此次編論文集時新添加。】

五、釋“贅”

清華簡(伍)中新出現如下 個字形:

A.  B. 

所在簡文辭例分别爲:

《湯處於湯丘》篇第15、16簡:“飤(食)時不旨(嗜)饍(饕),五味皆戠(䵹),不又(有)所A。”

《湯在啻門》篇第17簡:“型(刑)情(輕)以不方,此胃(謂)烷(美)型(刑);(刑)B以亡(無)祟(常),此胃(謂)亞(惡)型(刑)。”

清華簡原整理者將此字隸定爲“竜”,認爲是从立从竜(龍)聲,在簡文中讀作“重”。[①] 清華簡(伍)公布後,諸家多指出此説不可信。如 ee 先生指出:“右邊所从的是現在一般用爲‘逝’的字。”[②]程燕先生認爲:“我們懷疑在湯丘 16 裏可以讀爲‘噬’,……‘不有所噬’指不全部吃。啻門 17 已有學者讀爲‘制’,‘刑情’和‘刑制’對言,原考釋者將‘刑情’讀爲‘刑輕’,我們懷疑可以不改讀,此句意爲: 刑在使用時不害人就是美刑,刑法制度變化不定就是惡刑。”[③]暮四郎先生認爲:“《湯處於湯丘》此字或可讀爲‘滯’,上古澨、滯可通。‘五味皆哉(載),不又(有)所滯’,此句意爲五味皆設(從人的角度來講,即各種味道的食物都食用),不滯於其中某一味(即不偏嗜)。”[④]《湯在啻門》中的該字,暮四郎先生認爲:“从‘噬’得聲,或可讀爲‘褻’。上古筮、世聲之字可通,世、褻聲字可通。‘刑褻’可能是説刑罰被頻繁地使用,變得像玩具一樣隨便。”[⑤]yushiawjen(瑜小楨)先生認爲:“可以考慮讀爲‘愆’,意思是‘過’,全句的意思是‘刑罰過度而無規律’。”[⑥]王寧先生認爲此字蓋即“傺”字之本字;在《湯丘》、《啻門》二篇里,當讀“泰”或“忲(或作汰)”;“五味皆哉(載),不又(有)所泰(忲)”,謂各種滋味均陳設而不有所奢侈或過度也;“刑情以不方,此謂美刑;刑泰(忲)以無常,此謂惡刑”,“泰(忲)”即過也、甚也,意相當於“繁”;此言刑罰簡省而不放縱,此謂“美刑”;刑罰過甚而無常規,此謂“惡刑”。[⑦]

從戰國簡文的用字習慣來看,這一前所未見的字形同時出現在清華簡(伍)兩篇性質近似的文獻中,可以推知古人應當是將此字用作同一個字,而不

① 李學勤主編:《清華大學藏戰國竹簡(伍)》,第 139、147 頁。

② 《清華五〈湯處於湯丘〉初讀》,簡帛網·簡帛論壇·簡帛研讀 2 樓,2015 年 4 月 9 日,http://www.bsm.org.cn/bbs/read.php?tid=3247&page=1。

③ 程燕:《清華五劄記》,簡帛網,2015 年 4 月 10 日,http://www.bsm.org.cn/show_article.php?id=2187。

④ 《清華五〈湯處於湯丘〉初讀》,簡帛網·簡帛論壇·簡帛研讀 16 樓,2015 年 4 月 11 日,http://www.bsm.org.cn/bbs/read.php?tid=3247&page=1。

⑤ 《清華五〈湯在啻門〉初讀》,簡帛網·簡帛論壇·簡帛研讀 6 樓,2015 年 4 月 11 日,http://www.bsm.org.cn/bbs/read.php?tid=3248。

⑥ 《清華五〈湯在啻門〉初讀》,簡帛網·簡帛論壇·簡帛研讀 8 樓,2015 年 4 月 14 日,http://www.bsm.org.cn/bbs/read.php?tid=3248。

⑦ 王寧:《釋〈清華簡(伍)〉的“傺”》,復旦大學出土文獻與古文字研究中心網站,2015 年 4 月 14 日,http://www.gwz.fudan.edu.cn/SrcShow.asp?Src_ID=2496。

會分用作兩字的。循音以求之,我們認爲此字或當讀爲“贅”。此字的聲符在戰國文字中的讀音與“噬、逝、滯”等字接近,此爲諸家共識。“噬、逝、滯”等字與“贅”字古音亦近,皆屬舌音月部。

從文義上説,此字若讀爲“贅”,訓爲多餘、贅餘,則兩處簡文似皆可貫通。《老子》第二十四章:“其在道也,曰餘食贅行。物或惡之,故有道者不處。”《湯處於湯丘》第15、16簡“五味皆哉(䬶),不又(有)所贅”之“贅”與之同義,句意當是説:各種味道的食物都陳設,但没有贅餘的。簡文似包含兩方面的引申之意:五味皆哉(䬶),當即不偏食;不有所贅,當即不讓食物在食用之後還有剩餘,也就是不要陳設食物過多(因而或將導致飲食過飽)。如此理解,似乎與古今人的飲食常識較爲符合。

“贅”字的“多餘、贅餘”之訓,又引申出過惡、行爲不當、煩多之義。如《後漢書·馮衍傳》“有獨見之慮,見贅於人”注:“贅,猶惡也。”《楚辭·九章·惜誦》“反離群而贅肬”注:“贅肬,過也。”《老子》“餘食贅行”河上公注:“行之無當爲贅。”《正字通》:“贅,言煩曰贅辭。”《湯在啻門》第17簡:“刑情以不方,此謂美刑;刑贅以無常,此謂惡刑。”簡文“情”當如字訓爲“情實”,即實情、實際情況。“刑情以不方,此謂美刑”當是説:刑罰根據民衆實際所犯罪過的輕重情況加以施行,而不妨害於民衆,這就叫作美刑;“刑贅以無常,此謂惡刑”當是説:刑罰煩多不當,而且變化無常,這就叫作惡刑。

六、説《湯在啻門》篇的“四月乃骨”

清華簡(伍)《湯在啻門》篇,内容記載商湯與小臣(即伊尹)之間的問答。其中第6、7、8簡伊尹講述胎兒在母體中十月發育的過程説:

> 一月始【6】匓,二月乃裹,三月乃刑(形),四月乃胡(固),五月或收(褢),六月生肉,七月乃膭(肌),八月乃正,【7】九月𩕄(顯)章,十月乃成,民乃時生。……【8】[①]

① 李學勤主編:《清華大學藏戰國竹簡(伍)》,第142頁。

清華簡原整理者疑"四月乃胡"的"胡"當讀爲"固",指胎兒穩固。[①] 這個釋讀意見未免有虚泛之感。根據與相關傳世典籍的對讀,我們懷疑這段簡文中"四月乃胡"的"胡"當讀爲"骨"。"胡"从"古"聲,上古音在見紐魚部,當可讀爲音近的見紐歌部的"骨"。傳世典籍中有"古"聲字與"冎"聲字輾轉相通的例子,如《詩·衛風·碩人》"施罛濊濊",《説文》"濊"字下引作"施罟濊濊",可證"古"聲字可以與"瓜"聲字相通;《論語·微子》"季騧",《廣韻》"季"字下注作"季瓜",又可證"瓜"聲字可以與"冎"聲字相通。銀雀山漢墓竹簡《地典》簡1121"水而不留(流),其名爲椑,其骨獨,居之死"句中的"骨獨",或讀爲"孤獨",[②]亦可爲旁證。簡文"四月乃胡"讀爲"四月乃骨"就比較容易理解了。古書中在敘述胎兒十月發育過程時經常提到"骨",可參原整理者所引的相關文獻。又傳世的古醫書如《醫心方》引《産經》、《諸病源候總論》也有胎兒七月成骨的説法。又如馬王堆帛書《胎産書》:"七月而木受(授)之,乃始成骨。"因爲本篇簡文敘述胎兒發育成形的過程,認爲胎兒是從内向外生長的,所以"一月始腸"[③]在"二月乃裹"(腹部發育成形)之前,"四月乃骨"在"六月生肉"、"七月乃肌"之前。

七、《湯在啻門》篇的"九月瓦璋"試説

上引簡文"九月(䜌)章",原整理者認爲:䜌,疑下从𦃇(聯)聲。䜌章,讀爲"顯章",又作"顯彰",《史記·太史公自序》:"九合諸侯,霸功顯彰。"意思當與成功相近。[④] 將"䜌"字分析爲下从𦃇(聯)聲,則上部的"解"字不好解釋;而且戰國楚簡文字中已經出現的"顯"字形從來就没有這樣寫的。我們認爲此字是一個雙聲符字,下部非从"𦃇(聯)"聲,而是从"系"聲。《説文》:"系,繫也。从糸丿聲。……𦃇,籀文系从爪絲。"即下部的"𦃇"爲"系"字的籀文之變體。

① 李學勤主編:《清華大學藏戰國竹簡(伍)》,第144頁。

② 洪德榮:《秦漢出土文獻中的兵學文獻研究》,(臺灣)東華大學中國語文學系博士論文(指導教師:許學仁教授),2015年7月,第289～290頁。

③ 我們將"𠣏"釋讀爲"腸",參拙稿《談"腸"論"腹"兼釋甲骨文中用爲"孚"之字》,李學勤、馮克堅主編:《中國文字博物館系列叢書·鼎甲杯甲骨文字有獎辨識大賽論文集》,中州古籍出版社,2015年,第111～122頁。

④ 李學勤主編:《清華大學藏戰國竹簡(伍)》,第145頁。

上古音“系”屬匣紐錫部,“解”屬匣紐支部,聲紐相同,韻部有嚴格的陰入對轉關係,古音極爲接近,故由此亦可反向推知此字當是一個雙聲符字,“系”、“解”皆聲。

循音以求之,我們懷疑“𧈿章”或當讀爲“瓦璋”。上古音“瓦”屬疑紐歌部,與“系”、“解”的讀音極爲接近,聲紐同屬牙音,韻部旁(對)轉,“𧈿”可以讀爲“瓦”從音理上説是没有多大問題的。從文義上説,《詩・小雅・斯干》:“乃生男子,載寢之床,載衣之裳,載弄之璋。”“乃生女子,載寢之地,載衣之裼,載弄之瓦。”由此衍生出以“弄璋”、“弄瓦”來指代生男孩、生女孩的典故。簡文“九月瓦璋”,當是指胎兒發育到九個月大的時候開始分化出第一性别特徵,即這時可以分辨出是男孩還是女孩了。由《湯在啻門》篇中大量的韻語可以推知,本篇的成書時代可以確定是在《詩經》盛行之時,出現借用《詩經》中典故的現象應該也是可以理解的。

古人對胎兒在母體中發育成人過程的認知肯定不可能如今天這般精細科學,這點從古書中的記載參差即可看出。但每種文獻記載的説法必然會按照一定的邏輯順序展開,也就是都能自圓其説。簡文認爲胎兒發育是從内向外生長成形的,就是其中一種講述模式。

八、《湯在啻門》篇的“地真”試説

清華簡(伍)《湯在啻門》篇第18、19簡云:

> 少(小)臣畣(答)曰:“唯皮(彼)九神,是胃(謂)埅(地)真,五以貭(將)之,【18】水、火、金、木、土,以成五凸(曲),以穜(植)五穀(穀)。”……【19】

簡文中的“地真”,原整理者以爲:“地真,疑即地祇。”[①]

今按,“地祇”是古成辭,如《史記・司馬相如列傳》“而修禮地祇,謁款天神”、《漢書・武帝紀》“朕躬祭后土地祇”、《漢書・郊祀志》“祭泰一、地祇”、“夏

---

① 李學勤主編:《清華大學藏戰國竹簡(伍)》,第143、147頁。

至祠地祇"、"而稱地祇曰后土"、"宜令地祇稱皇墬后祇"等,故原整理者的意見無疑是很有道理的。或疑此處"真"字是"祗"字訛誤;"真"、"祗"二字形體本來很接近,可能抄手在抄寫時,誤將"祗"字認作了"真"。① 其所謂的"祗"字形實則是"祇"字形,而傳統上是將"祗"和"祇"看作兩個字的。再者,從諧韻的角度來看,"真"字與上文"神"諧韻(古音皆屬真部),則此字原本就當是"真"字(而非它字之誤)無疑。且簡文中的此字形寫作"",與戰國簡文中已經出現的"真"字形相比,顯然當是"真"字形;其形體寫法與清華簡(伍)中多次出現的"祗"字形如《殷高宗問於三壽》簡 14 的""、簡 20 的""、簡 27 的""的形體寫法判然有别。

那麼,究竟該如何解釋簡文中的用字現象呢?我們認爲,此"真"字當讀爲"祗",而"祗"與"祇"本是一字分化,故簡文的"地真"就可以直接讀爲"地祇"。原整理者之所以不破讀,猜想大概是囿於"氏"、"氐"字形有别、當分爲二字之成見。其實,于省吾先生曾提出所謂"附劃因聲指事字",以爲"'氐'字的造字本義,係于'氏'字豎劃或邪劃的下部附加一點,作爲指事字的標志,以别于'氏',而仍因"氏"字以爲聲(氐氏雙聲)。"②"氏"、"氐"雖然分化爲二字,音仍接近,亦見通用之例(古書中混用例多見)。出土文獻如上博簡(二)《容成氏》簡背篇名,"氏"字即寫作"氏"下着"一"之"氐"字,可證二字確屬一字分化。

古音"真"屬章紐真部,"祗"屬章紐脂部,二字聲母相同,韻部爲陰陽對轉,故"真"讀爲"祗"從讀音上説不存在問題。而據于省吾先生之説,"氏"、"氐"本爲一字分化,則"祗"、"祇"音近可通,故"真"當可讀爲"祇"。

此處簡文之所以不直接用"祇"而改用"真"字,當是出於變文以諧韻的需要。本篇簡文大都有韻,此處簡文用"真"字則與上文"神"字諧韻(古音皆屬真部),下文"曲"、"穀"諧韻(古音皆屬屋部),用"真"字可獲得句式上押韻的美感。

附帶提及,楚帛書"女媧"的異名,據以上分析來看,原來或釋成"女填"讀

① 《清華五〈湯在啻門〉初讀》,簡帛網·簡帛論壇·簡帛研讀 1 樓"暮四郎"(網名)發言,2015 年 4 月 11 日,http://www.bsm.org.cn/bbs/read.php?tid=3248。

② 于省吾:《釋古文字中附劃因聲指事字的一例》,氏著:《甲骨文字釋林》,中華書局,1979 年,第 460 頁。

爲“女祇(希)”的説法應該是有道理的。

九、《殷高宗問於三壽》篇闕文擬補一則

清華簡(伍)《殷高宗問於三壽》篇第 7、8 簡云:

> 高宗乃言曰:“虐(吾)𦖞(聞)夫長莫長於【7】□,虐(吾)𦖞(聞)夫墮(險)非(必)矛返(及)干,肩(厭)非(必)賨(富),亞(惡)非(必)亡(無)飤(食)。……【8】

第 8 簡簡首有一處闕文,尚殘存下部筆畫作“()”形,原整理者未做擬補。王寧先生指出:第 8 簡首字殘損,尚存一弧形筆畫,疑當爲“山”之殘泐,蓋三壽與高宗均用自然之事物爲喻,中壽言“風”,彭祖言“水”,高宗則言“山”也。殘存的字形可以與本書《厚父》12 簡之“山”類比。①

今按,雖然將此闕文擬補爲“山”字,從諧韻角度來説確實有此可能。然據簡文殘存筆畫來推測,此字其實更有可能是“(匋-邍/原)”字。證據在於,清華簡中(其實幾乎是所有楚簡文字中)的“山”字最下邊的筆畫皆塗抹填實而成粗筆,而據此殘字所殘存的筆畫來看,却並非寫作塗抹填實之形。“山”字寫作塗抹填實之形的例子毋需遠求,只要對比本篇簡 7 所从的所謂“倒山形”之字“”即可,這個“倒山形”上部的塗抹填實可是無以復加的。當然,即便舍近求遠作對比,比如與清華簡(伍)《厚父》簡 12 中的“山”字作“”、《湯處於湯丘》簡 18 中的“山”字作“”對比,亦可明顯看出彼處“山”字下部筆畫同樣是寫作塗抹填實之形的。而“(匋-邍/原)”字形下部从“田”作,就根本不存在塗抹填實的現象。另外,若如此擬補的話,則此處簡文之所以提及“匋(邍/原)”字,很可能與本篇第一句“高宗觀於匋(邍/原-洹)水之上,晷(三)壽與從”有關,因此時殷高宗與三壽正觀於“匋(邍/原-洹)水之上”,大概是觸景生情,故高宗在話語中提及“匋(邍/原-洹)”字。

① 王寧:《讀〈殷高宗問於三壽〉散札》,復旦大學出土文獻與古文字研究中心網站,2015 年 5 月 17 日,http://www.gwz.fudan.edu.cn/SrcShow.asp?Src_ID=2525。

若將此闕文擬補爲“匋(邍/原)”可信,則文意上可以有兩種解釋:一、如本篇簡文首句那般讀爲洹水之“洹”,則殷高宗與彭祖答語類似,在列舉“長”者時都是以水(洹水)爲比,不過一個是用泛指意義,一個却是用特指意義;二、就字訓爲“高平之野”的“原”,指高原,亦可通。兩者相比,第二種説法似乎更好些。

將此闕文擬補作“匋(邍/原)”,其實還有其他的旁證。仔細觀察可知,本篇簡文除了少數上下筆勢的字(如“人”字等),幾乎所有文字的筆畫都是布滿整個簡面寬度的,也就是文字左右部分幾乎不留空間。若此字形“()”原本是“山”字的話,對比本篇簡12筆勢結構類似的“古”字寫作“()”,可見其殘存的最下部筆畫的弧度未免小了些,即所形成的夾角接近鋭角,與“古”字下部筆畫所形成的夾角接近鈍角顯然不同;如此一來,若此闕文字形復原成“山”字的話,恐怕左右兩邊會留下不少的空隙。而若此闕文是“匋(邍/原)”字,則根本就不存在這個問題了。因“(匋-邍/原)”字除了下部的“田”形之外,上部還有不少筆畫,而且這些筆畫與下部“田”形的相對位置是錯開的,整個字形完全可以布滿整個簡面寬度。

原載《中國文字》新43期,藝文印書館,2017年3月。

雜　篇

讀《簡牘帛書通假字字典》瑣言

1998年,郭店楚墓竹簡公布,在中國學術界掀起了楚簡研究的熱潮。自2001年起,上海博物館藏戰國楚竹書陸續公布,截至目前已經出版了六册,每册公布的材料都讓學術界爲之驚嘆不已。面對這些前人未能得見的新材料,在研究成果如雨後春筍般湧現的同時,學術界對簡帛研究相關工具書的需求也與日俱增。2008年元月,白於藍先生編著的《簡牘帛書通假字字典》(以下簡稱《通假字典》)由福建人民出版社出版,適逢其會,無疑會對當前蓬勃發展的簡帛研究熱潮産生極大的推動作用。

通假字之於簡帛研究的重要性不言而喻。這一點我們從簡帛研究者進行釋文考釋時大量使用括號就可以體會一二。此著既稱名"字典",是作爲工具書面世的,就要求其具備較高的可信度。白先生在古文字學和傳統語言學上深厚的學識涵養以及對於簡帛通假字方面長期的研究,最大程度上保證了《通假字典》的上乘品質。——我從2002年開始學習出土文獻和古文字學,其時《上海博物館藏戰國楚竹書》第一册剛出版不久,而白先生當時已是學界著名的學者了,在郭店楚簡和上博藏簡研究上成就斐然。2006年11月,在華南師範大學參加中國古文字研究會第十六屆年會暨國際學術研討會期間,就聽聞白先生在做簡帛通假字方面的研究,具體情況不得而知。2007年夏,一個很偶然的機會,我有幸提前拜讀了此著的幾頁及張桂光先生的序言,才對此著有了些感性認識。雖然僅見一斑未窺全豹,但對其大概體例還是有一定的瞭解,加之個人研究興趣主要在楚簡方面,深知《通假字典》之於簡帛研究的重要性,當時就感覺到此著必將是一部重量級的學術專著,從而内心裏對其早日出版産生了許多期盼。現在,終於見到《通假字典》的出版,夙願得償的同時,拜讀之後,又深感自己原來對此著的感覺是很正確的。此著材料收録了《上海博物館藏戰國楚竹書》(一)至(五),成果之新,作用之大,在下不言,讀者自明。

關於《通假字典》值得稱道之處,張桂光先生所撰的序言中已經很精到地指出來了:"一是選材精當","二是博采衆長","三是創見甚多"。這些優點已毋庸在下置喙。下面筆者僅從作爲一個讀者使用此著的角度談談個人的一些感受。

伴隨簡帛材料的增加,簡帛研究隊伍也在逐步擴大,日新月異。我們如果截取一個切面,從静態角度觀察這支隊伍,會發現其中的學者大體上可以分爲三種類型:一是從古文字角度研究簡帛的學者;二是不涉及古文字研究,僅從思想史、學術史、文獻學、歷史學角度研究簡帛的學者;三是如我一般希望從古文字入手或者從其他角度入手研究簡帛的初學者。《通假字典》對於這支隊伍中的每個人來説,都可以稱得上是一部不可或缺的優秀工具書。

首先,對於從古文字角度研究簡帛的學者來説,《通假字典》可以作爲簡帛文字最新考釋成果的索引。

研究古文字的學者都知道,對最新考釋成果的及時瞭解,是避免自己在研究過程中做"無用功"的最好辦法。而即便學者已經有此認識,要想避免做"無用功"情況的出現,也是很困難的。因爲現在不僅簡帛研究成果極其豐富,而且發表渠道和發表地域也極其分散,這些都給學者瞭解簡帛文字最新考釋成果造成了很大困難。而《通假字典》却恰好爲解決這一難題提供了極大的便利。此著引述學者在簡帛文字釋讀方面的研究成果時,凡是與原整理者意見不同者,均於其後加按語隨文注明出處,篇末還附有"主要參考文獻"。這樣一來,簡帛文字研究者如果想要知道某個字的最早釋讀意見,完全可以據此著爲索引,從而找到相應考釋説法的原始出處,實在是方便之極。

我在讀書期間經常翻查何琳儀老師的《戰國古文字典》,剛開始時還想當然地以爲其中每個字的考釋意見都是何老師自己的研究成果。後來在何老師主講的"殷周金文研究"課上,對於哪個字是由哪位學者最先考釋出來的,何老師娓娓道來,如數家珍,方才知道事實並非如此,原來有些説法是其他學者最先提出來的。而即使是何老師自己的考釋意見,《戰國古文字典》也不予注明出自哪篇文章,——當然,我也理解,憑何老師一己之力,加上體例及篇幅的限制,想要做到這點實際是很困難的。但後來再查閱《戰國古文字典》時,心裏常免不了會不無遺憾地想:以何老師遍覽群書的功底,如果能在每個字下標明此字考釋意見的最早出處,會給吾輩後學提供多大的方便啊。不知白先生在這點上是不是與在下深有同感,在其新著《通假字典》中不厭其煩地詳細注明了釋讀意見的出處。此種做法,無疑爲後來者再做類似工作提供了經典範例。

而此種做法的好處,自我讀到《通假字典》那時起就真切地感受到了。上年歲末,我偶然發現上海博物館藏戰國楚竹書(二)《從政(甲篇)》第 8 簡和上海博物館藏戰國楚竹書(五)《季庚子問於孔子》第 10 簡可以對讀的"嚴則失衆"一句,其實可以用《論語》中兩見的"寬則得衆"作爲辭例支撑。而楊澤生先生 2006 年 3 月 20 日發表於簡帛網的《〈上博五〉零釋十二則》一文,雖然已經讀爲"嚴則失衆",然所舉書證中並未提及"寬則得衆"一語,因此當時就寫了篇補充札記,對此説予以進一步論證。當我讀到《通假字典》後,很自然地想起查對一下自己所掌握的情況是否準確。結果赫然發現,《從政》篇中讀爲"嚴"的字下,按語指出是陳劍先生《上海博物館藏戰國楚竹書〈從政〉篇研究(三題)》(第三届國際簡帛研討會論文,2004 年 4 月,Mount Holyoke College,U.S.A)一文最早釋讀出來的。過了幾天,復旦大學出土文獻與古文字研究中心網站上發布了陳劍先生此文(2008 年 2 月 28 日)。拜讀之後,方知陳先生文中不僅讀其字爲"嚴",而且也早就注意到《論語》中的書證,明確指出《論語》"寬則得衆"與簡文"嚴則失衆"之語相反相成。在確認自己做了"無用功"後,除了有些可惜之外,恐怕更多的就是與《通假字典》相見恨晚之感了。《通假字典》這種做法的方便之處,由此可見一斑。

其次,對於不涉及古文字研究,僅從思想史、學術史、文獻學、歷史學角度研究簡帛的學者來説,《通假字典》不僅具備簡帛文字最新考釋成果索引的功能,還可以作爲瞭解簡帛文獻中古文字考釋定論的快捷有效的途徑。

《通假字典》取材於楚帛書、信陽簡(僅收第一組《墨子》逸篇)、九店簡、郭店簡、上博簡(一)至(五),這些都是書籍類楚簡帛,有些可與傳世典籍互相對讀,是簡帛文獻中學術價值最高的,同時也是當前學術界無可争議的研究焦點。對於僅從思想史、學術史、文獻學、歷史學角度研究簡帛的學者來説,他們所關注的核心問題也大都聚集在以上這些簡帛材料中,而對於其他可以驗證古文字考釋的零星散亂的材料不甚瞭解,更談不上研究。而《通假字典》所收録的簡帛文字的釋讀意見,却是放在整個古文字考釋環節中進行考察的,基本涵蓋了當前古文字學界對以上這些書籍類簡帛文獻的最新釋讀成果。也就是説,僅從思想史、學術史、文獻學、歷史學角度研究簡帛的學者,參考此著即可基本瞭解到古文字學界對以上這些簡帛文獻文字考釋的最新成果和最高水平,基本瞭解到哪些是可以作爲定論直接使用的,哪些是尚無定論不能引用的,從而在此基礎上進一步深入研究。《通假字典》在這方面有功學林之處,相信很快就能體現出來。

再次,對於如我一般希望從古文字入手或者從其他角度入手研究簡帛的初學者來説,《通假字典》可以作爲一部學習上古音韻學的入門之書。

無論是從古文字入手還是從其他角度入手研究簡帛,只要涉及簡帛,古音學的知識幾乎是避不開的一個環節。裘錫圭先生曾説過:"一説到古音學,青年同志往往談虎色變。"(《談談學習古文字的方法》,《古文字論集》,中華書局,1992年,第654頁)這種情況可能到現在也没有很大的改觀。我在讀書時對古音學也很頭疼,後來得知一種古音學入門的"笨辦法":首先背誦上古音韻諧聲表,然後再掌握一定數量的常用通假字,則於古文字學中用到的古音之學,思過半矣。我如法炮製,先找來古韻諧聲表背誦了一通。然而當我再想去集中掌握一批常用通假字時却遇到了障礙——當時古文字學界常用的且容易見到的通假字典是高亨先生編撰、董治安先生負責整理的《古字通假會典》(齊魯書社,1989年),其主要針對傳世典籍中的通假字,而且部頭很大,用於掌握常用通假字而且是簡帛文獻中的常用通假字顯然不合適。當時如果能有類似《通假字典》這樣的著作,那麽我得知的"笨辦法"就變成了"巧方法"——背誦古韻諧聲表和掌握常用通假字可以一步到位,在學習古音學的同時還可以瞭解學術界最新研究成果,真可謂一舉多得。

以上是筆者在拜讀白先生《通假字典》時的一些想法,説來與學界同好共鑒焉。值此簡帛研究方興未艾之際,能夠得見如此優秀之工具書,實爲筆者之幸,學界之福。

當然,以白先生一己之力編纂如此分量的字典,偶或有處理不當之處,也毋庸諱言。白先生已經察覺到這點,就《通假字典》中按語過於簡單的問題寫成《〈簡牘帛書通假字字典〉部分按語的補充説明》一文(《新果集——慶祝林澐先生七十華誕論文集》,科學出版社,2009 年),對自己提出的新説進行了充分論證,同時又吸收了一些學術界的最新成果。相信此文發表後,讀者與《通假字典》合而觀之,當會收到相得益彰之效。

白於藍編著:《簡牘帛書通假字字典》,福建人民出版社,2008 年第 1 版。

【編按:白於藍先生後來又在此著基礎上重新擴充修訂而成《戰國秦漢簡帛古書通假字彙纂》(福建人民出版社,2012 年),搜集材料更廣,通假字頭更多,嘉惠學林,厥功尤鉅。】

2008 年 3 月 6 日初稿

原載《中華讀書報》2010 年 3 月 17 日第 15 版。

一“孔”之見

——小議于省吾先生對“螺孔”的理解

于省吾先生曾用“澤螺居”作齋名，並冠其名出版有《澤螺居詩經新證·澤螺居楚辭新證》，久爲學界熟知。此齋名出自《莊子·秋水》篇：“計四海之在天地之間也，不似礨空之在大澤乎？計中國之在海内，不似稊米之在太倉乎？”于老在《莊子新證》裏將這句話中的“礨空”讀爲“螺孔”，①其説證據確鑿，無可置疑。《莊子·秋水》篇裏“礨空”二字的奥義歷經兩千多年而不得確解，經于老如此校讀之後而豁然貫通，實爲大功一件。雖説“于老取此爲齋名，是表明自己已經做的學問在學海之中衹像大澤中的一個螺孔而已”，②包含謙虚的意味，但于老對於這個説法的自信自得之意，還是可以從中約略得知的。

于老將“礨空”讀爲“螺孔”的説法無可置疑，但對“螺孔”的理解却恐不盡確切。檢《莊子新證》中相關部分的原文抄録如下：

> ……礨應讀作螺。……空亦應讀作孔。螺孔，謂螺之羅旋殼孔也。螺生於澤，故曰“不似螺孔之在大澤乎”。下云“不似稊米之在大倉乎”，《爾雅》郭注謂“稊似稗”，“稊米之在大倉”與“螺孔之在大澤”相對爲文。

---

① 于省吾：《雙劍誃群經新證·雙劍誃諸子新證·莊子新證·卷一》，上海書店出版社，1999年，第353頁。

② 林澐：《澤螺居中夙興叟——憶于省吾先生二三事》，《林澐學術文集（二）》，科學出版社，2008年，第294頁。

螺本在澤中,故以螺孔爲喻也。[①]

可見,于老是將“螺孔”理解爲“螺之羅旋殼孔”,亦即螺的軟體外部所包裹的羅旋狀甲殼之孔。這種看法恐是誤解。首先,若將“螺孔”理解爲“螺之羅旋殼孔”,而“螺之羅旋殼孔”本爲螺身體之一部分,則“螺孔”二字其實仍然可代指螺本身,這也當是于老取“澤螺”(表面意思就是澤中之螺,舉螺即可涵孔)二字之本意吧。然這樣理解,就導致“螺孔”的“孔”字無從着落。因爲從文意上講,既然“螺孔(螺之羅旋殼孔)”的大小是隨螺之大小而定的,《莊子》原文就完全可以説“不似螺之在大澤乎”,而毋需加“孔”字。其次,從語法結構上説,“稊米之在大倉”與“螺孔之在大澤”相對爲文,“稊米”與“螺孔”都是偏正結構的名詞,“稊米”着重説的是“米”,不過因爲强調這裏“米”很小,所以前面加限定詞“稊”。同樣道理,“螺孔”强調的是“孔”,不過因爲强調這裏“孔”很小,所以前面加限定詞“螺”。换句話説,如果大澤中有比“螺孔”還小的“孔”,則這個“螺”字就是可以代换的。再次,從實際情况上説,螺之於大澤,並非極其渺小之物。螺之較大者,猶如小孩拳頭般大小,在清澈的淺水中極其顯眼。而且,螺孔(螺之羅旋殼孔)之於螺,更是螺身體中最大的部分。這些情况都與《莊子》原文想要極力表現的極小的情景亦有很大出入。

那麽,這裏的“螺孔”應當如何理解呢?其實,衹要對螺類動物的生活習性有所瞭解,這個問題就可以迎刃而解。據一些水産養殖者的研究,田螺生長最適宜的水温是20～27(或説28)攝氏度,水温15攝氏度以下掘穴隱藏冬眠,水温30攝氏度以上又鑽入泥中避暑。而且,田螺還喜歡夜間活動和攝食。[②] 田螺如此這般的生活習性,使得它們鑽入水底的淤泥裏休眠幾乎成爲常態。在休眠時,爲了呼吸,就在上面留下一個小孔。[③] 這個小孔,田螺剛鑽入淤泥裏時

---

① 于省吾:《雙劍誃群經新證・雙劍誃諸子新證・莊子新證・卷一》,第353頁。

② 參網絡資料:http://www.yz35.cn/info/detail/6-635.html,或:http://www.zjgagr.gov.cn/Article/ShowArticle.asp?ArticleID=4143。

③ 蚌類動物的生活習性與之相似,也是經常掘穴休眠,上面留有小孔。螺類動物的生活習性其實可以類推。筆者少時常在河灘淺水中摸魚,若視水中有小孔處向下加以摳挖,挖出來的即或是蚌,或是螺。

可能與它的羅旋狀甲殼一般大小,但隨着淤泥的淤積以及水中渣滓的沉澱,逐漸縮小,有時甚至小到不細心觀察就無法察覺的程度。這個極小的"孔",就當是"螺孔"二字所指了。更明確地説,《莊子·秋水》篇裏的"螺孔"應當是指螺休眠時所居的小孔穴,而非"螺(身上所包裹)之羅旋殼孔"。

于老服膺清代考據學無徵不信、實事求是的精神,重視證據的檢驗,在研究中自己也經常使用接觸到的鄉野方言及民間習俗等材料。[①] 之所以這裏會對"螺孔"的理解産生偏差,想來當是因爲東北地區氣温偏寒,螺類動物相對比較罕見,于老缺少目驗的機會,故而産生誤解吧。當然,具體到于老的齋名"澤螺居",因爲大澤中螺所居之處就是淤泥裏的"螺孔",所以合"澤螺居"三字其實正當"螺孔"二字(雖然這種解釋似乎並不符合于老取名之本意),恰巧彌補了《莊子新證》原文中對"螺孔"二字理解上的偏差,還是很合適的。

若以上對"螺孔"是指螺休眠時所居之小孔穴的理解可信,則《經典釋文·莊子音義中·秋水第十七》"壘孔,小穴也"之訓,從訓詁學角度來講就是正確的,因爲"螺孔"之意就是指螺所居的小孔穴而言。成玄英《莊子疏》"礨空,蟻穴也"之訓,雖然蟻穴與螺孔有所不同,但意思都是指動物所居之小孔穴這點上却是一致的,可以説是部分正確。當然,若將"蟻"解釋爲"陸地上生活的螞蟻",則于老批評的"蟻穴不應在大澤"可謂深中肯綮。[②]

2010年1月24日稿

原首發於復旦大學出土文獻與古文字研究中心網站,2010年1月27日。

① 如《甲骨文字釋林》(中華書局,1979年)第252頁引"東北方言",第257頁"吾鄉的農耕,犬也往往相隨",第433頁引我國松花江下游的赫哲人以燒紅的石塊投入木盆中煮熟肉食的事例等。

② 其實,水中也是生活有類似螞蟻的動物的,然古人是否稱爲之"蟻"無法考究。此外,因"蟻"字古音在疑紐歌部,"螺"字古音在來紐歌部,聲爲鄰紐,韻爲同部,古音接近,我們似乎還可以考慮"蟻"與"螺"二字是否存在通假的可能。在某些地區的方言裏"螺"與"鵝"讀音極近。方音每存古音,也許兩個字的古音也很接近。又《經典釋文·莊子音義中·秋水第十七》:"壘孔,……一云:娥冢也。"此"娥"字也很有可能是"壘(螺)"之聲訓。若果如此,"蟻"从"義"得聲,"義"與"鵝"、"娥"同从"我"得聲,則"螺"與"蟻"存在通假關係,而成玄英《莊子疏》裏的"蟻穴"很有可能本來就是指"螺所居之孔穴"而言。由於兩個字的通假例證暫未得見,此姑且存疑。

附：作者已刊發稿件篇目

（至 2018 年底。前加※者爲選入本書篇目）

一、學術書刊發表

1.《〈仲弓〉篇"攼析"試解》,《古籍研究》2005 年卷上。

2. ※《秦駰禱病玉版銘文集解》,《文博》2005 年第 6 期。

3. ※《竹書〈周易〉"筙"字補考》,《古文字研究》第 26 輯,中華書局,2006 年 11 月。

4. ※《上博(五)幾個固定詞語和句式補説》,《楚地簡帛思想研究(三)》,湖北教育出版社,2007 年 6 月。

5. ※《楚竹書〈周易〉釋"溋"之字申説》,《周易研究》2009 年第 1 期。

6. ※《〈鮑叔牙與隰朋之諫〉"人之性三"補説》,《簡帛》第 4 輯,上海古籍出版社,2009 年 10 月。

7.《研究普及兩相宜的"預流"之作——〈孔子家語通解〉書後》,《管子學刊》2009 年第 4 期。

8. ※《讀〈簡牘帛書通假字字典〉瑣言》,《中華讀書報》2010 年 3 月 17 日第 15 版。

9.《黄帝出生地争端平議》,中國孔子研究院編:《孔子學刊》第 1 輯,上海古籍出版社,2010 年 12 月。

10. ※《鮑子鼎銘文補説》,《中國歷史文物》2010 年第 2 期。

11. ※《上博藏竹書〈吴命〉"先王姑姊大配"考辨》,《中國史研究》2010 年第 3 期。

12. ※《〈周易·姤卦〉"金柅"考辨》,《周易研究》2010 年第 6 期。

13. ※《齊國故城發現的石磬銘文釋説》,《勵耘學刊》(語言卷)2010 第 2 輯,學苑出版社,2011 年 1 月。

14.《商周時期契龜刻字專用刀稽考》,《殷都學刊》2011 年第 2 期。

15. ※《〈大學〉"彼爲善之"解》,《中華文史論叢》2012 年第 1 期。

16. ※《〈上博(七)・鄭子家喪〉"天後(厚)楚邦"小考》,中國古文字研究會、復旦大學出土文獻與古文字研究中心編:《古文字研究》第 29 輯,中華書局,2012 年 10 月。

17. ※《〈天子建州〉禮學字詞疏證三則》,《古籍研究》(總第 57～58 卷),安徽大學出版社,2013 年 1 月。

18.《讀出土易學文獻札記》,劉大鈞主編:《大易集讀》,上海科學技術文獻出版社,2013 年 8 月。

19. ※《讀清華簡〈説命〉脞録》,《中國文字》新 40 期,藝文印書館,2014 年 7 月。

20.《〈續修四庫全書總目提要〉"經部"樣稿・六書類纂八卷讀篆臆存雜説一卷字學尋源三卷(清) 吴錦章撰》,《中國文化研究》2014 年第 2 期。

21. ※《〈老子〉"如嬰兒之未孩"解》,《第二十三次全國醫古文研究學術交流會論文集》,2014 年。

22.《甲骨文"秉棘"補説》,張光明、徐義華主編:《甲骨學暨高青陳庄西周城址重大發現國際學術研討會論文集(2012 中國高青)》,齊魯書社,2014 年 7 月。

23. ※《據新出楚簡校讀〈論語〉一則》,《中國史研究》2014 年第 4 期。

24. ※《由魯國厚氏諸器談金文"厚柲"之義》,《殷都學刊》2014 年第 4 期。

25. ※《楚簡文字"減體象形"現象舉隅——兼談楚簡"汩"字》,《漢語言文字研究》第 1 輯,上海古籍出版社,2015 年 2 月。

26. ※《〈赤鵠之集湯之屋〉的"赤鵠"或當是"赤鳩"》,清華大學出土文獻研究與保護中心編、李學勤主編:《出土文獻》第 6 輯,中西書局,2015 年 4 月。

27.《釋清華簡〈筮法〉的幾處文字與卦爻取象》,《周易研究》2015 年第 2 期。

28. ※《讀上博楚竹書雜志》，楊振紅、鄔文玲主編：《簡帛研究・二〇一五・春夏卷》，廣西師範大學出版社，2015 年 6 月。

29. ※《清華簡〈保訓〉篇"命未有所次"解義》，《古籍研究》（總第 61 卷），鳳凰出版社，2015 年 5 月。

30. ※《談"腸"論"腹"兼釋甲骨文中用爲"孚"之字》，李學勤、馮克堅主編：《中國文字博物館系列叢書・鼎甲杯甲骨文字有獎辨識大賽論文集》，中州古籍出版社，2015 年 10 月。

31. ※《古文字中的"助"字補説》，李學勤、馮克堅主編：《中國文字博物館系列叢書・第五届中國文字發展論壇論文集》，中州古籍出版社，2015 年 10 月。

32. ※《清華簡〈程寤〉篇句讀商兑一則》，《出土文獻綜合研究集刊》第 2 輯，巴蜀書社，2015 年 10 月。

33. ※《新見魯叔四器與魯國早期手工業》，《考古與文物》2016 年第 1 期。

34.《〈史記・殷本紀〉"三報"世系次序再議》，《歷史研究》2016 年第 4 期。

35.《由包山楚簡的司法實踐看〈論語〉的"直躬證父"與"父子互隱"》，《儒家文明論壇》第 2 期，山東人民出版社，2016 年 10 月。

36. ※《〈山海經〉勘誤一則》，《中國史研究》2016 年第 4 期。

37. ※《也説清華簡〈赤鳩之集湯之屋〉篇的"洀"》，《中國文字研究》第 24 輯。

38.《〈論語・公冶長〉篇"雍也仁而不佞"章發微》，《孔子研究》2016 年第 6 期。

39. ※《戰國文字中的"阜"》，《貴州師範大學學報（社會科學版）》2017 年第 1 期。

40. ※《讀上博（九）脞録》，清華大學出土文獻研究與保護中心編、李學勤主編：《出土文獻》第 10 輯，中西書局，2017 年 4 月。

41.《據清華簡〈繫年〉辨正〈左傳〉杜注二例》，《古籍整理研究學刊》2017 年第 3 期。

42. ※《讀清華簡（伍）雜志》，《中國文字》新 43 期，藝文印書館，2017 年

3月。

43.《讀金𦟌録》，鄒芙都主編：《商周青銅器與先秦史研究論叢》，科學出版社，2017年6月。

44.《讀〈馬王堆帛書《周易》經傳校讀〉雜志》，《古籍研究》（總第65卷），鳳凰出版社，2017年6月。

45.《釋清華簡（伍）〈命訓〉篇的"耒"字》，復旦大學出土文獻與古文字研究中心編：《戰國文字研究的回顧與展望》，中西書局，2017年8月。

46.《〈鮑叔牙與隰朋之諫〉字詞解詁二則》，《語言科學》第17卷第2期（總第93期），2018年3月。

47.《漢畫像石"孔子見老子"圖像中的童子身份别解》，《陝西理工大學學報（社會科學版）》2018年第2期。（與白星飛合作）

48.《清華簡（柒）〈趙簡子〉篇从"黽"之字試釋》，《古文字研究》第32輯，中華書局，2018年8月。

49.《北大竹書〈周訓〉"非爵勿羈"解義》，《中國簡帛學刊》第2輯，齊魯書社，2018年9月。

50.《釋清華簡〈繫年〉中的"豽"字》，《漢語言文字研究》第2輯，上海古籍出版社，2018年9月。

51.《山東沂水紀王崮春秋大墓墓主蠡測》，《考古與文物》2018年第6期。

52.《甲骨文"夗"字的形義來源蠡測》，清華大學出土文獻研究與保護中心編、李學勤主編：《出土文獻》第13輯，中西書局，2018年10月。

二、學術網站發布

（一）簡帛研究網（www.jianbo.org）：

1.《睡虎地秦簡日書"畏人所"旁解》，2004年3月6日。

2.《〈仲弓〉篇"孜析"試解》，2004年5月3日（修改稿正式刊於《古籍研究》2005年卷上）。

3.《〈昭王與龔之脽〉第九簡補説》，2005年3月20日。

4.《楚竹書〈周易〉"陞宗噬膚"滙考》，2005年10月30日。

5.《上博六賸義贅言》,2007年10月30日(重發)。

6.《〈中國史話〉誤讀秦始皇廿六年詔書銘文》,2007年11月1日。

7.《秦駰禱病玉版銘文集解》,2007年11月2日(原刊於《文博》2005年第6期)。

8.《讀〈簡牘帛書通假字字典〉瑣言》,2008年3月10日(重發)。

9.《讀出土易學文獻劄記》,2009年1月21日(此稿原收録於《2008海峽兩岸易學文化研討會論文集》,甘肅天水,2008年9月;後正式刊於劉大鈞主編《大易集讀》)。

10.《〈忠信之道〉"禺"字補釋》,2008年3月10日(重發;筆名"東山鐸")。

(二) 武漢大學"簡帛網"(www.bsm.org.cn):

1.《讀上博(五)〈三德〉劄記四則》,2006年2月27日。

2.《上博(五)幾個固定詞語和句式補説》,2006年3月20日(修改稿正式刊於《楚地簡帛思想研究(三)》)。

3.《讀簡帛散劄》,2006年11月26日。

4. ※《説楚簡"孯"字》,2006年11月29日。

5.《竹書〈周易〉"衢"字補釋(修訂)》,2006年12月1日(初稿原載《古文字研究》第26輯)。

6.《以楚簡校讀〈墨子〉一則》,2007年6月6日。

7.《上博六賸義贅言》,2007年10月30日(重發)。

8.《〈天子建州〉"恥度"解》,2008年2月16日(重發)。

9.《讀〈簡牘帛書通假字字典〉瑣言》,2008年3月8日(重發)。

10.《〈鮑叔牙與隰朋之諫〉"人之性三"補説》,2008年4月15日(修改稿後正式刊於《簡帛》第4輯)。

11.《〈《周易》文字彙校集釋〉校勘追記》,2009年5月26日。

12.《〈保訓〉讀札》,2010年4月5日(筆名"小狐")。

13.《〈赤鵠之集湯之屋〉的"赤鵠"或當是"赤鳩"》,2013年1月8日(修改稿後正式刊於《出土文獻》第6輯)。

14.《清華簡(三)所見"倒山形"之字構形臆説》,2013年1月14日(修改增訂稿後正式刊於《貴州師範大學學報(社會科學版)》2017 年第 1 期)。

15.《讀清華簡(三)〈說命〉脞録》,2013 年 1 月 16 日(修改增訂稿後正式刊於《中國文字》新 40 期)。

(三) 復旦大學出土文獻與古文字研究中心網站(www.gwz.fudan.edu.cn):

1.《〈天子建州〉"恥度"解》,2008 年 2 月 16 日(重發)。

2.《讀〈簡牘帛書通假字字典〉瑣言》,2008 年 3 月 9 日(重發)。

3.《釋楚簡中的"負"字》,2008 年 11 月 6 日。

4.《〈上博七・武王踐阼〉小劄三則》,2009 年 1 月 3 日。

5.《〈上博(七)・吴命〉"姑姓"小考》,2009 年 1 月 5 日。

6.《〈上博(七)・鄭子家喪〉"天後(厚)楚邦"小考》,2009 年 1 月 6 日(修改稿後正式刊於《古文字研究》第 29 輯)。

7.《上博(七)字詞雜記六則》,2009 年 1 月 16 日。

8. ※《一"孔"之見——小議于省吾先生對"螺孔"的理解》,2010 年 1 月 27 日。

9.《〈忠信之道〉"禹"字補釋》,2008 年 3 月 7 日(重發;筆名"東山鐸")。

10.《也談〈保訓〉之"中"》,2009 年 6 月 21 日(筆名"小狐")。

11.《清華簡"武王八年"相關問題》,2009 年 6 月 26 日(筆名"小狐")。

12.《〈保訓〉"演水"臆解》,2010 年 3 月 15 日(筆名"小狐")。

13.《"遇負杖入保者息"鄭玄注語析疑》,2010 年 9 月 18 日。

14.《釋"昱"》,2011 年 6 月 23 日。

15.《〈老子〉"如嬰兒之未孩"解》,2011 年 9 月 19 日(修改增訂稿正式刊於《第二十三次全國醫古文研究學術交流會論文集》,2014 年)。

16.《〈大學〉"彼爲善之"解》,2011 年 9 月 20 日(修改稿正式刊於《中華文史論叢》2012 年第 1 期)。

17.《讀〈繫年〉臆札》,2012 年 1 月 3 日(筆名"小狐")。

18.《據新出楚簡校讀〈論語〉一則》,2013 年 11 月 21 日。

19.《〈論語・八佾〉詞語札記二則》,2013 年 11 月 25 日。

20.《〈中國歷史要籍介紹及選讀〉校讀札記》,2013 年 12 月 29 日。

後　　記

之所以編輯出版這本論集，主要是因爲欠諸位師友的"書債"太多，冀望藉此償還一二也。論集的題名，典出據傳是西漢易學家焦延壽所撰的《焦氏易林·蒙之蠱》："逐狐東山，水遏我前。深不可涉，失利後便。"摒除其中的易象因素，專就字面文辭而言，取義於在閱讀古代典籍文獻（含出土文獻）時，若想有所發現，猶如在山中追逐捕捉狐狸那般艱難。

個人接觸古代典籍文獻，最早可追溯到高中時期。當時無知者無畏，以"不過是認得兩個字"的水平，試圖讀懂中國最爲古老的經典《周易》，結果可想而知。後來機緣巧合進入出土文獻與古文字領域，仰賴諸位師友扶植提携，在這方面略知皮毛，更感到此領域之艱深。以個人駑鈍之資質，涉足此莫測之領域，舉步維艱之情景，歷歷在目。讀到《易林》中的詩句，於我心有戚戚焉，故取用"逐狐東山"題名，言創獲之不易也。然於宵旰之間，興之所至，苟有一日用其力時，偶能孜孜，千慮一得，也有幾篇稿件正式刊發。檢點已刊發的稿件，截至2018年底，所得篇目，請見前文所附。

由前附刊發論文目録可見，個人涉及的領域主要包括這麼幾個方面：易學、古文字考釋、出土文獻的釋讀、傳世先秦兩漢典籍的校讀。先後歷程大致是：以易學肇基，由釋讀先秦兩漢出土文獻出發，兼及古文字考釋，遂連帶校讀同時期的傳世典籍。總體範圍不出中國古代史前半段即先秦兩漢時期的典籍文獻（側重出土文獻），本次結集選入的稿件又大多屬於出土文獻與古文字方面，故以"先秦兩漢出土文獻與古文字論集"爲副書名。

此次結集，共選入32篇稿件，其中在刊物上正式刊發的有30篇，另有兩篇在學術網站上發布過。論集的編排仿《莊子》體例，分成“内篇”（結論可信度個人感覺稍高者）、“外篇”（雖屬學術性論文，但材料證據較少，論證過程稍顯薄弱，結論或有可商者）、“雜篇”（書評、雜論之類）三部分。每部分所選入的稿件大致按照發布的先後順序排列，儘量保持發表時的原貌，僅作了一些形式方面的統一。即便是早期發表的稿件中比較稚拙的文字，也一仍其舊，不加改動。遇有文字或表述錯誤，徑自修改，不予説明。只是在遇有後來經研究證明有問題或錯誤的説法（或者其他需要交待的事項，如增補原稿中没有的文句），才於相應内容之後或稿件末尾添加“【編按】”予以説明，以免以訛傳訛，貽誤他人。有幾篇稿件在正式刊發時，由於版面或格式的需要而稍有删節，若手中留有底稿，則據底稿收入。因底稿中保留的文字對整體文意影響不大，爲避免行文煩瑣，不一一注明。

感謝諸位師友多方教導指正，才有了這本論集中的幾篇稿件。感謝上海古籍出版社顧莉丹女士從中斡旋，責編姚明輝先生認真負責，才有了這本論集的最終出版。此外，還要感謝提供發表渠道的諸家刊物和學術網站以及負責拙稿編校工作的諸位編輯先生，正是有了他們耐心細緻的工作，才使得拙稿避免了不少錯誤，也使得此次結集更加順利。

最後還要説明，學術研究所獲得的結論，有不少都是階段性的。此次結集所選入的稿件中的某些説法，或許也會存在疏漏甚至紕繆，尚祈博雅方家不吝賜教，在此先行謝過。

侯乃峰

2018年歲末

圖書在版編目(CIP)數據

逐狐東山：先秦兩漢出土文獻與古文字論集 / 侯乃峰著. —上海：上海古籍出版社，2020.5
ISBN 978-7-5325-9511-2

Ⅰ.①逐… Ⅱ.①侯… Ⅲ.①出土文物—文獻—研究—中國—先秦時代—文集②出土文物—文獻—研究—中國—漢代—文集③漢字—古文字—先秦時代—文集④漢字—古文字—漢代—文集 Ⅳ.①K877.04-53②H121-53

中國版本圖書館 CIP 數據核字(2020)第 041279 號

逐狐東山

——先秦兩漢出土文獻與古文字論集

侯乃峰 著

上海古籍出版社出版發行

(上海瑞金二路 272 號 郵政編碼 200020)

(1) 網址：www.guji.com.cn

(2) E-mail：guji1@guji.com.cn

(3) 易文網網址：www.ewen.co

啟東市人民印刷有限公司印刷

開本 700×1000 1/16 印張 16.25 插頁 3 字數 241,000

2020 年 5 月第 1 版 2020 年 5 月第 1 次印刷

印數：1—1,500

ISBN 978-7-5325-9511-2

H・223 定價：68.00 元

如有質量問題，請與承印公司聯繫